A

Alda Garrido

COLEÇÃO PERSPECTIVAS
dirigida por J. Guinsburg

Supervisão editorial: J. Guinsburg
Preparação de texto: Adriano C.A. e Sousa
Revisão: Marcio Honorio de Godoy
Capa: Sergio Kon
Produção: Ricardo W. Neves, Sergio Kon, Elen Durando e Luiz Henrique Soares

CIP-Brasil. Catalogação-na-Fonte
Sindicato Nacional dos Editores de Livros, RJ

M555a

Metzler, Marta
Alda Garrido : as mil faces de uma atriz popular brasileira / Marta Metzler.
- 1. ed. - São Paulo : Perspectiva, 2015.
280 p. : il. (Perspectivas)

Inclui bibliografia
ISBN 978-85-273-1029-1

1. Garrido, Alda, 1896-1970. 2. Atrizes - Brasil - Biografia. I. Título. II.

Série. 15-21185 CDD: 927.92028
CDU: 929:792.071.2.028

23/03/2015 25/03/2015

EDITORA PERSPECTIVA S.A.

Av. Brigadeiro Luís Antônio, 3025
01401-000 São Paulo SP Brasil
Telefax: (11) 3885-8388
www.editoraperspectiva.com.br

2015

Marta Metzler

Alda Garrido

as mil faces
de uma atriz popular
brasileira

Agradecimentos

A Tania Brandão, orientadora da tese que originou este livro.

A Maria Helena Werneck, Maria João Brilhante,
José da Costa, Ana Bulhões de Carvalho, Luciano Maia,
Beti Rabetti, Neyde Veneziano, Angela Reis,
Carmem Gadelha, Bernardo Jablonski.

A Jorge Augusto Pereira e à família de Alda Garrido,
sempre solícitos: Alda de Azevedo Fernandes,
Solange Ferreira de Azevedo e Roberto de Azevedo.

A Sergio Britto, Marília Pêra, Dinorah Marzullo,
Victor Berbara, Ney Mandarino.

À Cinearte, na pessoa de Aníbal Massaini Neto.

A Erminia Silva, Guida Vianna, Isabel Cavalcanti e Rosa Magalhães.

A Christine Junqueira, Filomena Chiaradia, Marina Vianna, Leonardo Simões, Diego Molina, Fabiana Fontana.

A Sérgio Santos (Sbat) e Márcia Claudia (Funarte).

A Maria Manuel Marques (Miúcha), Claudiany Pereira, Márcia Almada, Luciana Éboli, Renata Gomes, Alberto Rosmaninho, Nelson Cantarino e Francismar Alex.

Um agradecimento especial a Flora Süssekind.

A Antonia Reis, Flávia Metzler, Marco Pereira, Fernanda e Leonardo Metzler Pereira.

Sumário

O teatro é uma coisa que se faz por absoluta necessidade, por imperativo consciente ou inconsciente, às vezes muito difícil de explicar. Comigo sempre foi assim. Eu precisava representar. Aceitava todo e qualquer papel que me caísse às mãos, preferindo, contudo, os que fossem alegres, mas contivessem sentimentos reais e verdades humanas – que fizessem rir e chorar.

A pessoa que pisa o palco uma vez, não pode mais abandoná-lo. É até uma questão de contágio: aquele que é atingido pelo micróbio da arte de representar fica "perturbado" para o resto da vida e só há um remédio para essa "doença" – o próprio palco.

ALDA GARRIDO

Introdução

O ator de teatro, ao sair de cena, está morto. Longe dos refletores, seu corpo e sua voz apagam-se na sombra, o ator torna-se invisível. A arte do tempo presente cria, a cada instante, legiões de fantasmas. O ator de teatro possui uma existência feita de discretos alumbramentos, sucessivas epifanias e desaparecimentos. Até que nenhuma luz o ilumine mais e, sem obra para a posteridade, deixe de existir para o mundo, agora em definitivo.

Este livro é sobre uma atriz há muito retirada de cena. Alda Garrido. Vistoso, alegre, exuberante, que atrai atenções, vivo, animado: são todos sinônimos de Garrido, que despertam a curiosidade e o desejo de iluminar, para rever.

As qualificações superlativas ilustram a trajetória exuberante da atriz e chamam a atenção de qualquer leitor um pouco curioso para a sua carreira prolífica. Nascida em São Paulo, capital, em 1895, Alda Garrido firmou-se profissionalmente no Rio de Janeiro, onde viveu até seus últimos dias, em 1970. Atriz cômica, atuou em mais de cem peças, transitando livremente entre os territórios do musical (revistas e burletas) e do teatro declamado (comédias). Fez incursões esporádicas no cinema (dois longas-metragens), na música (oito LPs) e na televisão (algumas peças de teleteatro). Em seus cinquenta anos de vida artística, cruzou à vontade as fronteiras entre os diversos campos de trabalho das artes cênicas e musicais: escrevia, cantava, compunha, dirigia e empresariava sua companhia. Notabilizou-se por sua interpretação de personagens caipiras, mas não é possível contê-la em um título único.

Seja pela quantidade imensa de menções jornalísticas que mereceu Alda Garrido, seja pela discrepância de avaliações e entendimentos de sua arte presentes na crítica e na bibliografia teatral brasileira, ou mesmo pela personalidade irreverente que ainda é capaz de seduzir por meio dos relatos mais inusitados que a cercam, a atriz já deveria ter sido ampla e profundamente estudada. No mínimo para registrar a carreira de figura tão marcante, destaque da cena nacional durante décadas. Foi preciso um longo esquecimento de Alda Garrido para que se pudesse revê-la hoje, duas gerações teatrais depois, ultrapassados os profundos conflitos artísticos que se estabeleceram entre seus pares e a geração de críticos-historiadores imediatamente subsequente. Ao longo dos anos vividos por Alda Garrido no Teatro, percebe-se claramente a mudança da recepção crítica, conforme o entendimento da atividade teatral se transforma, ao mesmo tempo que a atriz dá suas respostas a essas transformações. Vestígios da atriz restam em (agora já bem poucas) memórias, em histórias, em relíquias. Um percurso por essas três vias foi trilhado entre os anos de 2007 e 2010 no empreendimento de construir sua história de vida artística. Tal empreendimento importa não apenas pelo registro, o que por si só justificaria o trabalho, mas porque Alda Garrido, ao exercer intensamente seus múltiplos talentos, impõe ao pesquisador do teatro brasileiro questões também múltiplas e da maior relevância para a compreensão do trabalho do ator no Brasil, sob o aspecto mais amplo que a expressão adquire no país. Muitas discussões importantes para o estudo do teatro brasileiro, de modo geral, e do modo de ser do ator nacional, em particular, são produzidas diante do amplo espectro de sua atividade artística e empresarial, discussões relativas: ao modo de atuação do ator cômico brasileiro, seus métodos, técnicas, processos de formação, desenvolvimento e exercício profissional seja no teatro declamado seja no teatro musical; aos procedimentos empresariais do ator empreendedor e motivos que o levam a assumir a função; ao modelo de empresa familiar; às recorrentes incursões do ator brasileiro nas searas do diretor e do autor; às estratégias femininas de ocupação do mercado teatral; às relações com o público, a imprensa e a crítica; à condição da estrela; e às estratégias de condução da carreira e construção da própria imagem. Tudo isso está em Alda Garrido. Acrescente-se ainda um aspecto singular que torna a atriz tema privilegiado para as reflexões sobre a condição do ator brasileiro no período: Alda Garrido faz convergir em um mesmo estudo as questões da estrela e do coadjuvante. Especialista no *emploi* de *característica*, a atriz pertence, de certa forma, às duas categorias, que nela não se opõem, como se verá. O estudo da estrela pode então ajudar a elucidar aspectos do trabalho dos atores que não estão no centro da cena. E mais: observe-se que, no Brasil das primeiras décadas do século XX, conforme coloca a historiadora Tania Brandão, temos que:

> Na realidade, somente as grandes *estrelas* conseguiam desfrutar de certo conforto material que, mesmo assim, ficava longe de ser grande riqueza. O ator Vasques (1839-1892), o mais popular de sua época, não acumulou fortuna, como se pode constatar a partir dos comentários de Procópio Ferreira, que lhe dedicou um livro. Leopoldo Fróes, ao morrer, deixou fortuna considerável, mas possuía bens de família, como mostra R. Magalhães Jr. no texto que já citamos. A vida dos atores "coadjuvantes", que muitas vezes eram artistas de excepcional talento e que exercitavam, em geral, a arte dos *característicos*, era particularmente difícil. Foi, por sinal, a pobreza da categoria que levou Leopoldo Fróes a lutar pela criação da Casa dos Artistas, ao longo de sua história abrigo certo para os *característicos*.[1]

Alda Garrido, no entanto, vinda de família operária, construiu patrimônio material expressivo, do qual desfrutou ela mesma e também toda a família, com quem a atriz partilhou conforto e certos luxos. Tal patrimônio foi inteiramente adquirido por conta de seus trabalhos no teatro (e, claro, de sua competência administrativa). Este é um feito e tanto, se se considerar que no Brasil, de modo geral, só aos atores que

1 T. Brandão, *A Máquina de Repetir e a Fábrica de Estrelas*, p. 36.

fizeram carreira na televisão isso foi possível. Filha, irmã, tia e ex-esposa generosa, Alda Garrido, a *característica*, da Casa dos Artistas recebeu somente agradecimentos, por suas constantes (e discretas) doações.

Um estudo dedicado ao ator brasileiro, que objetive traçar uma história da atuação no Brasil, está por ser realizado. Embora seja muito curta a trajetória do nosso teatro, são incontáveis os atores que já passaram por nossos palcos, entre grandes estrelas e coadjuvantes, comparsas e coristas. Todavia, a atividade teatral brasileira não viu surgir ainda aquela que seria uma obra fundamental para a pesquisa em história do nosso teatro: a história do ator brasileiro – cujos subsídios possíveis estão dispersos nas poucas biografias existentes, em alguns dicionários, nas histórias gerais do teatro, nos jornais, que contemplam prioritariamente as estrelas. Essa lacuna da nossa história representa, evidentemente, uma falha incontornável para a compreensão do teatro feito no Brasil, falha que se potencializa tendo em vista que o teatro no país é predominantemente um empreendimento de atores[2]. Um estudo sistemático das práticas artísticas tanto dos grandes nomes do palco como também daqueles que não figuram nas fachadas dos teatros – e que sem os quais o teatro não acontece –, quitaria o que talvez seja uma das maiores dívidas da pesquisa em teatro no Brasil.

Este livro não vem sanar essa dívida. Bem mais modesto, talvez venha a contribuir com alguma parcela dessa história a ser escrita. Elege como tema principal e eixo estrutural a vida artística da atriz, o que, como foi dito acima e como se verá adiante, no caso de Alda Garrido, significa abordar assuntos os mais variados, uma vez que a atriz exerce também – e concomitantemente – as atividades de autora, diretora, cantora, compositora e dona de companhia. Se se pode dizer que fora de cena a figura do ator apaga-se na sombra, sem existência longe dos palcos, temos que Alda Garrido foi muito *viva* – e iluminada. Iniciou-se na carreira ainda menina; para sair da casa dos pais sem conflitos, casou-se com um ator, Américo Garrido, seu parceiro de cena que lhe

2 Sobre este assunto ver ibidem; idem, Teatro Brasileiro no Século XX, *Revista do Iphan*, n. 29.

deu o nome artístico, seu empresário e amigo de sempre; não teve filhos; trabalhou em uma época em que havia função teatral todos os dias da semana; nas entressafras de espetáculos, excursionava com seu repertório pelos estados brasileiros e também para fora do Brasil; não é, pois, errado afirmar que Alda Garrido viveu no teatro, do teatro e para o teatro, e "pouca vida" experimentou fora dele, ou desconectada dele. Falar de Alda Garrido é, portanto, falar de seu teatro. E se, por um lado, a forte dispersão histórica que sofreram documentos e testemunhas possíveis para a construção de sua história dificulta sobremodo a pesquisa, por outro ver-se-á que as informações de vida pessoal que se deixaram vazar ao conhecimento público são como que peças estratégicas que, não por acaso, compõem a sua imagem de artista. Tais informações não são descartáveis ou supérfluas, nem sequer estão no plano da mera curiosidade ilustrativa. Constituindo-se, sem dúvida, na parte mais saborosa da crônica teatral, possuem, outrossim, grande relevância para a história do ator, não para justificar a "obra", evidentemente, ou estabelecer ligações diretas entre a pessoa do artista e sua arte, mas compõem poderoso conjunto de elementos para o estudo, por exemplo, da inserção do ator na sociedade e do lugar do teatro como fato social. Um trabalho como este que aqui se apresenta não comporta tamanha amplitude de análise, mas, ao se propor estudar uma atriz, não pode abster-se de ao menos apontar ou sinalizar tais aspectos. Portanto, tudo aquilo que foi possível obter de informações acerca da personalidade Alda Garrido – e que é resultado de fortes investimentos – foi utilizado naquilo que servia ao objetivo principal: escrever sua história na arte. Assim, valoriza-se a atriz menos pelo que foi (porquanto o que "foi" na verdade é completamente indefinível), e mais pelo que fez: focando o "fazer", este livro procura registrar uma Alda Garrido coletiva – de todos nós, do nosso teatro –, e não, ou não apenas, pessoal.

Com relação à hipótese que se pode propor para uma biografia, ela é sempre um tanto tautológica, pois supõe, sobretudo, que a pessoa escolhida merece ser biografada. E essa é, de fato, a única tese que perpassa todo o trabalho e que poderá ser verificada ao final: se realmente importou tamanho investimento pessoal e institucional no estudo de Alda Garrido. A ausência de unidade temática – já que uma vida, e em especial a vida artística dessa atriz, implica na abordagem de temas diversos – acarreta, inevitavelmente, a ausência de hipótese única ou unificadora do trabalho. Várias hipóteses localizadas, relativas à atividade teatral, deverão surgir a cada passagem, contemplando questões da atuação e das práticas do ator cômico brasileiro.

De Histórias e de Ideias

Repetir repetir – até ficar diferente.
Repetir é um dom do estilo.

MANOEL DE BARROS, *Livro das Ignorãças*

Para começar a falar de Alda Garrido, é preciso primeiro situar, ainda que de modo breve, o estado da arte do ator brasileiro no momento em que a atriz inicia sua trajetória. Uma pequena digressão que poderá facilitar o percurso, ainda que não dê conta da imensidão do tema; um preâmbulo que poderá dar fôlego para seguir sem muitas interrupções no fluxo da história.

Ao ler os livros de história, tem-se a estranha impressão de que as práticas teatrais brasileiras são uniformes a cada período (parece mesmo que é possível falar em um certo "teatro brasileiro"), e que se transformam de modo unívoco, conforme as passagens de tempo, como se a cada período histórico uma única forma teatral fosse efetivamente praticada no Brasil; como se os artistas de uma dada época convergissem esteticamente na razão direta de sua coexistência no tempo; como se as divergências se estabelecessem puramente entre as gerações que se sucedem, em rivalidades do tipo novo *versus* antigo. Galante de Sousa, por exemplo, em seu *O Teatro no Brasil*, estabelece uma periodização para a história teatral brasileira que é demarcada por escolas estéticas, incluindo todo o teatro feito no Brasil entre os anos de 1838 e 1855 sob o título "O Romantismo", enquadrando toda a produção nacional realizada entre 1855 e o fim do século XIX sob o título "O Realismo". Assim, *grosso modo* (considerando-se que para este estudo são pertinentes as questões do teatro profissional, e admitindo-se que o teatro profissional brasileiro se inicia no século XIX, com João Caetano), quando Alda Garrido inicia sua carreira, na década de 1910, o "teatro brasileiro" já teria vivido seus primeiros tempos em que vicejaram (certa) tragédia, o drama e a comédia, e estaria vendo o teatro declamado ser massacrado pelo amplo sucesso do teatro ligeiro, identificado com os gêneros cômico-musicais (fase iniciada em fins dos Oitocentos e que seguiria, em princípio, até a década de 1940, quando o teatro ligeiro seria suplantado pela virada moderna, que romperia e acabaria com as práticas do teatro antigo). Décio de Almeida Prado resume o processo da seguinte forma:

> Ao realismo, se a história tivesse lógica, seguir-se-ia o naturalismo, como aconteceu na França, e no que diz respeito ao romance também no Brasil, com Aluísio Azevedo sucedendo a José de Alencar. Mas nos palcos do Rio de Janeiro, cidade que concentrava praticamente todo o teatro nacional, essa sequência foi interrompida por uma espécie de avalanche de música ligeira, que arrasou o pouco que o romantismo e o realismo haviam conseguido construir sob a designação de drama. A irrupção da opereta francesa, acompanhada por suas sequelas cênicas, trouxe consigo a morte da literatura teatral considerada séria.[3]

É preciso, antes de tudo, desconfiar de tais perspectivas de sucessões em bloco, pois um olhar um pouco mais atento tanto verifica pluralidades a todo tempo quanto percebe persistências transversais. Além disso, ao lado dessas simplificações esquemáticas, de fins evidentemente didáticos, aparece uma questão recorrente, intimamente ligada – ou mesmo indissociável – às questões estéticas do nosso teatro, que é a denominação "público brasileiro", entidade indefinida porque carente de estudo próprio, e que, de modo análogo, apresenta-se no discurso da história teatral como uma categoria tão vaga quanto uniforme.

3 *História Concisa do Teatro Brasileiro*, p. 85.

Na contramão desse pensamento, alguns estudos recentes, da maior relevância para uma compreensão mais precisa dos processos históricos do teatro brasileiro, contribuíram significativamente para desfazer certos equívocos estabelecidos na história até então. João Roberto Faria, por exemplo, em seu *Ideias Teatrais*, desmonta, sob o ponto de vista da dramaturgia, a noção difundida de que o movimento naturalista não teria encontrado eco no teatro brasileiro nos últimos anos do século XIX. E, embora o autor irmane-se com a ideia corrente de que o teatro ligeiro destruiu o teatro sério no período, ponto de que se discordará aqui, seu estudo mostra que algum naturalismo chega a coexistir nos palcos cariocas com as práticas do teatro cômico-musical, e ilumina sobremodo a discussão sobre a atuação, ao indicar não apenas essa convivência como também as decorrentes hibridações estéticas experimentadas no país na virada para o século XX. Esse naturalismo que aparece nos palcos cariocas restringe-se, porém, à dramaturgia. O autor sinaliza que efetivamente houve, no país, iniciativas de montagens de textos do repertório teatral naturalista desconectadas, porém, da principal mudança conceitual desse movimento no teatro, que é a noção de espetáculo como obra de arte autônoma, cujo autor é o encenador – a cena deixando de ser a materialização do texto dramático e passando a ser pensada como linguagem. João Roberto Faria identifica, no entanto, a incorporação do discurso (e alguma prática) da desafetação na atuação, que passaria a preconizar a observação da realidade, e o estudo psicológico e biológico na criação de personagens:

> Nesse contexto, do naturalismo interessou apenas o aprimoramento da arte de representar com o máximo de naturalidade, que aliás já havia tido entre nós vários artistas notáveis, habilíssimos intérpretes de peças realistas, como Furtado Coelho e Lucinda Simões, antes mesmo de Antoine pôr os pés no Rio de Janeiro.[4]

Tania Brandão, por sua vez, em *A Máquina de Repetir e a Fábrica de Estrelas*, desfaz o mito da transmutação completa que teria sido

4 *Ideias Teatrais*, p. 259.

promovida pelo movimento do teatro moderno, demonstrando a persistência de práticas antigas no seio mesmo do movimento. Com abordagem metodológica inspiradora, lança luzes sobre a atividade teatral brasileira a partir da análise do próprio contexto social e econômico em que se manifesta. Isto é, para além das discussões mesmas acerca do teatro brasileiro, o estudo propõe uma visão sobre a manifestação artística como um produto do seu tempo e lugar, ainda que se reconheçam percursos históricos. Tal perspectiva é privilegiada para se pensar o teatro no Brasil, pois, ainda que movimentos estéticos estrangeiros tenham amplo reflexo nas realizações locais, estas possuem especificidades dadas por noções artísticas particulares ancoradas em configurações socioeconômicas próprias, visto que o teatro, por sua natureza, responde a questões práticas, circunstanciais. E Tania Brandão constata aquilo que seria um traço do teatro nacional:

> Aparentemente, o que existe é o caos e a dispersão, um emaranhado de produções, de origens as mais diferentes e com as ambições as mais disparatadas. Não se poderia com facilidade estabelecer vertentes estéticas precisas, discussões teatrais contínuas, correntes nítidas de trabalho, apesar da instauração na cena brasileira, ao longo do século XX, de um padrão realista-naturalista mínimo que viabilizou a aproximação entre o teatro e a televisão.[5]

As discussões propostas por esses estudiosos – leituras obviamente obrigatórias – serão retomadas adiante, nas oportunidades em que os respectivos temas emergirem. Por ora, importará fazer apenas algumas colocações.

Em primeiro lugar, é preciso explicitar que a menção "teatro brasileiro", quando se refere à atividade cênica praticada no país nas primeiras décadas do século XX, trata, na verdade, de modo geral, do teatro feito no Rio de Janeiro. Sobretudo pelo lugar que a cidade ocupa como polo irradiador de referências artísticas, justifica-se a

5 *A Máquina de Repetir e a Fábrica de Estrelas*, p. 14.

generalização forjada pelo uso corrente, pois não há dúvida de que o teatro do período, como fato de mercado, está centrado na então capital federal. Segundo Décio de Almeida Prado,

> Longe do Rio, poucas localidades conseguiram manter em funcionamento constante o seu ou os seus teatros, e essas mesmas com extrema dificuldade. Entre as exceções contavam-se no Sul, Porto Alegre, que recebia, além dos brasileiros, espetáculos vindos de Buenos Aires e Montevidéu, com destaque para as zarzuelas espanholas; no centro, São Paulo, beneficiado pela proximidade com a corte (ou, depois da proclamação da República, com a capital federal); no Nordeste, Recife, que centralizava o movimento artístico das províncias circunvizinhas; no Norte, Belém, principalmente no auge do comércio da borracha, entre 1890 e 1910.[6]

Porém, sabendo-se que as companhias sediadas na cidade excursionavam frequentemente para diversos estados do país, é ainda muito incipiente o nosso conhecimento acerca das repercussões que os espetáculos levados por esses artistas possam ter gerado na vida cultural dos estados nesse período, também modificada, por certo, pelas visitas regulares de companhias estrangeiras. E ainda pelo circo, espaço que abrigava apresentações teatrais, e que circulava francamente pelo país.

Em segundo lugar, é preciso notar que apenas recentemente vem-se estabelecendo uma historiografia teatral brasileira que propõe critérios de análise próprios para o estudo do teatro popular, de que Alda Garrido é representante – como, por exemplo, os estudos de Neyde Veneziano sobre o teatro de revista e as publicações resultantes do projeto de pesquisa *Um Estudo Sobre o Cômico*, coordenado por Beti Rabetti. Assim, autores como Galante de Sousa, Gustavo Doria, Décio de Almeida Prado e Sábato Magaldi, que são fontes importantíssimas para o estudo do teatro no Brasil, comentam a atividade segundo os conceitos do teatro canônico – que poderíamos chamar aqui, por contraposição, de *teatro*

6 A Comédia Brasileira (1860-1908), *Seres, Coisas, Lugares*, p. 48.

erudito –, sem proceder a uma distinção entre os princípios estéticos do teatro popular e do teatro erudito, desconsiderando uma diferença que está na raiz das práticas desses teatros. Desse modo, teremos, por exemplo, novamente em *O Teatro no Brasil*, de Galante de Sousa, "A Revista" no capítulo dedicado a "O Realismo", o que é um contrassenso, pois não é possível encontrar qualquer intenção de adesão ao movimento realista na prática revisteira. Já Décio de Almeida Prado, em *História Concisa do Teatro Brasileiro*, "separa o joio do trigo", dedicando, por exemplo, um capítulo a "Os Três Gêneros do Teatro Musicado". Seu texto, porém, é carregado de atribuições valorativas, em que expressões como "decréscimo", "declínio", "decadência", "anticlímax", "sequelas cênicas", estão associadas ao "joio" que é, evidentemente, o teatro popular:

> O teatro musicado, em suas várias encarnações, significou um aumento ponderável de público, com benefícios econômicos para intérpretes e autores, e o decréscimo de aspirações literárias. Após os sonhos despertados pelo romantismo, quando os escritores acharam que poderiam dizer alguma coisa de importante sobre a liberdade e a nacionalidade, e após o realismo, que examinou moralmente os fundamentos da família burguesa, a opereta, a revista e a mágica surgiam como nítido anticlímax. Até o amor descera a níveis mais corpóreos e menos idílicos.[7]

Sábato Magaldi, por outro lado, traça um *Panorama do Teatro Brasileiro* em que a "vista do todo" possui, na verdade, um foco prioritário na dramaturgia, o que, em princípio, complica a análise do teatro cômico popular, cujas bases de estudo não podem partir do texto.

Será, portanto, fundamental precisar de que lugar se pretende observar o teatro feito por Alda Garrido, e como se pretende utilizar a bibliografia disponível, pois que a maior parte das obras de que se dispõe analisa as manifestações do teatro popular segundo conceitos que não lhe pertencem, que lhe são exteriores. Com uma visão textocentrista,

7 D. de Almeida Prado, *História Concisa do Teatro Brasileiro*, p. 113.

que supõe a obra dramatúrgica como essencial à cena, muitos de nossos autores tornam impossível uma observação do teatro popular segundo suas próprias referências, gerando distorções de avaliação dessa práxis – que é calcada no espetáculo – e, consequentemente, do caso em questão aqui, a atriz Alda Garrido. Portanto, ao utilizar como fonte as observações que se fizeram acerca de Alda Garrido, não será possível estudá-la sem levar em consideração de que lugar teórico advêm tais observações – e sem situar de que lugar podemos observá-la hoje.

Do Teatro de Ator: Da Nostalgia Aristotélica ao *Teatro da Bagunça*

Tanto o teatro popular, investido das tradições cômicas populares, quanto o teatro burguês de entretenimento e diversão, que estarão em pauta todo o tempo ao longo deste trabalho, por se constituírem o campo de trabalho de Alda Garrido, caracterizam-se por terem como eixo central a atuação ou, antes, o ator improvisador, manifestando-se, enfim, como aquilo a que se pode denominar *teatro de ator*. No *Dicionário do Teatro Brasileiro*, a expressão é definida como:

> uma denominação empregada pelos historiadores do teatro brasileiro para caracterizar um período de cerca de quarenta anos, entre 1910 e 1950, quando a atividade teatral girou em torno de um artista dotado de carisma e poder financeiro como dono de uma companhia dramática. Leopoldo Fróes, Procópio Ferreira, Jaime Costa, Dulcina de Moraes e Raul Roulien são os artistas mais representativos desse "teatro do ator", também chamado de "velho teatro" pelo crítico e historiador teatral Décio de Almeida Prado, por não ter incorporado as inovações do teatro moderno, relativas à arte da interpretação e da encenação[8].

8 N. Fernandes, Ator (Teatro do), em J. Guinsburg; J.R. Faria; M. A. de Lima (orgs.), *Dicionário do Teatro Brasileiro*, p. 45.

Este trecho inicial do verbete, embora curto, carrega uma série de problemas conceituais relativos ao teatro brasileiro e sua historiografia. O que se verifica é que quando o teatro – ocidental, de modo geral, e brasileiro, em particular – manifesta-se tendo como eixo central o trabalho do ator, a historiografia teatral coloca-o no grau diminutivo, tornando a própria estruturação desse teatro um índice de "decadência". Essa identificação – *teatro de ator / decadência* – está ligada, sem dúvida, a uma nostalgia do princípio da ordenação hierárquica das artes proposto por Aristóteles, em sua *Poética*, pensamento que persiste no tempo, ou antes, é retomado muitas vezes, orientando muitas reflexões presentes em nossa historiografia.

Experimentemos ampliar a definição de "teatro de ator" proposta acima para aquele cuja dinâmica cênica estrutura-se em torno da atuação, isto é, para o teatro calcado na habilidade do intérprete e em sua técnica de improvisação. A improvisação é entendida aqui não como criação espontânea de momento, mas como a combinação e recombinação de um repertório de frases verbais, gestuais, corporais de que o ator pode dispor em determinadas passagens do espetáculo. Neste teatro, o ator especializa-se em um determinado tipo de papel; forma-se e forma seu repertório técnico ano após ano. Os "ensaios" não se realizam para uma dada montagem teatral, mas se sucedem ao longo de toda a vida. O texto é um roteiro aberto a se completar na cena. Temos, dessa forma, que *parte* (frise-se) do teatro realizado no Brasil no período indicado no verbete seria um caso particular da categoria "teatro de ator" assim definida, categoria esta que incluiria, entre outros, os teatros de feiras, dos atores ambulantes, os mimos, a *Commedia dell'Arte* e também o *star system*[9], no qual se encaixaria o referido caso brasileiro. Passaremos a atribuir, a partir daqui, a "teatro de ator" esta acepção mais ampla.

9 Embora o *star system*, denominação dada a esse teatro cujo espetáculo gira em torno do talento, do carisma e da popularidade de um ator-estrela ou diva, fosse uma prática difundida tanto na Europa quanto nos Estados Unidos, o termo não consta do *Dicionário de Teatro*, de Patrice Pavis. O *Dicionário do Teatro Brasileiro* estabelece para a expressão "teatro do ator" o que na verdade corresponde ao *star system*.

O teatro de ator é identificado por muitos autores como índice de "decadência" do teatro em diversos momentos históricos. "Aristóteles já se queixava na *Poética* de que o virtuosismo regia o palco, 'pois os atores têm atualmente mais poder que os poetas.'"[10] Não é à toa que parte de Aristóteles a crítica à inversão de uma hierarquia, que é por ele mesmo proposta, e que situa a arte da palavra – e, portanto, o texto e o dramaturgo – no topo da organização teatral. E é nessa queixa, digamos, "original" de Aristóteles que os epígonos do filósofo grego – conscientemente ou não – sustentam suas lamúrias.

É compreensível que tal crítica atravesse séculos, ainda que descontinuamente, acompanhando talvez as várias retomadas do classicismo grego por teóricos e homens de teatro, e ressurja em diversos momentos da história daquilo que se convencionou chamar de teatro ocidental (por mais complicada e discutível que seja a tentativa de "unificar", por um método puramente geográfico, as múltiplas faces do teatro realizado da Grécia para cá – onde "cá" pode ser entendido temporal ou espacialmente.)

Aristóteles, porém, que, no capítulo VI da *Poética*, afirma inclusive a independência da obra dramática em relação ao espetáculo, como literatura autônoma, teorizou a tragédia, a comédia e também a epopeia[11]. Mas não podemos dizer que qualquer de suas reflexões ponha em questão a arte do mimo, por exemplo, que coexistiu com o brilho do teatro clássico, mantendo-se, entretanto, à margem do teatro oficial:

> Desde tempos imemoriais, bandos de saltimbancos vagavam pelas terras da Grécia e do Oriente. Dançarinos, acrobatas e malabaristas, flautistas e contadores de histórias apresentavam-se em mercados e cortes, diante de camponeses e príncipes, entre acampamentos de guerra e mesas de banquete [...]. Enquanto o épico homérico e o drama clássico haviam glorificado os deuses e os heróis, o mimo

10 M. Berthold, *História Mundial do Teatro*, p. 130.

11 E o fez depois do período áureo da tragédia, para pensá-la postumamente, e não para normatizá-la. Sobre o assunto, ver M. de Marinis, Aristotele teorico dello spettacolo, em *Teoria e Storia della Messinscena nel Teatro Antigo*.

> (*mimus*) prestava atenção no povo anônimo, comum, que vivia à sombra dos grandes.[12]

Essa arte de atores ambulantes, embora percorresse diversas regiões, manifestava-se com características locais. Num banquete em Atenas,

> A pedido de Sócrates, que estava entre os convidados, os mimos apresentaram a história de Dioniso e Ariadne [...]. O pedido de Sócrates pôde ser facilmente atendido, sem nenhuma preparação especial, o que demonstra que os mimos gregos estavam tão familiarizados com a herança dos temas míticos quanto haviam estado seus antecessores, nas margens do Eufrates e do Nilo e estariam também seus sucessores, nas margens do Tigre e no Bósforo.[13]

Esse teatro era, portanto, tão grego quanto a tragédia ou a comédia clássicas.

O mimo e a pantomima não são impedidos por barreiras geográficas, atravessam a Europa desde o Sul da Itália, transitando livremente entre Oriente e Ocidente, incorporando variados tipos de atos populares. São, ao mesmo tempo, locais e de todo lugar. O teatro popular dos bufões, mimos, histriões – que, na verdade, cruza não apenas o espaço, mas também o tempo, aparecendo seja nos primórdios da civilização turca, seja no Renascimento europeu; na Roma pagã, ou na Europa cristã medieval – faz parte das manifestações artísticas do Ocidente tanto quanto o teatro oficial e, no entanto, não se enquadra nos cânones genericamente atribuídos ao *teatro ocidental*, "nascido" na Grécia clássica[14]. Portanto, não

12 M. Berthold, op. cit., p. 136.
13 Ibidem.
14 A própria denominação "Ocidente" inclui civilizações tão díspares quanto a europeia e a brasileira, por exemplo, e, mesmo no Brasil, como juntar na categoria "homem ocidental", definido por suas questões filosóficas, um dândi de João do Rio e um sertanejo de Guimarães Rosa? Como coloca Maria Esther Maciel, "A ocidentalidade da América Latina não se define senão pela via do paradoxo. Somos e não somos Ocidente, diria Octavio Paz. Somos ocidentais pela força da geografia, das cartografias, das caravelas, de todos os artifícios da colonização e da modernização. Não o somos, porque nosso lugar na história cultural do Ocidente inscreve-se nas ►

é a partir de um modelo genérico que pretende abarcar todo o teatro feito no Ocidente que se pode estudar esse teatro – teórica ou historicamente –, mas por suas características peculiares.

Quando em determinadas circunstâncias sócio-político-econômicas verifica-se uma tibieza do teatro oficial, ganha força o teatro popular, que, na verdade, mantinha-se vivo, ao largo. Isso o tornaria talvez mais evidente aos eruditos, ou à "oficialidade", em certos momentos:

> O declínio do drama romano e a extinção da comédia abriram as portas do teatro estatal romano para uma espécie rústica de farsa conhecida como fábula atelana. Já no século II a.C., os atores da farsa popular da cidade oscana de Atela, na Campânia, haviam se encaminhado em bandos, para o norte, na direção de Roma, pela Via Appia. À rusticidade de suas máscaras grotescas correspondia a robusta irreverência de seus diálogos improvisados. Seu repertório modesto se apoiava em meia dúzia de tipos.[15]

Provavelmente, a ideia de que o teatro popular seria uma forma "decaída" da erudita advém da confusão gerada por essa troca momentânea de lugares. Ao comentar a prevalência do mimo e da pantomima na época dos últimos imperadores de Roma, Margot Berthold coloca: "A arte do teatro havia se transformado na habilidade do intérprete. Divorciada da obra dramática do poeta, foi deixada ao critério do ator individual."[16] O que se dá não é exatamente a transformação da arte do teatro, mas a evidenciação de uma de suas formas (que nunca fora "casada" com a obra dramática do poeta) em razão do apagamento circunstancial de outra de suas formas. É a ausência de um teatro estatal erudito que oficializa um teatro popular que corria permanentemente paralelo.

▷ margens e nos desvãos dessa mesma história, está dentro e fora do mapa que nos circunscreve.", no cabeçalho da entrevista concedida por H. de Campos, Oriente/Ocidente, *Zunái*, p. 1. Multifacetado que é o Ocidente, não poderia opor-se univocamente à ideia de Oriente, que, por seu turno, está longe de ser uma unidade.

15 M. Berthold, op. cit., p. 161.

16 Ibidem, p. 163.

A atribuição da decadência vem, em geral, associada a uma "falta", à ausência de elementos que deveriam estar presentes e que, no entanto, não estão. Esses elementos ausentes não são aqueles pertinentes a um teatro, identificados a partir do estudo do mesmo, mas são aqueles que faltam ao mesmo em relação ao outro, ou aos princípios que formam o corpo de valores do outro. E mais, o que "resta" – no nosso caso, o teatro popular – é não apenas fruto da decadência do teatro oficial erudito, mas é a própria decadência. Trata-se, pois, de uma leitura de um teatro pela perspectiva de outro, em relação a outro, por comparação a outro em que o Outro é a regra e o Um é o que não se enquadra.

Parafraseando Earl Miner[17], por analogia, a ideia de decadência é, portanto, uma visão "provinciana" de certos teóricos e historiadores do teatro, por considerarem legítimo apenas o *seu* teatro. Quando tal ideia aparece na historiografia teatral brasileira moderna, torna-se ainda mais curiosa, de um provincianismo reduplicado, primeiramente por chamar de seu um teatro que, na verdade, busca "atualizar-se" em relação ao europeu, "incorporando as inovações do teatro moderno" e, depois, por ver-se fora do "teatro da bagunça"[18].

Considerem-se, pois, as especificidades do teatro popular.

17 Apud H. de Campos, Oriente/Ocidente, op. cit., p. 7.

18 Segundo Ramos, o "teatro da bagunça" era o teatro desejado pelo crítico modernista Alcântara Machado, que cunhou a expressão. É curioso notar como o ponto de mutação da crítica de Alcântara Machado se dá a partir de sua viagem à Europa, em 1925. Até então, Machado "defendia o teatro importado frente às produções nacionais". Mais tarde, "já não recrimina na cena brasileira o excesso de improvisação e o 'caco', que nos primeiros anos de crítica condenara [...] O circo [...], o teatro de revista e outras formas populares de celebração, passam a ser paradigmas do teatro brasileiro que ele quer ver criado. Sem diferenciar forma e conteúdo, ele percebe nessas manifestações a vitalidade para o exercício dos ideais das vanguardas e profetiza uma modernidade que o teatro brasileiro só incorporaria quarenta anos depois, nos anos de 1960". Cf. L. F. Ramos, Da Pateada à Apatia, *O Percevejo*, n. 2, p. 50. Para Merleau-Ponty, pelo olhar da etnologia "também viramos etnólogos de nossa própria sociedade, se tomarmos distância com relação a ela". M. Merleau-Ponty, De Mauss a Claude Lévi-Strauss, *Textos Selecionados*, p. 389.

Ligações Prazerosas: O Ator Popular e o Público

Os métodos de criação de Alda Garrido desenvolvem-se segundo uma formação calcada no antigo sistema do teatro popular francês do século XIX. Trata-se de uma formação que se dá na "escola do palco", onde o conhecimento é adquirido por meio da experiência e da transmissão oral entre as gerações de atores. O teatro brasileiro do início do século XX, influenciado pelo modelo francês, via Portugal, baseava-se no sistema de *emplois*, que determina o tipo de papel que um ator interpretará conforme a sua idade, sua aparência e seu estilo de interpretação. Fundamentada na ideia de que a escalação do elenco se faz segundo o tipo físico e a personalidade de cada ator, a noção de *emploi* estabelece uma correspondência direta entre a figura do ator e os tipos do repertório teatral, nos quais os atores se especializavam. Alda Garrido era especialista no *emploi* de *característica* ou *caricata*[19], desempenhando papéis representativos das camadas populares, como a mulata pernóstica, a criada esperta, e, sobretudo, o caipira, papel em que Alda se notabilizou.

No período em questão, os textos brasileiros ligados ao teatro cômico popular, como os de burletas e revistas – gêneros pelos quais Alda Garrido transitou nos primeiros anos de carreira –, eram produzidos supondo uma participação ativa do ator, que o complementava. Ao ator era permitida uma contribuição que incluía acréscimos ao texto – no Brasil, denominados "cacos" – que eram improvisados durante os ensaios ou durante a representação, e que ao longo da temporada podiam ser incorporados ao texto. A ideia de improvisação, embora se ligue ao virtuosismo desses cômicos, ampara-se primordialmente no conhecimento que o ator possuía de seus tipos e também na margem de modificações que esses textos podiam sofrer conforme o público presente ao espetáculo. O texto se completava, portanto, na própria construção da cena, no ato da representação. Ou, no dizer da

19 O sistema de *emplois* será visto detalhadamente em "O *Emploi*, o Tipo e o Papel".

historiadora do teatro brasileiro Beti Rabetti, "é um modo de escrever que não busca o registro definitivo da pena, mas a tão incisiva quanto temporária materialidade do palco 'a que se submete'!, num circuito de pura derrisão, de entrega à efemeridade, a atos de montagem e desmontagem"[20]. Esse tipo de dramaturgia é, pois, estreitamente vinculado ao espetáculo, e alheio à ideia de literatura dramática.

O modo de realização das montagens possuía uma característica análoga ao modo de produção dos respectivos textos: os espetáculos eram, por assim dizer, abertos, isto é, incluíam o público, com quem o ator dialogava, podendo dirigir-se diretamente a ele. As ideias de quarta parede e obra de arte fechada, ou completa, inexistem aqui, e a contracenação extrapola os limites do palco. A triangulação estabelecida entre o ator, seu companheiro de cena e o público era amplamente dominada pelos artistas, fazendo parte de sua técnica. A relação entre o jogo do ator e o público configura-se, portanto, inextricável. O crítico Mário Nunes, contemporâneo da atriz, descreve a relação em texto de 1923:

> Alda Garrido é a melhor cultora de um gênero teatral que há muitos anos se convencionou chamar *popular*, mas que na verdade, não é senão típico, pela reprodução, nem sempre muito fiel, mas sobremodo pitoresca, que faz de determinado ambiente social e das pessoas que o constituem.
>
> É o teatro interessando às mais humildes classes sociais, cujos tipos característicos copia, com seus defeitos e suas qualidades, seus usos e costumes desabusados, sua extravagante maneira de falar; o teatro enfim, encarado de tal maneira que admite que se estabeleça, por força de simpatia naturalmente, certa familiaridade entre os artistas e o público que lhe é próprio – espécie de confraternização que temos vontade de qualificar de tocante, pela sinceridade de que se reveste, de parte a parte.
>
> Os intérpretes desse gênero de teatro têm maneira artística própria – a maneira que agrada o seu público, e de que atualmente Alda é a figura

20 M. de L. Rabetti, *Teatro e Comicidades 2*, p. 16.

> mais representativa. Não se pode, portanto, sem incidir em erro, censurá-la por se dirigir frequentemente aos espectadores, dizendo para a plateia, como quando palestra com amigos de todos os dias, as frases cujo sucesso sabe, de antemão, garantido. É esse feitio inerente a tal espécie de teatro, como os passos de capoeiragem, as exclamações apoiadas em termos da gíria, a sintaxe estropiada, a prosódia estropiadíssima.[21]

Curiosamente, o mesmo crítico, no mesmo ano, ao comentar um de seus espetáculos, *Quem Paga é o Coronel*, numa espécie de "aconselhamento" à atriz, sugere que Alda Garrido "deve corrigir seus excessos de familiaridade com o público"[22].

Em se considerando tais características é que se pretende propor uma reflexão diferenciada sobre os modos de produção desse teatro. Com base nas observações acima, a elaboração de conceitos, bem como a metodologia a ser utilizada para abordar os meios de criação do ator e também de produção desse tipo de espetáculo teatral, devem-se estabelecer pelo exame do conjunto, o binômio ator-público compreendido como um entrelaçamento de forças criativas. Esta reflexão pretende contribuir para a elaboração de conceitos próprios a essa práxis teatral, com vistas a um estudo crítico afirmativo sobre o trabalho dos atores do teatro cômico popular, intimamente ligado ao prazer e à satisfação do público – e, logo, alheio à ideia de autonomia da arte –, procurando assim escapar de uma análise segundo as teorias estabelecidas que lhe sejam estranhas, evitando, em outras palavras, uma análise por negação.

A característica aberta da cena, ao fazer com que o espetáculo dependa necessariamente da interação do ator com o público, anima a que não se considere a arte desse ator como uma criação individual somente. Ao mesmo tempo que o *savoir faire* advém da tradição teatral – um saber acumulado por gerações de atores, que se transmite e

21 M. Nunes, *40 Anos de Teatro*, v. 2, p. 79.
22 Ibidem, p. 96.

se reelabora constantemente –, a execução diária responde à participação do público, o que tanto exige a técnica do ator quanto a reforça e desenvolve. O caráter, por assim dizer, coletivo da criação não elimina, evidentemente, o aspecto criativo individual do ator, que o distingue.

A característica do espetáculo que visa a agradar o público leva a que se o considere um fenômeno de troca, proposição inspirada claramente pelas reflexões de Marcel Mauss em seu ensaio *Essai sur le don* (Ensaio sobre a Dádiva). Mauss dedica seu estudo ao regime do direito contratual e ao sistema das prestações econômicas entre os diversos setores de que se constituem as sociedades arcaicas, anteriores mesmo à instituição da moeda. O contexto de que se está tratando aqui é rigorosamente outro: trata-se de uma atividade artística, inserida no mercado profissional do teatro, em um período da história recente. Portanto, embora Mauss sinalize a persistência, na sociedade contemporânea, das obrigações inerentes às ofertas de presentes e hospitalidade (dar – receber – retribuir), não se pretende aplicar as conclusões do sociólogo, estendendo-as simplesmente para o caso em questão, o que seria tão anacrônico quanto impróprio. Mas a inspiração permite um pensamento análogo.

Duas instâncias que se afetam mutuamente precisam ser levadas em conta na análise do mercado do teatro popular, em que se processam as trocas: o plano econômico, no qual a atividade profissional se inscreve, e do qual o artista depende para exercer sua arte; e o plano artístico, em que se dá a criação propriamente dita. Na primeira instância, a relação de troca é, em princípio, tão concreta quanto óbvia. O público paga pelo ingresso que lhe dá direito a fruir do espetáculo. Mas no plano artístico, as relações se estabelecem de modo um tanto mais abstrato e certas trocas, que não se incluem no contrato concreto, estão subentendidas.

O termo "agradar" possui a mesma raiz do termo "agradecer": o radical latino *gratus*, que contém, em sua origem, estes dois sentidos: tanto o passivo "ser agradável", quanto o ativo, "agradecido". Essa via de mão dupla do termo talvez traduza bem a relação estabelecida nesse teatro. O artista oferece o objeto de fruição que criou, o espetáculo; o público retribui, aplaudindo não apenas o objeto, a arte, mas também o seu criador, o artista. O artista agradece. O aplauso é o retorno de seu empenho, sendo diretamente proporcional ao sucesso da empreitada. Não é à toa que certos artistas eruditos o recusam – conforme os conceitos implicados no espetáculo –, e não voltam ao palco para receber os aplausos: se a obra não é uma oferta direcionada ao público, mas se entende fechada ou completa em si mesma, não há o que receber em troca.

As trocas continuam após o espetáculo. A admiração e a fidelidade que o público devota ao artista parecem ser concedidas "de graça". Mas é só uma aparência, bastante superficial, pois a retribuição do artista é exigida para além do palco. A simpatia e a receptividade da pessoa do ator, já descaracterizado da sua personagem, são supostas pelo público em geral, mesmo por aqueles que não chegam ao paroxismo do fã (no sentido etimológico, do inglês *fanatic*). O ator parece receber o público voluntariamente após o espetáculo. Porém, se não o fizer, será tido como arrogante ou, na verdade, "ingrato". O artista que se nega a tais trocas "extracurriculares" corre o risco de ser abandonado por seu público. Autógrafos e cumprimentos depois do espetáculo são na verdade uma obrigação tácita, a que as grandes estrelas raramente se furtam.

Há ainda outra noção de troca nesse tipo de relação ator-público, um tanto mais abstrata, que supõe que o artista recebeu o talento, que, sendo inato, ao menos em princípio, configura-se um dom divino ou uma dádiva presenteada pela natureza. Dessa forma, aquele que o recebeu não deve conservá-la consigo, mas retribuir a dádiva, partilhando-a com o público. O talento recebido deve ser exercido.

Tais observações – meros apontamentos – evidenciam a necessidade de um olhar específico para o teatro popular, para que se possa proceder a uma análise pertinente. Convivendo com aquilo que seria talvez o grande peso do teatro para a arte – ou do teatro para com ele mesmo: não ser puro fluxo estético, mas carregar a falha da execução humana, presentificada pelo duplo ator-público.

Populares e Eruditos: Universos Particulares

Note-se ainda que uma das muitas ressalvas recorrentes que os representantes do teatro erudito fazem ao teatro popular diz respeito à ausência de movimentos de inovação deste teatro. O que sinaliza mais uma inadequação de olhar e aponta uma chave de leitura para a diferença dos discursos. O teatro erudito valoriza a renovação, não só de conteúdos e temas, mas da própria linguagem, submetida a questionamentos incessantes ao longo da história, pondo-se em dúvida e desestabilizando-se a todo tempo, por princípio. O teatro popular, por sua vez, namora a tradição – muito embora, por ser teatro e por ser, de modo geral, cômico, não possa prescindir de atualização espaçotemporal, sob pena de não encontrar seu público, sem o qual não pode existir. Portanto, é natural que um não se reconheça no outro, como é natural que partam dos representantes do teatro erudito as flechas em direção ao popular, já que são os eruditos que estão preocupados com o *Teatro* como categoria universal – coisa que o teatro jamais poderia ser.

É curioso perceber, ainda, que dessa diferença de fundamentos decorre uma outra, igualmente basal, que se dá nos processos de "filiação" artística dos representantes dos dois teatros. Os eruditos, para afirmar suas convicções, sempre inovadoras, comumente repudiam seus antecessores, matam seus "pais" artísticos. Enquanto os populares processam atualizações reverenciando os antigos. No Brasil, temos os famosos exemplos de João Caetano que foi incensado pelo ator Vasques, que, por seu turno, recebeu grandes honrarias de Procópio Ferreira. João Caetano, embora fosse representante do teatro sério, teria sido aquele que iniciou Vasques na vida artística e, na qualidade de "pioneiro", de "primeiro ator brasileiro", seria o único, ou o maior, antecessor possível. Vasques, que seria o nosso primeiro grande ator cômico, foi o maior batalhador pela preservação e exaltação da memória de João Caetano. Décio de Almeida Prado explica o vínculo:

> De todos esses admiradores incondicionais de João Caetano, o mais constante e provavelmente o mais sincero foi Francisco Correia Vasques – o Chico para a roda de amigos, o Vasques, com a maior familiaridade, para o restante do Rio de Janeiro. Irmão mais novo do Martinho, e como ele especialista em papéis e em "cenas cômicas", pequenos monólogos cantados e representados em veia geralmente paródica, pode-se dizer que nasceu e cresceu à sombra do Teatro de S. Pedro, por entre essas numerosas famílias de atores, dançarinos e músicos sustentadas pelo prestígio popular e oficial de João Caetano.[23]

Vasques, em devotado reconhecimento, insistiu bravamente para conseguir do poder público um tributo a João Caetano:

> Empolgado pela ideia de prestar uma homenagem condigna ao nosso maior ator dramático, lutou o Vasques de 1884 a 1891, com admirável desinteresse e pertinácia, até conseguir erguer uma estátua a João Caetano, executada por Rodolfo Bernardelli e inaugurada solenemente em ato público que contou com a presença do Presidente da República, Marechal Deodoro. Foram sete anos de duro empenho para arrecadar fundos, obtidos através dos "benefícios" em que colaboraram os atores e os oradores mais em evidência no Rio de Janeiro, sem excluir, quanto aos artistas, os estrangeiros.[24]

Procópio Ferreira, mais tarde, procederá da mesma forma, não medindo esforços para inscrever na história a trajetória de seu antecessor no teatro brasileiro, dedicando a Vasques não apenas um livro – que reúne memórias, documentos e ainda uma compilação de sua obra como autor – mas também um busto do ator:

> O único monumento a Correia Vasques encontra-se no saguão do Teatro João Caetano. Oferta particular do autor. Esse monumento

23 D. de Almeida Prado, *João Caetano: O Ator, O Empresário, O Repertório*, p. 196.
24 Ibidem, p. 196-199.

> que deveria figurar em praça pública, teve contra si a má vontade do então prefeito Sr. Antônio Prado Júnior, que justificou sua negativa, alegando que Correia Vasques tinha sido "apenas ator"...
> *Stultorum infinitus est numerus!*[25]

E, na atualidade, não raro vemos os jovens atores cômicos reverenciarem gerações anteriores em homenagens e participações especiais em seus espetáculos. É possível ver tal movimento quase que como um traço do ator cômico. Uma entrevista concedida pelo ator norte-americano Steve Carell ao jornal *O Globo* em abril de 2010, embora se situe em contexto diverso do que se está tratando aqui, serve para ilustrar a questão: as heranças são bem aceitas pelos cômicos, que recebem com tranquilidade, reverência – e mesmo orgulho – os "ensinamentos" de seus antecessores, sem medo de "repetir" seus procedimentos:

> "Nos anos de 1980, as pessoas faziam comédia na televisão em frente de uma plateia convidada, gravadas por três câmeras. Com o tempo, os formatos foram mudando, surgiu *Seinfeld*, e nós, em *The Office*, começamos a correr atrás de tipos que tivessem seus defeitos e virtudes à flor da pele. Dizem que, por conta dessa aposta na inovação, estamos atravessando uma 'era de ouro' nas *sitcoms*. Não sei. Outro dia, eu vi que estão fazendo séries com três câmeras e público convidado de novo, o que não significa uma volta ao passado, um retrocesso" – diz Carell, que hoje integra a tropa de choque da nova comédia americana no cinema.[26]

E, dirigindo-se ao repórter, que pretendia confirmar uma tese de "revolução" de procedimentos dos cômicos atuais nos Estados Unidos: "Só relativize um pouco sua opinião sobre as 'novidades' que trouxemos. Não sei se estamos reinventando o humor ou se estamos apenas dando uma continuidade natural a ideias plantadas pela geração

25 P. Ferreira, *O Ator Vasques*, p. 68, nota 21. *Stultorum infinitus est numerus*: o número de tolos é infinito.

26 R. Fonseca, Que Piada! *O Globo*, 5 maio 2010, p. 1.

do programa de TV *Saturday Night Live*."[27] E acrescenta, delineando uma árvore genealógica do humor norte-americano, marcando sua hereditariedade:

> Cresci vendo os grandes humoristas do *Saturday Night Live*, dos anos de 1970 e 1980 (os atores Steve Martin, Bill Murray, Dan Aykroyd, John Belushi e Chevi Chase). Eles reinaram na televisão e no cinema naquela época criando um estilo pessoal de ironia. Estilo que foi uma evolução de tudo o que Mel Brooks, Peter Sellers e Billy Wilder deixaram.[28]

São ideários que, em princípio, realmente não se tocam – conquanto seja evidente que esse esquema popular-erudito sirva também apenas para explicitar fundamentos de modo mais claro. A vida é, felizmente, mais dinâmica, e as práticas de um e de outro teatro, mais permeáveis – deliberadamente ou não. Trocas, influências, misturas se dão sob as forças do imponderável, sem que se possam estabelecer causas, origens, orientações ordenadoras. Ideias, nomenclaturas, discursos "estão no ar" e podem ser adaptados, apropriados, incorporados de um para outro, mesmo mantendo-se fronteiras intransponíveis no plano visível. Tais fronteiras, delineadas pela distinção de princípios, e marcadas pela diferença de práticas e praticantes, ao mesmo tempo que geram os conflitos decorrentes das divergências de ideias, dão sustentação aos discursos de um e de outro – o embate reforça a ambos, alimentando-os. É, portanto, difícil acreditar que um possa ser capaz de destruir ou suplantar o outro.

Na virada do século XIX para o XX, o teatro brasileiro é sustentado pelo mercado. Os homens de teatro, nesse momento, podem contar somente com suas próprias personalidades empreendedoras, e nenhum apoio institucional, o que evidentemente favorece as produções de peças leves que atraem uma assistência mais expressiva: o teatro ligeiro, representado pelas peças cômicas musicais (revistas, burletas e operetas) e

27 Ibidem.
28 Ibidem.

também o teatro de variedades. É notório, porém, quando se visualizam os preciosos panoramas teatrais oferecidos por Mário Nunes em *40 Anos de Teatro*, que há, nesse período, uma produção permanente do teatro declamado, representado pelos dramas, comédias e também tragédias. É de se notar também que os atores e diretores, de modo geral, não transitam entre os gêneros. E é de se supor – embora não se possa comprovar – que os públicos fossem também diversos. O teatro sério, em princípio, sofreria, segundo os historiadores, com a dura concorrência estrangeira, conforme chama a atenção Tania Brandão: "No dizer de Gustavo Dória, a plateia do que chamamos *mercado ligeiro* era a arraia-miúda; a elite frequentava mesmo era o teatro europeu, quando viajava, ou as temporadas das companhias estrangeiras que visitavam o país."[29]

É o que afirma também Artur Azevedo:

> O Rio de Janeiro tem sido visitado por algumas das sumidades da arte dramática, universalmente consagradas; mas essas visitas, longe de concorrer para que o teatro nacional desabrochasse, produziram o efeito diametralmente oposto. O público não perdoa aos nossos autores não serem Shakespeare ou Molière; não perdoa aos nossos atores não serem Rossis, Novellis e Coquelins; não perdoa às nossas atrizes não serem Ristoris, Sarahs e Duses.[30]

Segundo João Roberto Faria, as companhias nacionais de teatro declamado formavam-se em articulação com as temporadas das companhias estrangeiras em território brasileiro, e funcionavam precariamente:

> Em função dessas *tournées* – por vezes, num único ano, vinham cinco ou seis companhias estrangeiras –, organizavam-se também companhias dramáticas brasileiras. A maior parte delas, sem poder concorrer com as que vinham do exterior, programavam-se para representar em cidades brasileiras do norte e nordeste ou do sul, nos meses de

29 T. Brandão, *A Máquina de Repetir e a Fábrica de Estrelas*, p. 37.
30 Apud D. de Almeida Prado, A Comédia Brasileira (1860-1908), op. cit., p. 47.

> maio a setembro. As mais pobres, sem recursos, mambembavam pelas cidades do interior. E as que ficavam no Rio de Janeiro lutavam com dificuldades para conquistar o público, que evidentemente era atraído pelos artistas estrangeiros.[31]

Entretanto, temos artistas como Eduardo Vitorino, João Barbosa Dey Burns, Apolônia Pinto, Francisco Marzullo, Adelaide Coutinho, Eduardo Pereira, Ema de Souza, Amália Capitani, entre muitos outros, que firmaram suas carreiras como expoentes do teatro declamado, sem jamais terem seus nomes associados ao teatro ligeiro; temos companhias como as de Cristiano de Souza, Lucília Peres-Leopoldo Fróes, Eduardo Vitorino, Eduardo Leite, que se mantiveram produzindo o repertório do teatro declamado, o que, embora se considerem as flutuações e instabilidades dessas companhias – dadas não só pelo mercado, mas pela própria noção de companhia –, fornece a pista para crer que havia algum fôlego também para esse teatro. Até porque, se assim não fosse, teríamos de supor que as elites intelectual e econômica nada viam de outubro a abril, levando a crer que essas elites, podendo abster-se de qualquer vida cultural, eram desprovidas de interesse na fruição artística, de entusiasmo no exercício do espírito; que o hábito de ir ao teatro, para as elites, limitava-se ao ato social *chic*.

Assim, é possível concluir que, embora pressões econômicas sejam determinantes para os profissionais do teatro, suas aspirações artísticas, seus interesses estéticos, seu gosto, enfim, estão em jogo, e dificilmente se deixam abafar. O mito da derrota do teatro sério frente ao sucesso do teatro ligeiro – mito criado pelos intelectuais da época, detentores do poder dos meios de comunicação – fixou-se nos registros escritos e perpetuou-se na historiografia teatral pela ausência de estudo dedicado ao tema, que urge ser feito. Pois a precariedade, a instabilidade, a descontinuidade não são exclusivas do teatro declamado; o teatro ligeiro não é menos indigente; a penúria é brasileira. O que se dá, por certo, é uma luta de classes, aguçada pelas severas diferenças sociais

31 J.R. Faria, op. cit., p. 183.

existentes no país: uma elite intelectual – um tanto identificada com a elite econômica – considera bom um teatro sublime, capaz de educar e desenvolver espiritualmente o indivíduo (e a nação, por consequência), que faça pensar, que inspire emoções nobres; um teatro de diversão – a "não arte" dos homens comuns – identificado com as classes populares, que fala ao corpo e sacode as carnes é ruim, indesejável, e deve ser insistentemente combatido. O que reflete e reitera as hierarquias mente-corpo/herói-homem comum, características da tradição erudita ocidental. E esse embate de classes, em cuja base está a questão do gosto, será o pano de fundo das várias querelas que se sucederão ao longo da história do teatro brasileiro até os dias de hoje – sendo o bom e o mau gosto definidos de ponto de vista moral e sociológico, e, obviamente, de modo unilateral, pela classe que se atribui o direito/dever de (e que possui interesse em) estabelecer tais definições. Ou, conforme Nietzsche, que evidenciou o sentido histórico dos valores:

> Foram os "bons" mesmos, isto é, os nobres, poderosos, superiores em posição e pensamento, que sentiram e estabeleceram a si e a seus atos como bons, ou seja, de primeira ordem, em oposição a tudo que era baixo, de pensamento baixo, e vulgar e plebeu. Desse *páthos da distância* é que eles tomaram para si o direito de criar valores, cunhar nomes para os valores; que lhes importava a utilidade! Esse ponto de vista da utilidade é o mais estranho e inadequado, em vista de tal ardente manancial de juízos de valor supremos, estabelecedores e definidores de hierarquias: aí o sentimento alcançou bem o oposto daquele baixo grau de calor que toda prudência calculadora, todo cálculo de utilidade pressupõe – e não por uma vez, não por uma hora de exceção, mas permanentemente. O *páthos* da nobreza e da distância, como já disse, o duradouro, dominante sentimento global de uma elevada estirpe senhorial, em sua relação com uma estirpe baixa, com um "sob" – eis a origem da oposição "bom" e "ruim".[32]

32 F. Nietzsche, *Genealogia da Moral*, p. 19.

Ano de 1916:
Do Fim ao Começo

Ainda na década de 1910, um acontecimento comprova a falácia da derrota do teatro sério. Em 1916, o teatro declamado demonstra grande força, com a produção de um evento grandioso em pretensão e em números – o Teatro da Natureza, que, ao longo de quatro meses, apresentou no Rio de Janeiro peças do repertório trágico e dramático da época[33]. Idealizado e realizado pelo ator português Alexandre de Azevedo, o evento de teatro ao ar livre contou com a participação dos principais atores do teatro declamado do momento – entre eles, os citados Cristiano de Souza, Apolônia Pinto e João Barbosa Dey Burns, Francisco Marzulo, Adelaide Coutinho, Ema de Souza, além da estreante em palcos nacionais, Itália Fausta –, tendo levado ao Campo de Sant'Anna, parque público da cidade, o expressivo número de dez mil espectadores por noite, em média, quando o Rio de Janeiro ainda não contava um milhão de habitantes. O Teatro da Natureza vem ao encontro dos anseios artísticos da intelectualidade, e ocupa, entre seus contemporâneos, um lugar de prestígio, em virtude da alta qualidade técnica e artística que é, para surpresa de muitos, reconhecida em uma produção brasileira. Sua repercussão, afirmativamente positiva, alinha-se com as ideias de "recuperação" de um "teatro nacional" visto como "decadente"; de renovação "do teatro" (o que significava, na verdade, uma "reestruturação" do repertório, dada pela montagem de dramas e, sobretudo, comédias de costumes); de conclamação do "público elegante", despertando-lhe o interesse para as produções nacionais. O teatro declamado tomava alento frente aos gêneros ligeiros. Depois do Teatro da Natureza, revigoram-se a comédia de costumes e o drama, a despeito do sucesso das revistas. Os participantes do grande evento seguirão em suas carreiras, sempre ligados ao chamado teatro sério, formando novas companhias como a Alexandre de Azevedo e a Companhia Dramática Nacional. É importante colocar aqui que a historiadora

33 Ver M. Metzler, *O Teatro da Natureza*.

Beti Rabetti problematiza a "distância que se continua querendo estabelecer entre comédia de costumes e outras práticas, mais ligeiras, de escrever comédias"[34]. Pois, de fato, a comédia de costumes produzida nesse momento, no Brasil, liga-se às práticas do teatro popular de convenção, vinculando-se aos "limites do palco". Entretanto, o estudo do Teatro da Natureza mostrou que a cena do teatro declamado, de modo geral, mesmo quando procura apresentar tragédias ou dramas, trabalha conforme os modos de produção do teatro convencional, no que tange ao processo de ensaios, à montagem da cena por parte do ensaiador, à compreensão/construção das personagens por parte dos atores e também à própria ideia de tragédia ou drama, por parte do autor/tradutor/adaptador. Mesmo tendo sido considerado por seus contemporâneos um "precursor do teatro moderno", o Teatro da Natureza não apresenta qualquer aproximação estética com o ideário moderno do teatro, ancorado que está nas práticas do teatro de convenção. Por esse motivo, prefere-se aqui manter a separação que era percebida pelos artistas e críticos da época, muito embora, vista hoje, a distância possa ser bastante relativizada.

A história do Teatro da Natureza finda no ano mesmo em que começou, 1916, reverberando nas produções dos anos seguintes, tornando-se referência, e pulsando entre as boas lembranças dos empreendedores do teatro declamado, que viram no evento o ponto de mutação favorável para o teatro que desejavam ver instituído no país. Pois é neste mesmo ano de 1916 que o teatro cômico vê surgir uma nova atriz, que iniciava então a sua história, e que atravessaria décadas a fazer rir, sem mudar os parâmetros do teatro cômico: Alda Garrido.

34 M. de L. Rabetti, op. cit., p. 51.

1. Os Garridos

Não estou sugerindo que não me dei ao trabalho. Fiquei de olhos bem abertos, tentei absorver tudo o que acontecia em volta, mas sem dúvida também deixei escapar muita coisa. Goste ou não do fato, só posso escrever a respeito do que vi e ouvi – não do que não vi nem ouvi. Mais que uma admissão de fracasso, trata-se de uma explicação de metodologia, de uma declaração de princípios. Se não enxerguei a lua, então a lua não estava lá.

PAUL AUSTER, *O Livro das Ilusões*

Primeiros Tempos

Na cidade de São Paulo, no dia 17 de agosto de 1895, nascia Alda, filha de João Serapião Palm e Amancia Moreira Palm[1]. Alda nasceu em uma família de origens diversas. Brasileiro, descendente de alemães, e "com mais estudo", João Serapião Palm costumava fazer troça da caipirice da mulher, Amancia, que, no entanto, era quem de fato provia o sustento da família. Serapião era artista plástico, pintor de aquarelas e óleo sobre tela e, "por ideologia",

1 Cf. certidão de nascimento da atriz.

lecionava pintura para os operários de uma fábrica de tecidos, na qual trabalhavam Amancia e também Alda e suas irmãs, Sir e Leontina[2].

Mas Alda não estava disposta a seguir a carreira operária. Uniu o legado recebido do pai – a veia artística – à herança cultural vinda da mãe – a tradição caipira – e, em um processo de reelaboração criativa, transformou-os na sua marca de atriz. É este o ofício que, aos quinze anos, decide seguir: o de atriz – uma espécie de "operária-patroa" do teatro é o que será até seus últimos dias.

Na década de 1910, não era propriamente fácil para uma mulher – e Alda, na verdade, era ainda uma menina –, que não tivesse nascido em uma família de teatro ou de circo, tomar essa decisão. A profissão de artista, de modo geral, não era bem vista pela sociedade e para as mulheres, em particular, que ainda lutavam por direitos de cidadania, era mais complicado o exercício da profissão por estar, aos olhos da sociedade, associado à prostituição, sofrendo o preconceito ao longo de boa parte do século xx.

Serapião não impediu que Alda seguisse a carreira, mas não hesitou em condicionar a opção: "Se você quiser mesmo ser atriz, se quiser seguir a carreira teatral, terá que casar com um homem de teatro."[3] Alda, por sua vez, não questionou a exigência e cumpriu-a, de modo bem pragmático, casando-se em seguida com aquele que seria seu parceiro artístico, empresário e amigo por toda a vida, mesmo depois de desquitados: Américo Garrido[4].

Não se procurará aqui enquadrar a estratégia que Alda Garrido utilizou para viabilizar seu desejo em sua possível relação – por aproximação ou distanciamento – com a primeira das chamadas "três ondas

2 Conforme as entrevistas que Alda de Azevedo Fernandes e Solange Ferreira de Azevedo, sobrinha e sobrinha-neta de Alda Garrido, respectivamente, concederam para este trabalho, de forma muito generosa e solícita, e que estão transcritas na tese de doutoramento homônima que deu origem a este livro.

3 E. Silva, "Alda Garrido", *Revista de Teatro da Sbat*, n. 378, p. 2.

4 Américo Garrido, filho de Antonio Garrido e Luciana Abrantes Garrido, nasceu no Rio de Janeiro, em 9 de março de 1890, e faleceu na mesma cidade em 2 de abril de 1974. Cf. ficha da 2ª Delegacia Auxiliar de Polícia (acervo Arquivo Nacional) e certidão de óbito. Familiares de Alda Garrido, no entanto, afirmam, sem qualquer dúvida, que o ator não era brasileiro – seria português –, o que não se pôde verificar durante esta pesquisa.

do feminismo"[5], buscando colocar Alda Garrido à frente ou não de seu tempo, afinada ou não com as questões da mulher entendida como categoria. A volta que ela faz, contornando a questão sem confronto, nem tampouco submissão, em um ambiente familiar brasileiro por excelência, isto é, de referências culturais multíplices, favorece uma compreensão em consonância com os novos modos de perceber o feminismo como "multifacetado", percepção que amplia suas potencialidades, na medida mesma em que considera as singularidades, conforme coloca a crítica teatral portuguesa Maria Helena Serôdio:

> E aqui eu reconheço minha primeira perplexidade ao discutir feminilidade no teatro:
>
> Há – ou devemos atribuir – uma identidade temática (ou funcional) às mulheres sempre que somos convidados – ou inclinados – a tratar de assuntos relacionados a mulheres? Por exemplo, trabalhando na academia, realizando pesquisa sobre teatro de mulheres, ou, como crítica teatral, examinando espetáculos?
>
> Atribuindo uma possível "identidade temática ou funcional para as mulheres", admite-se então a determinação de uma identidade especial às mulheres em geral, correndo o risco de ignorar – ou, ainda pior, anular – a grande variedade de assuntos, inflexões e reivindicações que derivam de contextos, práticas ou sensibilidades específicos, históricos, geográficos, sociais, culturais, políticos, raciais, sexuais, éticos e psicológicos.[6]

5 As três ondas do feminismo, de acordo com Serôdio: o movimento das sufragistas do fim do século XIX; as campanhas feministas dos anos de 1960-1970; e, mais recentemente, as campanhas dos anos de 1990-2000. Ver M. H. Serôdio, Reframing the Feminine in the Theatre Today, *Critical Stages*, n. 3.

6 Ibidem. No original: "And here I admit to my first perplexity in discussing femininity in the theatre: Is there – or should we ascribe – a thematic (or functional) identity to women whenever we are invited – or inclined – to address matters dealing with women. For instance, when working in academia, doing research into women's theatre, or, as theatre critics, reviewing performances?In referring to a possible "thematic or functional identity for women", we may therefore assume that by assigning a special identity to women in general we may run the risk of ignoring – or, even worse, deleting – the great variety of concerns, inflections and claims that derive from specific historical, geographical, social, cultural, political, racial, sex-oriented, ethical, and psychological contexts, practices or sensibilities."

Fig. 1: Tela de João Serapião Palm, pai de Alda Garrido, com a assinatura "S. Palm 923 Rio" (Serapião Palm, 1923, Rio). Acervo de Solange Ferreira de Azevedo. Foto da autora.

Fig. 2: Tela de João Serapião Palm. Apresenta no verso a inscrição "1917 Rio". Acervo de Solange Ferreira de Azevedo. Foto da autora.

Afinal, em suas realizações, com enfrentamento ou não, as mulheres colocaram-se no mundo, lançando mão de estratégias variadas ao longo de todos os tempos, e sempre em conexão com seu próprio tempo – para além dos movimentos coletivos da "categoria mulher".

Alda teria conhecido Américo em um circo, em cuja seção teatral o ator trabalhava.

O Circo-Teatro

No início do século XX, os circos, de modo geral, possuíam uma seção teatral. O espetáculo circense incluía, numa primeira parte, números de "variedades", tais como apresentações de malabaristas, acrobatas, barristas, comedores de fogo, duplas caipiras, palhaços e, numa segunda parte, a apresentação de uma peça teatral.

Erminia Silva, pertencente a uma família de circo e estudiosa dedicada à história da arte circense, demonstra que o teatro fez parte dos espetáculos do picadeiro desde suas primeiras manifestações. Segundo a autora:

> O inglês Philip Astley, suboficial reformado da Cavalaria, que desde 1768 apresentava-se com sua companhia em provas equestres, desenhou uma pista circular (similar ao picadeiro em que se adestravam os cavalos) rodeada de tribunas de madeira, instalando-se ao ar livre, em um terreno baldio. De início, fazia apenas apresentações equestres, alteradas posteriormente com a introdução de números de saltimbancos em seus "entre-atos", com o objetivo de imprimir ritmo às apresentações e dar um entretenimento diferente ao público. Os *clowns* fingiam-se de aldeões ou camponeses rústicos, imitando hábeis cavaleiros, mas de forma grotesca. Atuavam também em pantomimas, em cenas cômicas equestres. Posteriormente, estas pantomimas serão apresentadas nos circos, sendo denominadas de pantomimas

> circenses. Esta redefinição da apresentação desses artistas ambulantes é considerada a base do circo moderno.[7]

Logo depois que Astley construiu o Real Anfiteatro Astley de Artes, espaço fixo de madeira e coberto, um ex-artista de sua companhia, Charles Hughes, montou uma nova companhia que, pela primeira vez, apresentava o nome "circo" no mundo moderno, o Royal Circus. A prática de reunir cavaleiros e artistas saltimbancos para apresentações de pantomimas e provas equestres, palhaçaria e acrobacia, equilíbrio e adestramento de animais, em um local coberto, logo se difundiu na Europa e nas Américas. Foi nos Estados Unidos que o anfiteatro ganhou a estrutura de lona, que passaria então a permitir a fácil montagem e desmontagem e, portanto, a locomoção do circo por cidades diversas[8].

Quando, em 1782, Philip Astley instalou seu anfiteatro equestre em Paris, no Faubourg du Temple, Antonio Franconi, artista circense francês que se associou a Astley, introduziu nos espetáculos interlúdios cômicos entre as exibições equestres. Depois que Astley retornou para a Inglaterra, a companhia de Franconi passou a ser dirigida, em 1805, por seus filhos, recebendo o nome de Cirque Olympique, em que peças históricas, tragédias e melodramas eram encenados pelo ator Frédérick Lemaître[9].

O Brasil do século XIX viu chegarem famílias circenses europeias, cujos espetáculos mantinham a estrutura organizacional que incluía os números acrobáticos, equestres, e também os números de palhaços – estes, com linguagem musical e gestual, exibiam-se em pantomimas:

> Eram representações teatralizadas, apresentadas no picadeiro e sempre mesclando comédia e acrobacia. Depois, os gestos passaram para as falas em apresentações de pequenas peças cômicas, mas ainda no picadeiro. É no final do século XIX e início do século XX, no Brasil, que são utilizados picadeiro e palco para apresentar sainetes (peças dramáticas

7 E. Silva, *O Circo*, p. 35.

8 Ibidem, p. 35-36.

9 Ibidem, p. 138-139.

> jocosas num ato), dramas e comédias. Atribui-se ao palhaço Benjamin de Oliveira, na década de 1910, a introdução dos dramas no circo, o que seria depois seguido por vários circos no Brasil.[10]

Nos primeiros tempos do teatro feito no circo, no Brasil, "os textos eram em geral copiados de autores conhecidos do teatro brasileiro, adaptados e recriados para o palco do circo, havendo quem traduzisse textos estrangeiros"[11]. Conforme passaram a dominar a língua do país, os circenses passaram também a escrever as peças que encenavam. Alguns textos são assinados; outros, anônimos. Erminia Silva indica uma importante possibilidade de estudo desses textos e de como eram trabalhados pelos artistas, mediante acesso ao acervo de uma das famílias de circo que investiga em seu trabalho: "O modo de trabalhar com estes textos pode ser visto por meio de um acervo documental da Família Temperani."[12]

O Teatro-Circo

A forte presença do teatro nos espetáculos circenses do início do século XX explica a expressão "circo-teatro", frequentemente utilizada para denominar o circo do período. A expressão inversa, "teatro-circo", não se observa nos escritos sobre teatro, sejam eles teóricos ou jornalísticos, mas bem poderia servir para designar os programas apresentados em teatros da época, que se podem verificar pela leitura dos periódicos de então.

10 Ibidem, p. 36-37. Em nota, p. 37, a autora faz a seguinte citação de Bricio de Abreu: "Benjamin de Oliveira, nasceu em 1870 em Patafufu, atualmente chamada Pará de Minas (MG). Negro, filho de escravos, mas alforriado desde seu nascimento. Aos doze anos fugiu com o Circo Sotero, tornando-se circense."

11 Ibidem, p. 140.

12 Erminia informa: "Estão em poder desta autora alguns documentos pertencentes à Família Temperani: livros-caixas e uma espécie de 'diário' com anotações de cada 'praça', além dos manuscritos e peças comentados no texto." Cf. Ibidem, nota 100.

A pesquisa em periódicos foi iniciada tendo como coordenada inicial a informação de que Alda Garrido teria estreado aos quinze anos no Teatro Guarany, da cidade de Santos situada no litoral do estado de São Paulo – essa era a história contada pela atriz tanto em entrevistas para a imprensa quanto em encontros familiares. Começou-se então com a busca de notícias que confirmassem o início de sua trajetória artística.

O *Diário de Santos*, jornal cujos originais integram o acervo da Biblioteca Nacional, foi o veículo escolhido, por agregar disponibilidade de consulta e continuidade dos números – no período consultado, a coleção da Biblioteca Nacional apresenta poucas descontinuidades. Foram lidos todos os números diários disponíveis entre 1910 e 1916, concentrando-se prioritariamente na coluna especializada, que se chamava "Palcos e Salões", e que, durante o período consultado, foi renomeada, passando a se chamar "Palcos e Telas", sem grandes variações no seu formato, entretanto. Outras seções do jornal foram lidas, como a de anúncios, que apresenta a publicidade paga pelos teatros para divulgação de seus programas.

A coluna "Palcos e Salões", depois "Palcos e Telas", do *Diário de Santos* traz notas sobre cinema e teatro e, quando os há na cidade, também sobre circos e bailes. A coluna é dividida por casa de espetáculo, apresentando as respectivas programações e, por vezes, comentários sobre os artistas e os espetáculos representados em cada uma delas. Algumas casas atuavam como cinemas somente, e outras, como cine-teatros, sendo, porém, todas elas chamadas igualmente de teatros, mesmo as que se dedicavam a exibir filmes exclusivamente. E os filmes em cartaz, por seu turno, do mesmo modo que as apresentações ao vivo, eram chamados de espetáculos. O Colyseu Santista, cine-teatro localizado na praça José Bonifácio, o mais "popular" e "o mais vasto da cidade"; o Theatro Guarany, cine-teatro "aristocrático" da Praça dos Andradas; o Theatro Parisiense, cine-teatro situado no Largo do Rosário; o Theatro Carlos Gomes, cine-teatro da rua Lucas Fortunato; o Polytheama Rio Branco, localizado no largo do Rosário, inicialmente apenas cinema, passando depois a abrigar espetáculos teatrais; o Cassino Santista, *music hall* da praça dos Andradas; o bar *Chic*, casa de cinema e música; o *skating* Miramar, casa de patinação que apresentava "variedades", eventualmente; o Theatro Moderno, inaugurado em 1915 na rua 15 de novembro; todos eram estabelecimentos que promoviam os espetáculos artísticos e de entretenimento em Santos no período. Os circos que visitavam a cidade eram armados na rua Amador Bueno.

Os cine-teatros programavam, para cada noite, dois ou três filmes diferentes e finalizavam a récita com as apresentações do palco. Companhias do Rio de Janeiro, de São Paulo, bem como companhias estrangeiras levavam seus espetáculos – em geral, mais de um espetáculo de seu repertório – para temporadas que duravam, em média, uma semana. Apresentavam-se nos palcos santistas operetas, comédias, zarzuelas e revistas, mas também todo tipo de números de variedades: duetistas, cançonetistas, prestidigitadores, acrobatas e malabaristas cômicos, cães e macacos amestrados, lutadores, ciclistas, ventríloquos, companhias equestres, com artistas das mais diversas nacionalidades – portugueses, ingleses, franceses, italianos, alemães, espanhóis, além de brasileiros. Muitas vezes, números que se haviam destacado durante a temporada de um circo, por ocasião de sua passagem pela cidade, retornavam mais tarde para apresentações exclusivas em um teatro.

Há, pois, uma larga abrangência de gêneros que cabem nas palavras "teatro" e "espetáculo". Trata-se aqui dos teatros de Santos, é verdade, mas na capital federal não era muito diferente, já que as companhias que visitavam Santos ou eram do Rio de Janeiro ou passavam por esta cidade em suas excursões. As notas jornalísticas cariocas corroboram a conclusão e atestam claramente o teatro-circo na capital. Na coluna especializada do *Jornal do Brasil*, que em 1916 também se chamava "Palcos e Salões", mas que, diferentemente, se organizava por temas (teatros/cinemas, circos etc./sociedades recreativas), tomando-se apenas o mês de janeiro como exemplo, aparecem chamadas as mais diversas: no dia 3, "Circo Pierre no Teatro São Pedro"; no dia 10, "Estreia Hoje no São Pedro o Homem Vulcão"; no dia 16, a "Companhia Pascoal Segreto Exibe Galinha Com Seis Dentes na Maison Moderne!"; no dia 19, a "Companhia de Atrações no República, Trio Les Phydoras, Excêntricos Musicais e Bailarinos: Espetáculo Especialmente

Dedicado às Famílias". A revista *Theatro & Sport* noticiava: "novamente um circo entra no Teatro República – o Grande Circo Nelson, que estreará em 17 do fluente – setenta artistas de ambos os sexos e vários animais amestrados"[13]. Dois anos antes, em dezembro de 1917, na mesma revista, a seguinte nota aparecia como legenda de uma foto de José Floriano:

> Artista brasileiro, calorosamente aplaudido pelos seus trabalhos de força muscular, José Floriano, portador de um nome ilustre, tornou-se um vitorioso no "sport" e presentemente, no Palace Theatre, está à testa da Companhia Ginástica e de Variedades, que ali trabalha com franca aceitação.[14]

Surgem Os Garridos

José Floriano, ou Zeca Floriano, como também era chamado, era filho do Marechal Floriano Peixoto (1839-1895), primeiro vice-presidente e segundo presidente da República do Brasil. Atleta renomado, Zeca Floriano distinguia-se por seu corpo forte e por ser campeão em diversas modalidades de esporte, destacando-se na luta romana. Entre muitos outros números, embates desta modalidade de luta eram apresentados no circo de sua propriedade, o Pavilhão Floriano. Segundo Jota Efegê, era nesse circo que Alda e Américo Garrido se apresentavam em 1916, já no Rio de Janeiro[15].

13 *Theatro & Sport*, n. 266, 13 dez. 1919. O periódico não apresenta numeração de páginas. O Teatro República, que não existe mais, ficava na avenida Gomes Freire, onde hoje está sediada a TV Brasil (antiga TVE). Ver Teatros do Centro Histórico do Rio de Janeiro, *Centro Técnico de Artes Cênicas*, que traz informações sobre teatros do Brasil e teatros do centro histórico do Rio de Janeiro.

14 *Theatro & Sport*, n. 163, 8 dez. 1917. O Palace Theatre, situado na rua do Passeio, 44, Centro do Rio de Janeiro, sofreu várias transformações – de cassino a teatro e, depois, cinema – e mudanças de nome ao longo da sua história. Cf. Teatros do Centro Histórico do Rio de Janeiro, op. cit.

15 J. Efegê, A Velha Escola de Alda Garrido, *Jornal do Brasil*, 13 dez. 1970, p. 22. Os textos do jornal podem ser consultados no *News Archive*, ver bibliografia.

Alda, de fato, contava, em família, que conhecera Américo em um circo, em cujas peças teatrais ele trabalhava. Porém, não se sabe que circo era esse; ela contava apenas que o encontro se dera em Taubaté, durante a passagem da trupe circense pela cidade do interior paulista em que Alda foi criada, e onde ficava a fábrica de tecidos em que a família trabalhava. Há, porém, outra versão da história, que pertence à memória familiar de Dinorah Marzullo, esposa de Manoel Pêra e mãe de Marília e Sandra Pêra[16].

Segundo Dinorah, sua mãe, Antonia Marzullo, trabalhava com Alda, que já era casada com Américo então, em uma fábrica de camisas. Dinorah não sabe exatamente onde ficava essa fábrica de camisas, mas acredita que fosse em um subúrbio do Rio de Janeiro. Quando Alda teve a oportunidade de ingressar no teatro, levou consigo Antonia, que, "pelas mãos de Alda Garrido", iniciou a carreira de atriz. À época, Antonia já era mãe de três filhos, entre eles Dinorah, a única que seguiria os passos da mãe e que, mais tarde, no teatro, conheceria o ator Manoel Pêra, com quem se casaria e teria as filhas atrizes (que, depois, também teriam filhos artistas). Portanto, não bastasse todo o currículo de Alda Garrido, o teatro brasileiro ainda deve a ela toda a "dinastia" Marzullo-Pêra.

São duas histórias de família que se cruzam e que contêm semelhanças e discrepâncias também, de datas (ordem dos fatos) e lugares. A distância no tempo; a idade avançada das entrevistadas – Alda de Azevedo Fernandes e Dinorah Marzullo estavam ambas, no período de realização das entrevistas, na faixa dos noventa anos, apresentando, infelizmente, fortes lapsos de memória –; além do importante fato de que as duas já são de uma geração posterior à de Alda Garrido e, portanto, relatam histórias que não viveram diretamente, mas que ouviram de seus tios (no caso de Alda de Azevedo Fernandes) e pais (no caso de Dinorah Marzullo); todos são fatores que dificultam o estabelecimento preciso da história.

16 Dinorah Marzullo e Marília Pêra aceitaram prontamente conceder entrevista para esta pesquisa (por telefone), já que Alda Garrido ocupa lugar especial na história dessa família de artistas.

Duas entrevistas de Alda Garrido apresentam versões que, juntamente com outros elementos, ajudam a montar o quebra-cabeça, embora não o completem. Em entrevista de 1953, a atriz narra do seguinte modo o seu início:

> Devo informar-lhe, antes de tudo, que nunca fui nenhum prodígio em minha vida artística. Eu nunca representei, menina, em tablados de Escolas ou Colégios, embora tenha assistido a várias encenações nos estabelecimentos de ensino, onde cursei primeiras letras e humanidades. Quer saber como ingressei no teatro? Foi numa circunstância quase dramática. Eu vim, com a família, para o Rio, aos quatorze anos de idade. Aos dezessete eu me casei com Américo Garrido, num edifício da rua Aristides Lobo, não só porque o amava, mas também porque era ele ator, e me facilitaria a entrada para o teatro. Além de seu valor próprio, Américo Garrido possuía um tio de largo prestígio no meio luso-brasileiro: o poeta e escritor teatral Eduardo Garrido, já famoso por seus trabalhos originais, por suas traduções e adaptações como as peças – *De Noite Todos os Gatos São Pardos*, escrita com Alfredo Ataíde e Francisco Serra; o *Jovem Telêmaco*, a *Pera de Satanaz*, *Sinos de Corneville*, *Gran-Duquesa*, *A Pomba Dos Ovos de Ouro*, *Filha do Inferno*, *Trinta Botões*, *Lagartixa*, *Outro Eu*, *Pecados Velhos*, *Mascote*, e outras, autor inexcedível nos graciosos diálogos, nos arranjos, e na beleza do estilo. Eu e Américo Garrido fomos passar a lua de mel em Taubaté, numa fazenda de meus pais, fazenda que ainda é nossa. Ali observei, e estudei, de perto, os tipos dos caipiras, seus costumes e superstições, suas lendas e natural bom humor. E assim me tornei uma intérprete dos matutos, com as mesmas características e humorismos.[17]

Já a jornalista Vera Rachel transcreveu da seguinte maneira o que a atriz lhe teria contado:

> Alda Garrido estreou num circo, ainda garota. Quando uma das meninas que fazia parte do grupo As Três Graças adoeceu, ela convenceu

17 A.C., Ouvindo as Artistas de Teatro, *Gazeta de Notícias*, 24 maio 1953, p. 7.

> a Tia Mariquinha, proprietária do Circo Spinelli, a permitir que ela completasse o trio. Foi a maneira de vencer a resistência do pai, que não queria filha atriz. Daí, continuou como folclorista, interpretando canções nos intervalos dos espetáculos, até chegar a sua vez de representar. Casando-se com o ator Américo Garrido, passou a lua de mel no interior de São Paulo e foi lá que, observando certos tipos matutos, criou as figuras caricatas que iria viver no palco.[18]

Note-se que Alda Garrido sequer menciona a caipirice da mãe como inspiração para a composição das personagens que a notabilizaram.

Relíquias da família de Alda Garrido trazem novas contribuições: os dois quadros de João Serapião Palm, que estão agora com Solange Azevedo Ferreira (há outros com a irmã de Solange, não acessados), são assinados. Um deles apresenta a seguinte inscrição, que aparece na própria tela: "S. Palm 923 Rio" (Serapião Palm, 1923, Rio). O outro apresenta a assinatura no seu verso: "1917 Rio". A presença de Serapião[19] no Rio de Janeiro indica que a família deve ter-se mudado realmente para a cidade, sobretudo levando-se em conta que as duas irmãs de Alda, Sir e Leontina, também se estabeleceram no Rio, onde constituíram família. É bastante razoável, pois, crer que tenham vindo todos, já estando na cidade nos primeiros tempos da trajetória artística de Alda Garrido.

Segundo todos os verbetes de Alda Garrido, a atriz teria iniciado a carreira formando um dueto com Américo, *Os Garridos*, com o qual teria excursionado pelo interior de São Paulo e pelos estados, contando "causos" e cantando músicas caipiras. Essas informações, associadas à propalada estreia aos quinze anos no Teatro Guarany, levaram à busca de notícias no *Diário de Santos*, a partir de 1910, com o fim de levantar os dados relativos ao seu começo profissional. Nada, porém, foi mencionado sobre o dueto nesse jornal entre 1910 e 1915. Os anúncios e notícias

18 V. Rachel, O Que Eles (Elas) Fazem Hoje: Alda Garrido, Um Sucesso em Cada Lembrança, *Revista Manchete*, n. 797.

19 Solange se refere ao bisavô como Serapião. Já a mãe de Alda Garrido era chamada por todos de "Vovó Mansa" e, por isso, Solange tomou conhecimento de que sua bisavó se chamava Amancia somente por conta desta pesquisa.

sobre os circos que visitavam a cidade, a saber, Companhia de Circo e Teatro Aldabó, Circo Tavares e Circo Spinelli, foram examinados com cuidado, na expectativa de encontrar alguma referência ao ator Américo Garrido e ao teatro que fazia antes de conhecer Alda. Sem nenhum sucesso, no entanto, pois nem a coluna nem os anúncios do jornal informam sobre a escalação dos elencos das peças apresentadas nos circos – há apenas indicações vagas de que nas apresentações teatrais atuariam os integrantes da companhia.

Mas em fevereiro de 1916, chega a Santos o Pavilhão Floriano, que mereceu especial atenção em razão da informação de Jota Efegê, já que se pode supor, embora não se possa comprovar, que o circo no qual Américo trabalhava, antes de conhecer Alda, era o Pavilhão Floriano. Primeiro porque, logo em seguida, os Garridos trabalhariam, já como dupla caipira, nesta companhia; depois, porque eram poucos os circos que contratavam artistas, conforme explica Erminia Silva:

> A maioria dos circos brasileiros apresenta-se, nesse período [início do século XX], apenas com os elementos próprios da família, pais, irmãos, sobrinhos, netos e primos. Raros eram os circos brasileiros que contratavam artistas, até porque a própria família bastava para a formação do espetáculo, bem como da manutenção em geral.[20]

Somente os circos de grande porte, que eram muito poucos, podiam contratar artistas nacionais ou estrangeiros, ou famílias-artistas[21], como fazia o Pavilhão Floriano. É importante ressaltar aqui que, embora Alda e Américo se apresentassem em um circo, não eram artistas circenses, mas atores que utilizavam a lona como um dos seus possíveis locais de apresentação. Pois, como afirma Erminia Silva, os artistas dos teatros, dos cafés-concerto, dos *music halls*, dos cabarés e dos pagodes sempre tiveram no circo espaço de trabalho[22].

Em 10 de fevereiro de 1916, a coluna "Palcos e Telas" anunciava:

20 E. Silva, *O Circo*, p. 73.
21 Ibidem, p. 75.
22 Idem, *Circo-Teatro*, p. 24.

Pavilhão Floriano

No terreno da rua Amador Bueno, junto ao Colyseu Santista, estreará no próximo sábado em confortável pavilhão de lona impermeável, a importante companhia equestre, ginástica, acrobática e de variedades, da qual faz parte o campeão brasileiro José Floriano Peixoto, seu diretor e proprietário.

A companhia traz no seu elenco o "Trio Floriano", acrobatas olímpicos; a família japonesa Arayama, família Polastrini, composta de oito artistas; "Mouris e Patner, La Lanza", os afamados *clowns*, Nerinos, três *tonys*, mais quatro *clowns* e amestrados cavalos de raça.

A companhia dará aqui uma série de espetáculos, que serão intransferíveis mesmo que chova.

A bordo do vapor nacional Itapema, deverá chegar amanhã a este porto, a importante companhia do Pavilhão Floriano, juntamente com seu diretor e proprietário, o campeão José Floriano Peixoto.[23]

No dia seguinte, na seção de anúncios pagos do jornal, além de exibir as atrações, a publicidade do circo exaltava as qualidades das instalações: "o maior circo da América do Sul"; "grande pavilhão de lona impermeável mandado construir nos Estados Unidos, lotação: 34 camarotes, quinhentas cadeiras e 3 mil gerais"; "sucesso verdadeiro"[24]. Segundo a coluna "Palcos e Telas", o espetáculo terminava "com chistosa pantomima, que agradou em cheio"[25].

No final do mês, chegariam em outro vapor, o Itajubá, novos números para serem apresentados no circo: onze cavalos, um cabrito e um touro[26]. Entre 9 e 10 de março, o circo deixou a cidade.

Até aqui, nada fora dito sobre Américo, Alda ou Os Garridos. A cidade ainda recebe, em abril, a visita do Circo Benjamin, do palhaço Benjamin de Oliveira, que apresenta uma peça teatral diferente a cada

23 *Diário de Santos*, a. 44, n. 119, p. 2.
24 *Diário de Santos*, a. 44, n. 120, 11 fev. 1916.
25 *Diário de Santos*, a. 44, n. 125, 16 fev. 1916.
26 *Diário de Santos*, a. 44, n. 134, 25 fev. 1916.

dia de espetáculo: a "aparatosa pantomima *A Ilha das Maravilhas*" e a peça *Por Baixo* estão no repertório, entre outras.

Chega então o dia 12 de junho de 1916. E a coluna "Palcos e Telas" estampa uma surpresa. Na seção dedicada à programação do Teatro Guarany, lê-se a nota: "Está anunciada para hoje a estreia dos simpáticos duetistas *Os Garridos*, que vêm precedidos de grande fama."[27] Esta é, efetivamente, a primeira nota sobre Os Garridos que aparece no *Diário de Santos* – que, coincidentemente ou não, refere-se a uma apresentação no Teatro Guarany –, e a dupla, anunciada pelo teatro como "duetistas cômicos brasileiros", já dispõe de "grande fama", que os precede. Não é possível então comprovar a versão de Alda Garrido para sua estreia no teatro, mas podem-se discutir alguns aspectos dos resultados desta pesquisa.

Em primeiro lugar, embora se admita que uma atriz estreante possa não merecer destaque nos jornais, e que por isso uma possível estreia entre 1910 e 1911 possa simplesmente não ter sido noticiada, é importante considerar que o *Diário de Santos* apresenta os detalhes de todas as apresentações que acontecem (o que não é difícil em uma cidade relativamente pequena, no início do século XX), já que a coluna especializada funciona como um noticiário de toda a programação das casas de espetáculo. As informações fornecidas pelo diário reproduzem a ideia dos textos encontrados nos anúncios; e, não raro, são transcrições *ipsis litteris* do conteúdo publicitário, constituindo na maior parte das vezes um convite ao público para que compareça aos espetáculos. Portanto, por um lado, se Os Garridos tivessem realizado apresentações em Santos, a coluna teria, muito provavelmente, divulgado; por outro, não é impossível que a "grande fama" anunciada seja um recurso promocional dos atores. Cumpre ressaltar ainda, com relação à epígrafe "grande fama" atribuída à dupla, o caráter de exaltação das notas jornalísticas. Os comentários sobre as apresentações ocorridas são, de modo geral, elogiosas, havendo, nos seis anos consultados (de muitos espetáculos, um diferente a cada dia, e que não se interrompiam

27 *Diário de Santos*, a. 44, n. 242, 12 jun. 1916, p. 2.

nem durante as festas de final de ano), dois ou três casos de críticas negativas. E mais, no que tange à possível data de início da carreira da atriz, há discrepâncias entre fontes. Eurico Silva, por exemplo, diz que Alda decide sim tornar-se atriz de teatro aos quinze anos, mas, relata a história de modo diferente:

> A menina cresceu e até aos quatorze anos nada de extraordinário aconteceu que pudesse indicar, ou mesmo lembrar qualquer rumo a seguir. Uma mocinha igual a todas as demais mocinhas de sua idade.
>
> Mas no dia em que completou quinze anos, examinando um trabalho de seu pai, que era pintor e também escrevia peças de teatro, a garota que principiava a ser mulher definiu a sua vocação – queria ser atriz de teatro.
>
> João Palme [sic], seu pai, achou muita graça, fez algumas considerações e encerrou o assunto dizendo. – "Se você quiser mesmo ser atriz, se quiser seguir a carreira teatral, terá que casar com um homem de teatro."
>
> Alda não disse nada. Mas as palavras de seu pai nunca mais se apagaram da sua memória. E a partir desse momento o teatro, a gente de teatro e tudo quanto se referisse ao teatro passaram a ser a única, a grande preocupação daquela garota que viria a ser a atriz preferida, querida e admirada por três gerações de brasileiros.
>
> Com a ideia fixa do teatro e as palavras de seu pai agarradas à sua memória, Alda passou a viver esperando... – não o Príncipe Encantado, que faria dela uma Princesa, mas o Galã de Teatro que faria dela uma Atriz. – o Galã chegou. Seu nome – Américo Garrido.[28]

E acrescenta adiante: "Foi na cidade de Santos, São Paulo, que apareceu, pela primeira vez, um dueto cantando e dançando músicas brasileiras. O dueto era composto de uma garota morena, bonita, de pouco mais de dezoito anos e um rapaz simpático, alegre, marido da garota."[29]

28 E. Silva, "Alda Garrido", *Revista de Teatro da Sbat*, n. 378, p. 2-3.
29 Ibidem, p. 3.

O que faz presumir um espaço de tempo entre a decisão de tornar--se atriz e o sucesso do casamento, a que se seguiria então a estreia artística (acessar a certidão de casamento teria sido fundamental para esclarecer essa questão, no que, infelizmente, a pesquisa não obteve sucesso). Some-se a isso, também, o fato de o ano de nascimento de Alda ter sido, ao longo de toda a sua carreira, divulgado como sendo a atriz um ano mais nova do que era na realidade. O que se não foi produzido pela atriz, foi pelo menos assentido por ela. A atriz, aliás, na entrevista de 1953 à *Gazeta de Notícias*, afirma ter nascido em 1908, retirando nada menos que treze anos de sua idade: "Disse-nos que nasceu em São Paulo, a 19 de agosto de 1908, sendo filha de paulistanos: João Serapião Palmi e D. Amância Palmi [sic], e corre em suas veias sangue alemão, aborígene e português."[30]

Se não é de todo possível confirmar a estreia de Alda Garrido em 12 de junho de 1916, aos vinte anos, é certo afirmar que o início de sua carreira se dá em dupla com o marido Américo, com quem apresentava números caipiras. Eram Os Garridos, que começavam intensa carreira pelos estados brasileiros, já com vocação empresarial, conforme a sequência da pesquisa comprovou.

Uma vez verificada sua passagem por Santos e de posse da informação de que em 1916 os atores já estavam no Rio de Janeiro, partiu-se então para a leitura da revista *Theatro & Sport*, semanário especializado carioca que interessa especialmente à pesquisa por conter informações gerais sobre as efemérides teatrais, matérias sobre companhias e artistas, retrospectivas do ano no teatro, notas biográficas dos profissionais do palco, chamadas sobre novos artistas. Inclui também colunas como "Pelos Estados", "Por Portugal", "No Estrangeiro", servindo, pois, como ponto de partida para novas buscas. A revista dedica ainda seções ao teatro amador e aos cabarés.

A leitura da revista partiu do primeiro número de 1916, mas a primeira nota encontrada sobre Os Garridos é de 1920 apenas, referindo-se indiretamente à dupla:

30 A.C., Ouvindo as Artistas de Teatro.

> Visitas – Em gentil visita de despedida, por terem de seguir para Pernambuco fazendo parte da companhia que, sob a direção dos *Garridos*, vai trabalhar no Teatro Moderno, estiveram em nossa redação os aplaudidos e talentosos artistas Rodolpho de Moraes e Genuíno de Oliveira.[31]

Duas semanas depois, uma nova nota, agora sobre o "talentoso ator J. Passos, um dos melhores elementos da sua classe", informa sobre sua participação na trupe organizada pelos Garridos, que seguira para Pernambuco no último dia 6[32].

A companhia alcança "estrondoso sucesso" em Pernambuco, o que leva a revista a transcrever a seguinte notícia, que revela também o conteúdo do espetáculo:

> De Pernambuco
>
> Da seção "Telas e Palcos" do matutino pernambucano *Jornal do Commmercio* extraímos a seguinte notícia sobre o estrondoso sucesso obtido ali, no Theatro Moderno, pela Companhia dos Garridos:
>
> Companhia dos Garridos
>
> O espetáculo de ontem arrastou uma enchente.
>
> Começou com *A Garra*, ato de *grand guignol* por Jean Sartin. É uma produção onde se vê clara a influência do *Theresa Raquin*, de Zola, transformada no paralítico Hardonyr, que teve um vigoroso desempenho pelo ator Pinto Moraes.
>
> O sr. R. Moraes e Esther Gonçalves estiveram bem no papel de Hippolyto e sua mulher. Foram os três, afinal, que deram vida à interpretação. A cena última foi jogada com arte e emoção.
>
> No ato de variedades, Alda Garrido, ao lado de Américo, fez renascer no público a alegria e a ruidosa impressão que deixaram as noites da temporada de novembro.

31 *Theatro & Sport*, a. 7, n. 278, 6 mar. 1920.
32 *Theatro & Sport*, a. 7, n. 280, 20 mar. 1920, p. 4.

> Além de "A Quadrilha Encrencada", já conhecida, mereceu muitas palmas o "Fala Meu Louro", que tanto sucesso produziu no carnaval do Rio.
>
> O ator Sensação cantou ao violão e Luiza del Valle encarregou-se da "Franqueza Rude".[33]

Os espetáculos que produziam, portanto, não se restringiam às apresentações da dupla. Os Garridos já se estruturavam como companhia teatral, seguindo a praxe do período de conceber o espetáculo como uma reunião de atrações diversas, entre elas uma peça teatral, e reservando para si a parte cômica da noite.

O sucesso prosseguia:

> No Theatro Moderno a Companhia que ali trabalha sob a competente direção dos Garridos está conseguindo uma verdadeira vitória com estrondosos sucessos merecidamente alcançados.
> Fazem parte do seu elenco, além de outros, os queridos e talentosos artistas Pinto de Moraes e Rodolpho de Moraes.[34]

Em setembro de 1920, a nota já se refere diretamente aos Garridos e não mais a seus atores convidados: "Os Garridos: Para Belo Horizonte, contratados pelo empresário Nogueira, seguiram esses talentosos e conhecidos artistas. Feliz viagem."[35]

33 *Theatro & Sport*, a. 7, n. 284, 17 abr. 1920. "A Quadrilha Encrencada" é uma música caipira cômica que, mais tarde, Alda e Américo gravariam em disco pela Odeon. Segundo o *MPB Cifrantiga*, "Fala Meu Louro" é uma sátira à derrota de Rui Barbosa na eleição presidencial de 1919 em que obteve menos da metade dos votos do vencedor, Epitácio Pessoa. É o melhor samba da fase inicial de Sinhô, mas a letra referindo-se à terra de Rui ("A Bahia não dá mais coco / pra botar na tapioca..." e ao súbito mutismo do conselheiro, sempre tão falante ("Papagaio louro / do bico dourado / tu falavas tanto / qual a razão que vives calado..."), acabou por irritar os baianos ligados ao samba, que se julgaram atingidos. O *site* apresenta a letra completa da canção.

34 *Theatro & Sport*, a. 7, n. 287, 08 maio 1920.

35 *Theatro & Sport*, a. 7, n. 307, 25 set. 1920.

Os Caipiras

O período entre 1916 e 1920 foi de excursões contínuas pelos estados brasileiros, levando espetáculos que abrangiam atrações teatrais e musicais. Nesses espetáculos, o dueto apresentava os números caipiras pelos quais Alda Garrido se notabilizaria. Certas fontes e documentos permitem entender o teor desses números.

Segundo Jota Efegê, nas apresentações do Pavilhão Floriano, Alda e Américo "surgiam no picadeiro transformados em autênticos caipiras, dialogavam seus disparates e, quase sempre, terminavam o número cantando um cateretê"[36]. E o jornalista transcreve parte da letra (atribuída a Marcelo Tupinambá), que Alda lhe teria cantado em entrevista de 1940:

> ALDA: Meu pai, eu quero mi casá,
> Mas num sei.
> Eu num tenho nada di meu.
> AMÉRICO: Num é nada,
> Mia fia, vá trabaiá
> Pra móde comprá um chapéu.[37]

Alda Garrido gravou em disco algumas das músicas de seu repertório, o que possibilita ouvi-la ainda hoje. Na maior parte das gravações, Alda interpreta as canções sozinha ou em dupla com Américo. Apenas em "Caipira em Hollywood", Alda canta com outro parceiro, Capitão Furtado (Ariovaldo Pires), com quem divide também a composição. Foi também em parceria que Alda Garrido compôs "Nas Cadeiras da Baiana" (com Portelo Juno), samba que foi gravado não por Alda, mas por Carmem Miranda e Nuno Roland.

O catálogo *Discografia Brasileira: 78 RPM, 1902-1964* disponibiliza a relação completa das obras gravadas no período indicado no título,

36 J. Efegê, A Velha Escola de Alda Garrido, op. cit., p. 22. A questão da "autenticidade dos caipiras" será tratada em "Revelação".

37 Ibidem.

enumerando os respectivos títulos, autores, intérpretes, gêneros e datas de gravação e lançamento[38]. Das músicas que gravou, foi possível acessar os fonogramas "A Juriti", "Sô Caminhero", "Rude Franqueza", "Mimosas Margaridas" e "Nas Cadeiras da Baiana", disponíveis para audição no acervo do Instituto Moreira Salles (IMS). Como a maior parte deles foi, segundo consta nos catálogos, gravada entre 1915 e 1921, sua análise ajuda tanto a conhecer o conteúdo e o estilo dos números, quanto a perceber certos processos criativos de Alda Garrido nessa fase inicial.

Com títulos como "Senvergonhice" e "Quadrilha Encrencada", o repertório de Alda alia o gênero caipira à comicidade. "Caipira em Hollywood", por exemplo, é classificado como um "trabalho satírico em linguajar caipira"[39]. Mas "Rude Franqueza" é o fonograma que pode dizer mais sobre o estilo da atriz, revelando desde cedo sua irreverência criativa (ou criatividade irreverente) e sua capacidade de intervenção crítica, pela via da comicidade, que tornam autorais as suas interpretações.

"Rude Franqueza" foi catalogada erroneamente na *Discografia Brasileira* como sendo de autoria exclusiva de Caramuru. E o erro se propaga no catálogo do acervo do Instituto Moreira Salles, como se Alda tivesse apenas regravado uma obra já existente. Na verdade, trata-se de uma versão, feminina e jocosa, que Alda criou parodiando "Franqueza Rude", de Caramuru[40].

A letra de "Franqueza Rude"[41], modinha de 1917, é uma queixa de um homem contra uma mulher "acostumada a seduzir e a dominar", cujo "coração pertence a muita gente". O homem, "altivo como ninguém", embora sofrendo, resistirá aos ardis sedutores dessa mulher caprichosa, a quem recusa, veemente, o amor:

38 A relação completa, com as especificações dos oito LPs que Alda gravou, encontra-se em "Trabalhos Artísticos de Alda Garrido", infra, onde também está listada uma nona obra fonográfica, em que Alda aparece como autora somente, "Nas Cadeiras da Baiana", interpretada por Carmem Miranda e Nuno Roland. A. Santos et. al., *Discografia Brasileira* foi consultado na Biblioteca da Funarte, Rio de Janeiro.

39 Cf. Capitão Furtado, em *Dicionário Cravo Albin da Música Popular Brasileira*.

40 A *Discografia Brasileira* e o catálogo do Instituto Moreira Salles estabelecem Caramuru como único autor de "Franqueza Rude", fornecendo apenas o pseudônimo. Ao ouvir essa obra, perceber-se que "Rude Franqueza" é, evidentemente, sua versão paródica.

41 A letra completa está disponível no blog MPB *Cifrantiga*.

Não quero amor
De quem, amando todo mundo,
Não sabe amar
Como a um só se deve amar.
Embora o meu penar
Seja um penar profundo,
Não hei de amar-te um segundo,
E nunca, nunca te beijar.

Alda Garrido, então, coloca uma nova letra sobre a música de Caramuru, invertendo todos os sinais do original. A começar pelo título, que troca a ordem dos termos. Quem fala agora é uma mulher, e não para um homem específico, mas para o sexo masculino, de modo geral. O tom amargo e lacrimoso do original é vertido para irônico e jocoso. Em geral, os fonogramas do início do século abriam com uma breve apresentação do intérprete que, antes de começar a cantar, dizia o seu nome e o da música que interpretaria. Alda abre a faixa dizendo o seguinte: "'Rude Franqueza': canção contra o homem, gravado [sic] por Alda Garrido para Casa Edison, Rio de Janeiro." Esta introdução ela fala em seu timbre natural, grave, e, em seguida, ataca, com voz aguda e esganiçada, a resposta feminina: "Amar com seriedade não é para qualquer, / amor sem falsidade é sempre o da mulher." Depois de abandonar o lar paterno, por julgar que por um homem era amada, a mulher notou que sua vida era um inferno, pois até sua "alma estava já carbonizada". E na conclusão, a última pá de cal sobre o sexo oposto: "Que o homem p'ra ser bom devia nascer morto!"

Zombar do gênero sério será uma característica que acompanhará a atriz, que fará novas incursões pela paródia, o que será analisado mais detalhadamente adiante.

A tradição caipira estava, nessa época, fortemente presente nas várias manifestações artísticas: no teatro, no circo, na música. A leitura do *Diário de Santos*, por exemplo, fornece informações acerca dos variados modos de inserção do gênero caipira no cenário artístico da época.

Conforme já foi apontado acima, as duplas caipiras apresentavam seus números em circo, mas a lona abrigava também outras formas do gênero. Em 1911, em nota sobre o Circo Tavares, o jornal noticiava: "Finalizará a função com a importante pantomima de costumes sertanejos ornada de boas canções intitulada 'A Moreninha do Sertão', verdadeira fábrica de gargalhadas."[42] A moda sertaneja tomava as ruas: em 1914, são várias as notas sobre o Grupo dos Caipiras no carnaval. E também os teatros. Em 1915, são concorridas as palestras de Cornélio Pires, como a que o jornal divulga, em nota: a conferência do "jovem e talentoso poeta" se realizaria no Teatro Guarany no dia 30, com o tema "Os Caipiras"[43]. E Cornélio retorna em julho para nova palestra no Guarany: "noite de gargalhadas, pilhérias em penca"[44].

Rosa Nepomuceno oferece uma interessante nota biográfica de Cornélio Pires:

> Cornélio Pires foi o maior divulgador da cultura caipira nas primeiras décadas do século. [...] Já era prestigiado no mundo intelectual e artístico quando resolveu investir numa olaria em Tietê, a despeito do pouco tempo disponível para tocar um negócio como aquele. Os operários eram matutos da região, e um dia seu irmão Ataliba foi lá procurá-lo:
>
> – Onde está Cornélio?
>
> – Num *tar, num sinhô* – respondeu um deles.
>
> – Aonde ele foi?
>
> – Saiu. Foi *arremedá nóis pra morde ganhá dinhero.*[45]

O caipira pintado nos "causos" é uma personagem estilizada, uma idealização do caipira, na verdade, conforme se observa nas intenções de Cornélio Pires, que, segundo Rosa Nepomuceno, pretenderia, por

42 *Diário de Santos*, 23 jul. 1911.

43 *Diário de Santos*, 24 jun. 1915.

44 *Diário de Santos*, 20 jul. 1915. Note-se a associação clara entre o caipira e o cômico, tema que será discutido no próximo capítulo.

45 R. Nepomuceno, *Música Caipira*, p. 101. Em nota, a autora fornece a fonte do "causo": "Contado pelo escritor Jofre Martins Veiga, em seu livro *A Vida Pitoresca de Cornélio Pires.*"

Fig. 3: Os Garridos caracterizados como caipiras.

meio das personagens que representava, ironizar o citadino que se achava mais inteligente que o capiau:

> "Nosso irmão do campo não é esse bocó de que se fala", dizia. E contava a história de um grã-fino que tinha ido para o interior e, passeando a cavalo pelos arredores da cidade, parou numa casa. Foi bem acolhido, como é típico desses lugares, e quando viu na parede várias fotos, perguntou ao dono:
>
> – De quem é esse retrato?
>
> – É de minha mãe.
>
> – E aquele outro?
>
> – É do meu pai.
>
> E olhando a de um burro bonitão, de sete palmos de altura e arreio enfeitado, arriscou:
>
> – Este também é da família?

– *Nhor*, não. *Mecê tá inganado*, esse *num* é retrato.

– Que é então?

– É *espeio*...[46]

Esse era o caipira de Cornélio Pires e também de muitos outros artistas do circo e do teatro, onde a voga de representar esse tipo de personagem se expressava nos variados tipos de espetáculo ligados ao cômico: comédias, burletas e revistas.

No início do século XX, eram comuns as montagens de burletas e comédias de temática sertaneja, assim como apresentações de números caipiras inseridos em espetáculos de revista. Ao comentar a peça *Flor Sertaneja*, apresentada pela Companhia de Burletas e Revistas do São José em 1919, uma "curiosa série de cenas do interior, com sertanejos, violões e batuques, todos falando incorretamente a moças simples, e aventureiros idos do Rio, que perturbam a monotonia da vida pacífica da gente do campo", Mário Nunes descreve a prática como sendo "um esforço de explorar o filão que Viriato Corrêa elegeu com alguma felicidade"[47]. Tais cenas eram vistas nos palcos cariocas tanto nas produções locais quanto nas eventuais visitas de companhias paulistas, que raramente viajavam ao Rio de Janeiro: "Fato pouco frequente na história do teatro no Rio – a visita de uma companhia paulista, a Arruda, do Teatro Boa Vista"[48]. Com casa cheia, essa companhia apresentou a revista *Divina Encrenca*, em que Arruda representou um "perfeito caipira", e a burleta *Uma Festa na Freguesia do Ó*, em que "costumes paulistanos são apresentados com burlesca verve"[49].

A interpretação de personagens caipiras era uma especialidade de Alda Garrido, talento que a distinguiria na história do teatro, mas que não era o único. A seguir, serão examinados a natureza desse caipira e o modo com que essas personagens se configuram no teatro que a atriz virá a praticar.

46 Ibidem, p. 103. Segundo a autora, esse trecho também é contado no livro de J. M. Veiga.

47 M. Nunes, *40 Anos de Teatro*, v. 1, p. 199.

48 Ibidem, p. 203.

49 Ibidem.

Fig. 4: Capa da edição da partitura do tanguinho sertanejo *A Derrubada*, de B. Pousa Godinho e Américo Garrido. Acervo IMS.

O SABIÁ, J. F. de Freitas	1$500	TROVAS DO SERTÃO, L. M. Corrêa	1$500
ROSA DA SERRINHA, F. J. Freire Junior	1$500	NHÁ VITALINA, A. Garrido	1$500
COMO HA DE SE?, Malaquias de Brito	1$500	APANHANDO JAMELLÃO, Loubin	1$500
SAMBA DOS CAIÇARAS, J. N. S. Sobrinho	1$500	FLOR DA BANANEIRA, Felix Mimoso	1$500
OLHA O PASSO DA EMA! Loubin	1$500	MEU BOI MORREU! Petit	1$000
VIOLA MAGOADA, Catullo Cearense	1$000	CABOCLA DO CAXANGÁ, Catullo Cearense	1$000
NÃO FUJAS DA CAVATINA, L. M. Corrêa	1$500	JONGO AFRICANO, F. J. Freire Junior	1$500
ILLUSÕES QUE PASSAM, Pedro Franco	1$500	PIERROT E COLOMBINA, Edú Neves	1$500
FOLHA MORTA, Alfredo Mazzucchi	2$000	JONGO DE PRETOS, Costa Junior	1$000
DA-ME AS PETALAS DE ROSA, Francisco Braga	2$000		

Fig. 5: Capa da edição da partitura do tanguinho sertanejo "O Sabiá", de José Francisco de Freitas e Américo Garrido. Acervo IMS.

2. Revelação

e, por estarem mortas, provavelmente nos falavam mais fundo do que às plateias de seu tempo. Víamos essas comédias através de um enorme abismo de esquecimento, e as coisas que as separavam de nós eram o que, na verdade, as tornavam tão fascinantes.

Paul Auster, *O Livro das Ilusões*.

Burletas, Comédias, Revistas: Uma Caipira no Teatro?

No início da década de 1920, os Garridos começam a firmar sua carreira, na cidade em que se estabeleceriam com êxito. Nessa época já eram reconhecidos como bons atores. Em março de 1921, a revista *Theatro & Sport* anunciava o festival que promoveria na noite do dia 28, em comemoração pelo oitavo ano da publicação: "Os estimados e aplaudidos artistas 'Os Garridos', num desses gestos de extremado cavalheirismo, abrilhantarão, também, o nosso festival, com alguns dos primorosos números do seu vasto repertório caipira."[1] O número seguinte da revista traz Alda Garrido na capa –

1 *Theatro & Sport*, a. 8, n. 333, 26 mar. 1921.

uma "pálida homenagem" –, atriz "graciosa" que "deu brilhantismo ao festival promovido pela revista com dois belíssimos números caipiras (da dupla Os Garridos). Apesar de muito jovem no palco, por seu talento e grande dedicação à Arte, ocupa com muita justiça, um lugar saliente na nossa cena". Os Garridos fecharam o espetáculo, no Teatro República, onde aconteceu o festival: "impagáveis e inimitáveis"[2].

Duas notas jornalísticas desse ano, muito curiosas, mostram, quando vistas em conjunto, tanto o sucesso que o casal já alcançara, quanto a força que Alda Garrido já possuía junto à imprensa nesse início de carreira. Orestes Barbosa, sob o pseudônimo "Biógrafo", escreveu a seguinte nota sobre Américo Garrido:

> Na Tijuca não se fala noutra coisa, e o ator, jovem ainda, muito inteligente e muito hábil, se banca o caipira no palco, é sabido demais cá fora...
>
> O zum-zum sobre o assunto interessa a sucessivas plateias do América, que é pequeno já para contê-las. E o ambiente do elegante teatrinho da Tijuca trescala o suave perfume que é, por assim dizer, o hálito das boquinhas vermelhas que segredam as simpatias do ator.
>
> As cartas chovem na secretaria do teatro e são lidas e relidas pelo ator.
>
> Na caixa chegam diariamente caixas de bombons que são saboreados em profundo silêncio... É um hábito de garridos artistas, isto é, dos atores que entretêm o público com as suas pilhérias inocentes.
>
> Oxalá não fossem esses presentes a outros mais caros...
>
> Biographo.[3]

Oito dias depois, o jornalista publica nova nota, agora sobre Alda Garrido, que inclui não apenas considerações sobre a atriz, mas parece transmitir também uma "mensagem" de Alda "a quem interessar possa"...

2 *Theatro & Sport*, a. 8, n. 334, 2 abr. 1921.
3 "Américo Garrido", *A Folha*, 4 abr. 1921.

Fig. 6: Capa da revista *Theatro & Sport*, a. 8, n. 334, 2 abr. 1921, com Alda Garrido.

Alda Garrido é um nome conhecido de norte a sul do Brasil, e o sucesso das suas criações, transpondo as fronteiras da pátria, repercute fora, no estrangeiro.

Estudiosa e observadora, Alda não se contenta com o vasto repertório de que dispõe e traz, de cada nova terra visitada em suas vitoriosas turnês, um tipo característico apreciado em todas as suas feições.

Mas fora do seu gênero – o gênero caipira, em que Alda é grande –, temo-la perfeitamente adaptada à comédia, ao drama e à opereta, trabalhando com desembaraço e desenvoltura, impondo o seu trabalho pela observação e pelo cuidado.

Doida por bombons, Alda Garrido leva sempre para cena um saquinho dessas gulodices que habilmente esconde, ou na manga da blusa ou no cós da saia. E o seu apetite pelos bombons é tanto, que Alda chega ao quase absurdo de solicitar dos autores conhecidos uma cena em que o bombom seja forçado. O bombom faz parte integrante da vida de Alda, pois ainda uma noite dessas ela sonhou que juntamente com seu esposo havia instalado uma grande fábrica desses deliciosos confeitos. Apenas, do contrato constaria não poderem vendê-los a moças morenas e loiras...

Biographo[4]

Entre 1921 e 1922, Os Garridos formaram uma companhia para atuar nesta que era uma prática então corrente: apresentar peças no cinema após a projeção das fitas do cartaz. Realizaram curtas temporadas em casas como o Cine-Teatro Brasil, na rua Haddock Lobo, e o Cine-Teatro Centenário, na praça 11 de Junho (hoje chamada de praça Onze). Foram convidados, em seguida, a se instalar no Cine-Teatro América, da Praça Saens Peña, Zona Norte do Rio de Janeiro[5]. Nesses cine-teatros, à frente de um elenco que incluía Estephânia Louro, Manuelino Teixeira[6], entre

4 Idem, "Alda Garrido", *A Folha*, 12 abr. 1921.

5 M. Nunes, *40 Anos de Teatro*, v. 2, p. 37.

6 Estephânia Louro (1883-1942), atriz paulista de Limeira, que iniciou a carreira ainda menina, em 1890, na empresa do Heller, era esposa do ator Artur Louro, e mãe da atriz Margot Louro, esposa de Oscarito; Manuelino Teixeira (1896-1940), que começou a vida como ajudante de chofer, foi serralheiro, carpinteiro,

outros, Os Garridos levaram à cena textos de Freire Jr. (*O Homem da Light*, *Luar de Paquetá*), Gastão Tojeiro[7] (*A Mulata do Cinema*, *A Cabocla de Caxangá*), e outros, em récitas sempre lotadas[8].

Em 1923, surgiu-lhes, enfim, a oportunidade de ocupar um teatro do centro da cidade, e na praça Tiradentes, mais precisamente, polo da atividade teatral carioca no período, onde tudo fervia. De 9 de março a 31 de dezembro, a companhia trabalhou no Teatro Carlos Gomes, passando, a partir daí, a se chamar Companhia Alda Garrido. Mesmo atuando como empresário, Américo deixa de figurar como nome de destaque na companhia. Impulsionada por seu talento e personalidade exuberantes, Alda Garrido projeta-se na carreira, recebendo convites para estrelar espetáculos em companhias de empresários importantes no teatro carioca. Ganha, assim, distância de Américo, em termos de projeção artística, desfazendo rapidamente a ideia de dupla. O casal desquita-se na década de 1930, mantendo, entretanto, a parceria artística.

A atriz foi a revelação de 1923, segundo Mário Nunes: "A novidade do ano foi Alda Garrido que, melhorando o elenco do grupo com que excursiona, se apresentou no Carlos Gomes. O parceiro do seu sucesso é Freire Jr., seu autor predileto. Seu teatro – Alda é um gênero – é extensamente apreciado adiante."[9]

Alda Garrido triunfa como estrela, e realiza uma temporada concorrida:

> No domínio da burleta os ases foram: Freire Júnior, que lançou vitoriosamente Alda Garrido no centro da cidade. A burleta de estreia, *Quem Paga é o Coronel*, esteve em cena mês e meio e tornou Alda um ídolo da plateia popular, por sua comicidade a Carlitos entre natural e excêntrica. Sucesso seu maior ainda, mais de 150 representações, *Luar de Paquetá*. Deu mais *O Homem da Light*, vinte dias; *A Rainha da*

eletricista, antes de se iniciar como ator, tendo sido corista do Teatro da Natureza e trabalhado em diversas companhias ao longo da carreira. Cf. J. Galante de Sousa, "Estephânia Louro"; "Manuelino Teixeira", *O Teatro no Brasil*, v. 2, p. 312 e 540, respectivamente.

7 Sobre o autor ver M. de L. Rabetti, *Teatro e Comicidades 2*.

8 Cf. J. Efegê, A Velha Escola de Alda Garrido, *Jornal do Brasil*, 13 dez. 1970; e Freire Jr., *Luar de Paquetá*.

9 M. Nunes, op. cit., v. 2, p. 73.

> *Beleza*, 21; *A Pequena da Marmita*, 27. E Gastão Tojeiro, *A Francesinha do Bataclan*, mais de cem representações, mês e meio.[10]

Jota Efegê resume a rápida ascensão:

> Com o nome já popularizado, formando apreciável número de admiradores que prestigiava os espetáculos em que ela estivesse participando, foi, como seria de esperar, buscada pelo empresário Paschoal Segretto para estrelar o elenco de um de seus teatros na tradicional Praça Tiradentes. Então, lançada com grande publicidade, Alda surgiu na ribalta do Teatro Carlos Gomes como protagonista da burleta *A Pequena da Marmita*, cujo autor era Freire Júnior, a quem se ligou tendo-o como o escritor de sua preferência. Depois de longa permanência em cartaz a peça cedia lugar a *Francesinha do Ba-ta-clan*.[11]

E o jornalista completa adiante: "logo obteve consagração ruidosa"[12]. Raimundo Magalhães Jr. dá detalhes do lançamento da atriz. Segundo o autor, o repórter Manuel Bernardino, de *A Noite*:

> fora chamado para fazer o lançamento de Alda, em grande estilo, escrevendo notícias, reportagens, entrevistas para toda a imprensa, redigindo anúncios e criando *slogans* de publicidade. Vinda dos duetos, com o marido, Américo, Alda se especializara em papéis de caipira. Era um nome modesto, quase desconhecido do grande público. Lembrou-se Manuel Bernardino de apresentá-la como o *Fróes de saias*. Era o que se lia em todos os cartazes ao redor do Teatro Carlos Gomes. A expressão era badalada insistentemente em todas as notícias enviadas à imprensa. Depois de uma ou duas peças que não tiveram maior repercussão, Alda Garrido apresentou a burleta de Freire Júnior, *Luar de Paquetá* [...]. O êxito foi tão significativo, que autorizava comentários desta espécie:

10 Ibidem.
11 J. Efegê, A Velha Escola de Alda Garrido, op. cit.
12 Ibidem.

– Se o Fróes não voltar logo da Europa, acabará tendo de se apresentar, na volta, como a Alda Garrido de calças![13]

Alda e Américo lideravam artística e empresarialmente a companhia que formaram, mas, atores característicos[14] que eram, escalavam-se para personagens que, em princípio, não eram protagonistas das peças.

Em *Quem Paga é o Coronel*, burleta em três atos de Freire Jr., a trama é tecida em torno de uma família de classe média: Dona Pepita, a mãe, faz de tudo para aparecer *chic* nos eventos sociais, e gasta uma dinheirama em roupas e sapatos novos. Alberto, o pai, está falido, pedindo dinheiro a agiota, sem que a família sequer desconfie, mas não deixa de fazer todas as vontades da esposa. Vivem numa bela casa em Copacabana, cobiçada por Mister Jasper, um inglês que está muitíssimo interessado na propriedade, por assemelhar-se à casa em que viveu na Inglaterra. Henriqueta, a filha do casal, tem em Josephina, a criada, uma fiel confidente que acoberta o namoro secreto da jovem patroa com Roberto, estudante de Direito. Quiproquós e enganos formam a intriga. Quando a situação fica insustentável, com o agiota batendo insistentemente à porta da família, e a casa comercial do pai fica ameaçada de falência, Alberto mostra as contas a Dona Pepita, revelando que a única solução seria vender a casa a Mister Jasper, que não economizará para consegui-la. Dona Pepita, então, sugere a alternativa de casar Henriqueta, que supõe pura e inocente, com o filho do Compadre Valladão, fazendeiro rico do interior de Minas, padrinho de Henriqueta: o "tabareuzinho" tem 500 contos para o dote! Apesar das desesperanças de Alberto nesse

13 R. Magalhães Jr., *As Mil e Uma Vidas de Leopoldo Fróes*, p. 169-170.

14 Cf. T. Brandão, Característico (Ator), em J. Guinsburg; J.R. Faria; M.A. de Lima (orgs.), *Dicionário do Teatro Brasileiro*, p. 71: "o termo já foi empregado em dois sentidos diferentes no teatro brasileiro. Um sentido mais recente, de ordem mais geral, tem sido empregado para abarcar uma boa parte dos atores engajados no teatro brasileiro do século XIX e do início do século XX, definindo-os, assim, por oposição aos *capocomici*, os primeiros atores líderes de companhias. Seriam a maioria dos atores em atividade, os intérpretes menores [...]. O outro sentido do termo, mais antigo, seria sinônimo de *caricato*. Abarcava, segundo a antiga noção de *emploi*, os atores que desempenhavam papéis típicos nas comédias e farsas". É nesta última acepção que o termo será utilizado aqui.

"negócio", já que, por orgulho de Dona Pepita, há mais de quinze anos a família deixou de corresponder-se com o compadre, Valladão aceita a proposta e irá ao Rio com a esposa e o filho Joneca, para apresentá-lo à afilhada. Os pais de Henriqueta, aliviados, estão de passeio marcado para Petrópolis e partem, deixando a recomendação à filha, que desconhece o arranjo matrimonial que lhe está sendo preparado, de mostrar a casa à família do inglês – por precaução, caso a ideia do casamento não tenha sucesso. Saída estratégica de personagens para mais confusões e troca-troca de papéis. Roberto, que não é nada tímido, vai passar o dia na casa, aproveitando a ausência dos pais da moça. Nesse meio tempo, chega a família do compadre, que Henriqueta toma por uma família que foi ver a casa, para comprá-la. Roberto resolve bancar o marido de Henriqueta, "um parente dos donos da casa que chegou de fora", e Josephina resolve fingir ser a filha de Dona Pepita e Alberto. A criada logo se atira para Joneca, matuto acanhadíssimo, que "precisa tomar umas lições de Rio de Janeiro", lições que ficarão a cargo de Josephina, claro. Rapidamente, o rapaz, que tinha medo de mulher e queria morrer virgem, encanta-se pela criada. A família interiorana sai de cena e, em seguida, chega à casa o inglês com a família, mas os jovens tratarão de dizer-lhes que já venderam a casa a outra pessoa. Quando os pais de Henriqueta voltam de Petrópolis, ficam sabendo pelo Compadre que os filhos já se acertaram, desconhecendo a troca de papéis. Alberto, então, chama Henriqueta para uma conversa. Esta, que contava como certo que Roberto já tivesse pedido sua mão em casamento, fica sabendo que o pai faz muito gosto de sua escolha. A trapalhada está armada. A família do interior chega e as situações se esclarecem em final feliz: Josephina vai casar-se com Joneca, que entrará, com seu dote, como sócio da casa comercial de Alberto, salvando o negócio. Henriqueta vai casar-se com Roberto, salvando o amor sincero. Só o inglês termina triste: não terá a casa sonhada.

Alda Garrido fazia a Josephina, atuando aqui no *emploi* de *soubrette*[15], desempenhando o papel da criada esperta. Josephina, que sonhava ser

15 Conforme o sistema dos *emplois*. "A *soubrette* [...] é a serva ou a acompanhante da principal personagem feminina da comédia. [...] Se raramente são *meneuses de jeu*, como os criados, as *soubrettes* pelo menos contribuem para esclarecer a psicologia ►

artista de cinema, é "um azougue". A personagem tem papel determinante na trama, como confidente e armadora da intriga. Aqui, não atua como caipira, ao contrário, sua personagem representa a esperteza e a malandragem cariocas, em contraste com a inocência e o recato da personagem de Américo Garrido, que interpreta, esse sim, o caipira Joneca, que foi "criado feito moça". Essa contraposição entre campo e cidade, como correspondentes diretos da pureza e da corrupção, respectivamente, é recorrente. Em uma das músicas, a família do interior se apresenta: "Somos mineiros / Povo colosso [...] Cá na cidade / Tem tudo horror / Falta a hombridade / Do lavrador."[16] No interior, a gente é sadia, física e moralmente. Além disso, no que tange à questão do dinheiro, tema da peça, os caipiras são desajeitados, mas são ricos; os da cidade são *chics*, mas falidos.

Luar de Paquetá, de Freire Jr., foi editada pela Sbat em 1952, publicação que indica como data de estreia o dia 6 de dezembro de 1922, no Teatro América, pela Companhia Alda Garrido[17]. A peça é uma comédia de costumes, que também gira em torno de uma família de classe média, modesta, do Alto da Boa Vista, bairro do Rio de Janeiro. Dona Geraldina e Guimarães, pais da moça Dora, formam um casal "de papéis trocados", em que a esposa traz o marido "à rédea curta", para evitar que este dê suas "escapadas" depois do expediente. Nem desconfiam que a filha Dora já anda de namorico com Dr. Mario, médico baiano, que mantém um *affaire* com uma manicure francesa, que presta serviço, às escondidas, à Dona Geraldina. A manicure, por sua vez, que é apaixonada por Dr. Mario, relaciona-se com um "velho casado", a quem explora. Só não sabe que o velho, Dr. Gaspar, é amigo da família de Dona Geraldina e casado

▷ de suas patroas e para mudar o rumo da intriga." Ver P. Pavis, *Dicionário de Teatro*, p. 368. Ver também P. de Magalhães, *Como Se Ensaia Uma Peça*.

16 Freire Jr., *Quem Paga é o Coronel*, p. 41.

17 A publicação apresenta escalação do elenco: Manuelino Teixeira (Dr. Mario), Mendonça Balsemão (Guimarães), Alves Moreira (Dr. Gaspar), Carlos Lima (Nordeste), Eugênio de Carvalho (Pescador), Américo Garrido (José, *chauffeur*), Pepa Ruiz (Dora), Estephânia Louro (D. Geraldina), Thereza Gatti (Alice), Judith de Oliveira (D. Dolores – D. Santinha), Georgina Teixeira (Mlle. Berthe), Alda Garrido (Faustina, criada). E indica o registro da censura: censurada sob o n. 391, 11 de junho de 1946, registro 111. Freire Jr., *Luar de Paquetá*, p. 3.

com Dolores, que também andou "pulando a cerca" do casamento, num encontro furtivo com Dr. Mario, no cinema, fechando o incrível círculo de relações. Na casa de Dona Geraldina trabalha Faustina, uma criada pernóstica, que conhece o segredo de Dora, e faz uso dele para obter leves vantagens, como falar à vontade com seu "tipo" ao telefone: Faustina está de caso com José, *chauffeur* de Dr. Gaspar. Ao longo da peça, a trama de relações, a princípio desconhecida das personagens, começa a se revelar a um e outro, numa sucessão de burlas e inversões. Ao final, Guimarães, que vivia sob suspeita de Dona Geraldina, que tinha Gaspar como modelo de esposo, "dá a volta por cima", quando se esclarecem os verdadeiros caracteres das personagens, e passa então a mandar em sua casa e na esposa. Paquetá, lugar onde se passa o segundo ato, é referência constante nos diálogos, sendo para as personagens enamoradas a "Ilha dos Amores"[18], de céu profundo e luar encantador.

Conforme a ficha de escalação do elenco apresentada na publicação, Alda fazia a Faustina e Américo, o *chauffeur* José. Dona do bordão "eu cá sou assim: franca... positiva...", a personagem se diz "mulatinha", e se refere à personagem de José como "mulatinho" também[19]. Nessa comédia, com a qual a companhia obteve grande sucesso, permanecendo seis meses em cartaz, e retornando com ela diversas vezes, não aparece a personagem do caipira. Alda e Américo atuam como "mulatos pernósticos", papéis típicos, também próprios do gênero.

Em *O Embaixador*, burleta de Armando Gonzaga[20], vê-se novamente a confrontação entre o caipira ingênuo e o esperto da capital, o carioca ladino. "Major" Mamede e o rapaz Vicente, dois caipiras do interior, chegam à capital com a missão – "a embaixada" – de buscar Alberto, a mando de sua tia, que o quer de volta a S. Gregório, cidade de onde vêm os três. Alberto fora ao Rio de Janeiro para estudar Direito, mas

18 "Ilha dos Amores" é o título da única música da peça, cantada no final do segundo ato, não por uma personagem inserida na ação da peça, mas por um cantor, "de fora". É também o título de uma burleta de Freire Jr., estrelada por Alda Garrido na companhia de Pascoal Segreto. O texto de *Ilha dos Amores* não está disponível na Sbat. Só foi possível acessar a partitura "Alda Garrido", uma das músicas dessa burleta.

19 Freire Jr., *Luar de Paquetá*, p. 19.

20 Sobre o autor, ver M. de L. Rabetti, *Teatro e Comicidades 2*.

depois de oito anos ainda não terminou o curso. Caiu na farra, seduzido pelos encantos enganadores da cidade – está "perdido". Seus amigos são os funcionários e frequentadores do "*cabaret* de um *club chic*", onde Lili, sua amada, trabalha como cantora. É nesse cenário que se inicia a peça. Se não retornar a S. Gregório, a tia de Alberto o deserdará e cortará a mesada que o sustenta na capital. Durante a curta estadia na cidade, porém, Vicente e Mamede envolvem-se, respectivamente, com Fifi, "dona da pensão dos Amores" e Sarah, outra frequentadora do cabaré. Numa espécie de encantamento pelo diferente, Fifi declara-se a Vicente: "Simpatizei-me com você por causa de sua alma simples, cândida, ingênua."[21] Depois de algumas idas e vindas dos casais, cenas cômicas da dupla Mamede e Vicente, e muitas músicas, os três decidem então permanecer no Rio de Janeiro, já que comprovaram a sinceridade do amor das namoradas. Alberto abre mão de sua herança e os três casais têm um final feliz.

Os caipiras são roceiros "sem modos", mal vestidos, mas endinheirados. Mesmo quando se arrumam para a festa, com casaca e tudo o mais, ficam "mal postos"[22]. Os homens da cidade com quem se encontram são jogadores espertos, alguns sem nenhum dinheiro, que só querem se aproveitar do "major embaixador". No que, aparentemente, lograrão êxito, pois que a ingenuidade dos caipiras é tal, que os frequentadores do cabaré oferecem-lhes uísque como remédio para o fígado e para os olhos, e eles aceitam[23]. O plano é, por meio do jogo, fazer a "limpa" no major, que está cheio do dinheiro[24]. Mas o major não é tão tolo assim... É desse modo que, ao longo de toda a peça, confronta-se a reputação da cidade, signo do vício, com a do campo, signo da virtude. Já perto do desfecho, Alberto decide apressar a volta a S. Gregório para proteger Mamede e Vicente do "lodaçal" que é a cidade[25]. Mamede diz estar "perdido" de amor por Sarah, e Alberto retruca que perdido ele ficará

21 A. Gonzaga, *O Embaixador*, p. 49.
22 Ibidem, p. 41.
23 Ibidem, p. 11-12.
24 Ibidem, p. 23.
25 Ibidem, p. 62.

se continuar no Rio. "Isto é um antro"[26]. O Rio, como lugar de perdição, é ideia recorrente.

A partir das críticas jornalísticas[27], percebe-se que ao menos alguns nomes do original foram modificados na montagem do espetáculo: S. Gregório passou a ser Santo Antônio da Montanha, o Major Mamede tornou-se Major Vitrúvio de Lima, e Vicente virou Ernesto da Conceição. Mais engraçados, por certo. E as modificações provavelmente não pararam por aí. Em alguns dos textos que foram acessados na Sbat, sobretudo naqueles em que constam carimbos de propriedade da Companhia Alda Garrido, além de anotações de marcações de cena e escalações de elenco, aparecem alterações nos diálogos, indicando uma prática, que, de todo modo, não é incomum no nosso teatro[28].

Mamede, tornado Vitrúvio, foi interpretado por Américo, e Alda fez o rapaz Ernesto, o Vicente do original, em travesti. No texto, fica claro o jogo das personagens Mamede e Vicente como dupla de palhaços, funcionando um como o esperto (*Clown* branco) e o outro como o bobo, estúpido (Augusto excêntrico)[29]. O início da cena 6 do ato I, em que Mamede e Vicente encontram-se pela primeira vez com Alberto, e devem dizer a ele a que vieram, exemplifica como se abrem oportunidades para o histrionismo dos atores, com certa suspensão da ação. Aqui, Alda e Américo, possivelmente, deram suas contribuições de atores improvisadores. O trecho, embora não seja curto, merece a transcrição, por seu valor ilustrativo:

> Cena 6
>
> (*Alberto, Mamede, Vicente, fregueses*)
>
> MAMEDE (*atarantado*): Que mulheres, santo Deus! Não podem ver a gente que não puxem logo o cabelo!

26 Ibidem, p. 66.

27 Foram consultadas as críticas dos periódicos *A Rua* e *Jornal do Commercio*, ambas de 26 abr. 1923.

28 As marcações de cena verificadas são aquelas próprias do teatro de convenção do século XIX e primeiras décadas do XX, em que se divide o palco em nove posições. Ver P. de Magalhães, op. cit.

29 Ver M.F. Bolognesi, *Palhaços*.

VICENTE (*com voz chorosa*): Si fosse só o cabelo que elas puxasse...

MAMEDE: Que é que elas puxaram em você?

VICENTE: A orelha...

MAMEDE: Pensei que fosse outra coisa pior!

VICENTE: Que coisa podia ser?

MAMEDE: O nariz...

ALBERTO: Major Mamede!

MAMEDE (*reparando em Alberto*): Olha seu Alberto ali! Há quanto tempo! (*Abraça-o.*) Como ele está janota! (*Abraça-o novamente.*) E sacudido! (*Outro abraço.*) Mas que prazer (*Abraça-o repetidas vezes.*) Este é de D. Ambrosina... Este é de seu vigário... Este é de [D. Juca(?) – ilegível]... Este é da [Nanica(?) – ilegível]...

ALBERTO: Chega, Major, senão o senhor me sufoca. O senhor me dará o resto dos abraços em prestações...

VICENTE: Eu também quero abraçar seu Alberto...

ALBERTO: Por conta de quem?

VICENTE: É só o meu.

ALBERTO: Então venha lá esse abraço. (*Abraça Vicente.*)

MAMEDE (*enlevado*): Como ele está dengoso!

ALBERTO: Que foi que o trouxe aqui, Major?

MAMEDE (*tomando um ar grave*): Foi uma coisa muito séria...

VICENTE: É sim... foi o meu olho...

MAMEDE: Quem foi que falou aqui em seu olho? Isso lá tem importância?

VICENTE: Para mim tem.

MAMEDE: Você todo não vale nada, que dirá um olho só...

ALBERTO: Bem, deixem-se de histórias. Que foi?

MAMEDE: Foi... foi... (*olha Vicente que parece querer falar.*) foi... (*Pega uma garrafa.*) foi...

ALBERTO: Vamos, Major, desembuche!...

MAMEDE (*ameaçando Vicente com a garrafa*): Meta o olho aí, se é gente...

VICENTE: Eu não.

MAMEDE: Tem medo, hein?

ALBERTO: Mas que foi afinal?

MAMEDE (*a Vicente*): Que foi?

VICENTE: Sei lá...

MAMEDE: Não sabe, não é? Pois eu vou dizer. (*A Alberto.*) D. Ambrosina me mandou aqui para levar vosmecê para S. Gregório.[30]

No texto, as personagens estão construídas em forte desequilíbrio: a personagem Mamede é mais desenvolvida, fornecendo maiores possibilidades ao ator. Vicente é menos que uma escada. O que Alda Garrido seguramente procurou "corrigir" com sua verve, para aproveitamento cômico. Para o crítico do jornal *A Rua*, seu esforço foi insuficiente: "E note-se que nessa primeira de ontem, o desempenho deixou bastante a desejar. A Sra. Alda Garrido, por exemplo, embora se tenha conduzido bem, não deu, contudo, a interpretação feliz que costuma dar aos papéis que lhe são confiados."[31] E deu destaque somente à atuação de Américo: "o Sr. Garrido conduziu-se de tal forma admirável, que só ele encheu os três atos da peça do Sr. Gonzaga"[32]. Opinião que não foi partilhada com seu colega do *Jornal do Commercio*:

> Para o êxito que teve a peça muito contribuiu o desempenho dado pelos artistas da Companhia Garrido, notadamente as Sras. Alda Garrido, em "travesti" num garoto de quinze anos, Rosalia Pombo, em um tipo bem apreciável, Mathilde Costa, Estephania Louro, Rosa Sandrini e os Srs. Américo Garrido que no roceiro Major Vitrúvio, compôs um tipo de sua especialidade, Álvaro Diniz e Manoel Teixeira.[33]

A partir da observação da atuação de Alda e Américo Garrido, nos textos acima, revela-se, nesse teatro especificamente, uma subversão da ideia de que as funções das personagens são determinadas pelo texto, pois elevam à condição de "papel principal" as coadjuvantes, em um movimento que é determinado pela interpretação. E é com o

30 A. Gonzaga, op. cit., p. 27-30.
31 *A Rua*, 26 abr. 1923, p. 2.
32 Ibidem.
33 *Jornal do Commercio*, 26 abr. 1923, p. 5.

desempenho nesse tipo de personagem que Alda Garrido é alçada à categoria de estrela.

Quando Alda começou a se destacar no cenário teatral, logo foi chamada para atuar em espetáculos de revista, em números de sua especialidade, como caipira, pela Empresa Pascoal Segreto[34], que pretendia "dar novo impulso ao teatro popular reorganizando, para mais amplo programa, a tradicional companhia de burletas e revistas do Teatro São José, criada em 1910"[35]. Alda Garrido, ao longo da carreira, aceitou os convites que recebeu para estrelar revistas, embora este não fosse o gênero de sua preferência – a atriz tinha predileção pela burleta – e sua prioridade fosse a sua própria companhia. Sua atuação na cena revisteira, apesar de constituir grande sucesso, é episódica e descontínua, permanecendo, a cada investida, por pouco tempo nessas companhias. Tais experiências, aparentemente, ocupam o espaço de entressafra da sua empresa: tão logo se disponibilizasse um teatro para instalar-se, desligava-se das companhias em que atuava como contratada.

Em abril de 1926, estreava a Companhia de Grandes Revistas, o novo empreendimento da empresa do São José, com Alda e Américo no elenco. No dia 7 apresentava-se *Pirão de Areia*, de Marques Porto, com música de Assis Pacheco e Julio Cristóbal:

> Teve foros de verdadeiro acontecimento teatral de grande repercussão a inauguração da nova fase do São José. Foi auspiciosa a estreia: registra belo e bem sucedido esforço. Elenco de primeiras figuras, feéricos efeitos de luz, guarda-roupa que rivaliza com o da Velasco, original, rico e de bom gosto; e assim a montagem suntuosa e artística é de alta valia. Sucesso absoluto o da revista, aplausos incessantes.[36]

Entre os números de grande êxito, o crítico Mário Nunes aponta *jazz-band*, desempenhado por Alda Garrido, que "faz sua primeira entrada em um número caipira, recebida com palmas e risadas durante

34 Na pessoa de Domingos Segreto. Pascoal falecera em 1920.
35 M. Nunes, *40 Anos de Teatro*, v. 3, p. 17.
36 Ibidem, p. 44.

vários minutos: merecidíssima a sua popularidade". Mas a atriz não se demora na revista: em 20 de abril, "desligaram-se Alda e Américo Garrido"[37]. O casal pediu a rescisão do contrato para aceitar o convite de Manuel Pinto, que transformaria o cinema Ideal em Teatro. Alda "foi para a nova casa de espetáculos, contratada, sendo estrela da companhia organizada por aquele empresário"[38]. Atuaria agora em comédias e burletas, mas o contrato também dura pouco: "Depois de haver estrelado, como contratada, as companhias de revistas do São José e de burletas do Ideal, de que se desligou a 28 de junho, organizou novo elenco e reapareceu como empresária no Rialto, a mais popular intérprete de caipiras do nosso teatro."[39]

Em 1928, Alda Garrido estreia na Companhia Nacional de Revistas, do empresário Antonio Neves, no Teatro Recreio, onde permanece de julho a novembro, depois de passagem rápida pela Zig-Zag, pequena companhia de revistas dirigida por Eduardo Vieira. As notas são sempre de ovação: "Alda domina o público", "Alda irresistível, de exótica comicidade", "despertaram gargalhadas as cortinas de Alda", "Alda agrada em tudo" – são os comentários de Mário Nunes sobre a participação da atriz nos vários espetáculos em que atuou nesse período.

Em 1929, Alda Garrido montou nova companhia para o Teatro Carlos Gomes, como empresária. E assim seguirá alternando sua função nas produções, ora como contratada, ora como contratante. No seu ziguezague, intercala com suas produções de comédias e burletas, uma volta para a Neves & cia. em 1932, uma passagem pela Companhia de Revistas Parisienses da Empresa Luiz Galvão dirigida por Luiz de Barros, em 1933, uma contratação na companhia de revistas que Freire Jr. e Luiz Iglézias formaram para o Teatro Recreio, em 1935.

Como se pode observar, portanto, nem sempre é uma personagem caipira que Alda Garrido leva para o palco. E mais, vê-se que o caipira não possuía feições e funções únicas, mas adaptava-se ao texto teatral, em tipos diversos. Esse papel, sem dúvida, era peça-chave de

37 Ibidem.
38 Ibidem, p. 50.
39 Ibidem.

seu repertório de atriz, funcionando como um curinga do qual podia dispor em qualquer tempo: em 1932, quando se podia ver "a rainha da burleta à tarde em Copacabana com esguio galgo russo..."[40] – leia-se: rica e consagrada –, "voltou Alda Garrido às caipiradas, desta vez, ao lado de Jeca Tatu, no Eldorado"[41]. Porém, como se poderia prever, Alda Garrido era uma atriz capaz de representar personagens variadas; era plural em sua singularidade, como, de resto, somos todos. Por ser figura pública, estava sujeita a qualificações restritivas, rótulos, por assim dizer, que, com classificações cristalizadas, procuram catalogar e arquivar, "cada um no seu lugar", nas prateleiras da História. Contudo, parafraseando Nelson Rodrigues: de perto, ninguém é uniforme.

O *Emploi*, o Tipo e o Papel

Para pensar as personagens trabalhadas por Alda Garrido, bem como seus possíveis métodos de criação, é preciso considerar o antigo sistema do teatro de convenções. Conceitos como *emploi*, tipo e papel precisam então ser abordados mais detidamente.

O *emploi*, segundo Patrice Pavis, é o "tipo de *papel* de um ator que corresponde à sua idade, sua aparência e seu estilo de interpretação"[42]. Há vários critérios segundo os quais se podem classificar os *emplois*: conforme o nível social (o rei, o valete, o dândi); conforme o figurino (papel com capa: primeiros papéis e pais de comédia; papel com colete: aldeões da ópera cômica portando colete e calção); e ainda conforme o caráter (a ingênua, o apaixonado, o traidor, o pai nobre, a ama)[43]. Este último é o mais utilizado na bibliografia teatral brasileira. O sistema

40 M. Nunes, op. cit., v. 4, p. 32.

41 Ibidem, p. 54.

42 P. Pavis, *Dicionário de Teatro*, p. 121. A edição brasileira do *Dicionário de Teatro* e o *Dicionário do Teatro Brasileiro* acusam a ausência de um termo preciso para traduzir a palavra *emploi* em português, o que, assim como o uso corrente na literatura teatral brasileira, justifica a manutenção do francês.

43 Ibidem, p. 122.

de *emplois*, que, na Europa, teria caído em desuso com o advento do teatro moderno no início do século XX, é mantido por gêneros como o drama burguês, a comédia clássica ou a *Commedia dell'Arte*, e é retomado "num contexto completamente diferente, em encenadores como Meierhold"[44]. No Brasil, a noção sobrevive, de certa forma, até hoje, na estruturação dos elencos de telenovelas, a despeito da aspiração, manifestada por alguns atores, do reconhecimento de sua versatilidade, que é um atributo do ator moderno. A ideia de *emploi* liga-se, consequentemente, à constituição das companhias, que se deverão compor por atores que correspondam aos papéis fixados pela dramaturgia convencional, de modo equilibrado, para que o elenco possa suprir as necessidades de cada espetáculo.

José da Silva Aranha propõe um escalonamento que estabeleceria uma "hierarquia artística" nas companhias, segundo o *emploi* em que se enquadra o ator. Para o autor, a ordem hierárquica seria: 1. estrela; 2. astro; 3. galã; 4 centro (dramático, cínico e cômico); 5. genérico; 6. utilidade; 7. dama central; 8. caricata (ou típica); 9. ingênua; 10. *soubrette*; 11. corista (ou *girl*); 12. comparsa (ou figurante)[45]. Tal proposição não se sustenta tendo em vista, por exemplo, característicos como Procópio Ferreira, Jaime Costa e Alda Garrido, ou uma ingênua como Eva Todor, que foram estrelas de suas companhias. Talvez se possa pensar em uma hierarquia artística determinada, outrossim, pela personalidade e capacidade empreendedora do ator. O empreendedorismo, aliás, pode definir a estrela, mas os demais atores da companhia talvez aloquem-se todos em um mesmo patamar, alguns degraus abaixo da estrela, sem distinção por *emplois*. Exceto coristas e comparsas, que estariam em posição de reconhecimento artístico inferior à desses atores.

O tipo, também segundo Pavis, é a "personagem convencional que possui características físicas, fisiológicas ou morais comuns conhecidas de antemão pelo público e constantes durante toda a peça"[46]. Tais características, que foram fixadas pela tradição literária (o bandido de

44 Ibidem
45 J. da S. Aranha, *Teatrologia*, p. 9.
46 P. Pavis, op. cit., p. 410.

bom coração, a boa prostituta, o fanfarrão e todos os caracteres da *Commedia dell'Arte*), não podem ser confundidas com a ideia de estereótipo: "do estereótipo, o tipo não tem a banalidade, nem a superficialidade, nem o caráter repetitivo"[47]. Os tipos não representam propriamente indivíduos, mas são caracteres recorrentes na tradição teatral que representam traços – vícios, virtudes – ou estados humanos. Pavis ressalta que, frequentemente, o surgimento do tipo se explica, historicamente, pelo fato de que era interpretado pelo mesmo ator, "o qual elaborava, ao longo dos anos, uma gestualidade, um repertório de *lazzi* ou uma psicologia original. Certas dramaturgias não podem se privar dos tipos (farsa, comédia de caracteres)"[48].

Mas se se define tipo (também chamado de personagem-tipo) como sendo a personagem tal como se constitui numa determina peça teatral, não se podem classificar as generalidades *caipira* ou *mulata pernóstica* como tipo. Uma classificação intermediária entre o *emploi* e a personagem-tipo propriamente dita será mais adequada. Nas peças analisadas acima, percebe-se que dentro do *emploi* de característico, pode-se desempenhar, entre outros, o papel de caipira, categoria que, por sua vez, abarca personagens-tipo tão diferentes quanto Mamede (Vitrúvio), Vicente (Ernesto da Conceição) ou Joneca. O papel pode ser definido então como sendo o conjunto de "características físicas, fisiológicas ou morais comuns conhecidas de antemão pelo público e constantes durante toda a peça", que o tipo possui, e é nessa instância, sobretudo, que reside a convenção. O caipira ou a mulata da dramaturgia convencional brasileira remetem mais à ideia de "uma situação ou uma conduta geral", que "não tem característica individual alguma, mas reúne várias propriedades tradicionais e típicas de determinado comportamento ou determinada classe social", que Pavis utiliza para

47 Ibidem.

48 Já para *lazzi*, traz a seguinte definição: "Termo da *Commedia dell'Arte*. Elemento mímico ou improvisado pelo ator que serve para caracterizar comicamente a personagem (na origem, Arlequim). Contorções, rictus, caretas, comportamentos burlescos e clownescos, intermináveis jogos de cena são seus ingredientes básicos." Ibidem. p. 226.

definir o papel na acepção utilizada aqui[49]. Em sua condição intermediária, o papel, segundo Algirdas Greimas, é uma "entidade figurativa animada, mas anônima e social"[50].

O que se está preferindo chamar aqui de papel, Daniel Marques da Silva denomina personagem-tipo. Apesar da diferença de entendimento sobre tais categorias, que gera, consequentemente, uma diferença nas nomenclaturas utilizadas no seu trabalho e neste, o levantamento que o autor realiza daquilo que chama de tipologia carioca constitui-se fonte importante:

> Ao analisar as burletas de Luiz Peixoto – produzidas no quadro do teatro popular musicado do início do século –, percebe-se a recuperação e a repetição de tipos cômicos que, mesmo com nomes alterados ou ligeiras variações de comportamento, estão presentes em todas elas. Esses tipos, que guardam estreitas relações com as personagens da farsa atelana e da *Commedia dell'Arte*, constituem-se como uma espécie de *tipologia carioca* e estarão presentes tanto nas burletas estudadas – e mesmo na de outros autores – como também nos textos de teatro de revista, nas charges, em contos e crônicas, e até em letras de músicas daquele período que pude verificar. [...]
>
> Nessa tipologia carioca as personagens que figuram com maior expressão nas burletas são o *mulato pernóstico*, a *mulata*, o *malandro*, o *mulato capoeira*, o *português*, o *coronel caipira*, o *padre*.[51]

E, em seguida, Daniel define e exemplifica cada um desses papéis.

Todas as definições acima confirmam a hipótese de que o papel do caipira, tanto quanto o da mulata e, por conseguinte, as personagens-tipos

49 Ibidem, p. 275. Pavis apresenta também a acepção que designa o conjunto do texto a ser interpretado pelo ator, que advém da metáfora relacionada ao pergaminho utilizado pelos atores gregos e romanos antigos. O pergaminho, que continha as rubricas e o texto a ser dito, era enrolado em torno de um rolo de madeira, que está presente na origem etimológica dos termos francês (*rôle*), inglês (*role*) e alemão (*Rolle*): do latim *rotula*, rodinha. Ver ibidem, p. 274-275.

50 A. Greimas apud P. Pavis, op. cit., p. 275.

51 D. M. da Silva, *Precisa Arte e Engenho Até...*, p. 97.

que neles se constroem, vinculam-se à tradição teatral e seus procedimentos, e não se constituem puramente uma reprodução de pessoas do cotidiano, encontradas na realidade objetiva. Ou, como coloca Daniel Marques: "A rigor essas personagens-tipo [papéis] que habitavam as revistas de ano e as burletas estão muito mais vinculadas à galeria de tipos cômicos da tradição ocidental do que, propriamente, à população real da cidade."[52]

De fato. Mas a relevância que a figura do caipira possui na vida, na arte e na carreira de Alda Garrido acaba por demandar ainda outras considerações sobre a figura, sugerindo um olhar circular, ângulos vários de observação.

Do Caipira "da Natureza" à Natureza do Caipira

Os escritos sobre Alda Garrido, por seus contemporâneos, sejam eles elogiosos ou não, revelam uma certa convergência conceitual no que se refere à construção, ou antes, a uma não construção das personagens caipiras criadas por Alda. Para o crítico Mário Nunes, como já foi mencionado anteriormente, as personagens de Alda Garrido são uma cópia de tipos característicos das "mais humildes classes sociais, com seus defeitos e suas qualidades, seus usos e costumes desabusados, sua extravagante maneira de falar"[53], e estão ligados a uma prática teatral que estabelece, "por força de simpatia naturalmente", uma familiaridade entre os artistas e seu público específico, uma "espécie de confraternização que temos vontade de qualificar de tocante, pela sinceridade de que se reveste, de parte a parte"[54]. Mário Nunes considera então que esse "gênero de teatro" de que Alda seria a figura

52 Ibidem, p. 36.
53 M. Nunes, op. cit., v. 2, p. 79.
54 Ibidem.

mais representativa, instaura-se por uma identificação entre pares num certo movimento de reprodução da "realidade".

Jota Efegê, por sua vez, afirma que nas apresentações do Pavilhão Floriano, Alda e Américo "surgiam no picadeiro transformados em autênticos caipiras"[55]. Dessa forma, o jornalista inclui numa mesma frase duas noções que, para alguns autores, soam absolutamente contraditórias – transformação e autenticidade – o que tornaria sua frase um paradoxo irredutível. Uma utilização precisa, ou previamente definida, de tais termos, evidentemente não fazia parte das preocupações do jornalista ao escrever seu texto – Jota Efegê pretendia apenas descrever a "perfeição" das atuações, equiparando-as ao "modelo real" que representavam – mas, para a discussão proposta aqui, interessará sobremaneira.

As observações de Jota Efegê, e também as de Mário Nunes, ajudam, por certo, a formar uma ideia do que seria Alda Garrido atuando. Entretanto um olhar desatento sobre tais observações pode gerar certas confusões que podem ser evitadas somente deslindando-se os sentidos dos termos utilizados, para, assim, procurar-se estabelecer parâmetros que permitam uma análise mais precisa das especificidades da atuação de Alda Garrido.

Tanto nas notas de Mário Nunes quanto na assertiva de Jota Efegê está presente a noção de cópia ou reprodução. Mas percebe-se também, em ambas as abordagens, uma certa tendência a colar essa reprodução ao que seria o modelo original que copia, aproximando-a, tanto quanto possível, do limite da "realidade", em que a realidade é o caipira "autêntico". O primeiro, para apontar ausência de arte; o segundo, para denotar perfeição artística. No âmbito dos discursos acerca da cultura caipira, é à qualificação de autêntico que se recorre, comumente, para valorar manifestações artísticas diversas. O termo, no entanto, carrega sentidos tão variados quanto díspares.

Elizete Ignácio dos Santos realizou um estudo minucioso de diversos discursos críticos, e também de artistas, gerados a propósito dos gêneros musicais conhecidos como música caipira e música sertaneja, bem

55 Ver J. Efegê, A Velha Escola de Alda Garrido, op. cit.

como dos próprios valores conceituais ligados à ideia de autenticidade, que levaram a essas classificações distintivas. Não é do interesse deste trabalho ater-se a essa discussão, mas algumas questões levantadas pela autora serão úteis aqui.

Elizete dos Santos analisa os fatores que são considerados nas classificações dos gêneros caipira e sertanejo, buscando "esquadrinhar como os pensamentos de críticos e artistas-foliões se estruturam na elaboração de um discurso classificatório, que tem por finalidade fazer diferir um gênero de outro a partir de sua suposta autenticidade"[56]. De modo geral, os críticos estudados pela autora chamam de música caipira aquela ligada ao contexto ritual inserido no modo de vida do homem do campo, entendido como o contexto original de produção do artista. A música sertaneja, definida como sendo aquela produzida para o público que migrou dos campos para as cidades no século XX, liga-se a uma modernização que descaracterizaria esse contexto, constituindo-se uma "imitação" da vida rural nas grandes cidades, cujo objetivo residiria na satisfação das necessidades de lazer e diversão dos trabalhadores rurais migrantes e de seus descendentes. Nas contraposições rural e urbano, primitivismo e modernização, criam-se os discursos de autenticidade que, embora apresentem variantes, servem para classificar as manifestações artísticas como verdadeiras ou falsas, em que o verdadeiro é o original, puro, que é, portanto, "bom" (música caipira); e o falso é a imitação, que na condição de desvirtuamento do puro, configura-se como decaimento, o que, por conseguinte, possui caráter "nocivo" (música sertaneja). Essa visão que atribui a supostas "raízes" originais – que devem ser preservadas, ou mesmo conservadas – o valor de verdade única e desejável, liga-se a uma noção estanque de cultura.

Edward Sapir, cujas ideias são postas em jogo por Elizete dos Santos, propõe uma visão diferente para a noção de cultura autêntica. Para o antropólogo, é justamente pelo processo de apropriação e reelaboração do legado cultural realizado pelo indivíduo que se constrói uma cultura autêntica:

56 E. I. dos Santos, *Música Caipira e Música Sertaneja*, p. 79.

> Uma cultura nacional saudável não é nunca uma herança do passado, passivamente aceita, mas implica a participação criadora dos membros da comunidade, implica, por outras palavras, a presença de indivíduos cultos. Uma perpetuação automática de valores padronizados, não sujeitos à constante remodelação de indivíduos desejosos de pôr uma parte deles mesmos nas formas que recebem de seus predecessores, conduz ao domínio de fórmulas impessoais. O indivíduo se exclui, a cultura torna-se uma maneira e não um modo de vida; ela cessa de ser autêntica.[57]

Não há nenhuma dúvida de que Alda Garrido não se vincula à primeira ideia de caipira, ligada ao contexto ritual, já que sequer sua família pertence à vida rural. Mas, embora a atriz realize os movimentos de apropriação e reelaboração da herança recebida daquele universo cultural, o caipira que cria não é, tampouco, uma representação ou reprodução do homem encontrado no campo. Alda nem é nem se transforma em um caipira "autêntico" – em nenhuma das acepções.

O caipira que Alda Garrido apresenta no teatro não reproduz diretamente o homem do campo, "nativo da terra", encontrado "na natureza", em sua manifestação cultural espontânea. Como se viu no estudo das peças, a representação do interiorano corresponde a uma pintura estilizada do caipira – numa certa perspectiva do Belo –, uma figuração da pureza, da saúde, da inocência e da honestidade, portanto, uma construção de uma idealização.

Essa idealização vincula-se ao movimento de formação-fortalecimento de uma identidade nacional, vivido no início do século XX no país. Se hoje entendemos que buscar de modo unívoco uma identidade para o Brasil – pelo próprio sentido estático da etimologia da palavra que advém do latim *idem* – é pretensão impossível, e que o sentido de brasilidade flexiona somente no plural, naquele momento procurava-se definir o que "realmente" significava ser brasileiro, com vistas a uma

57 E. Sapir, Cultura "Autêntica" e "Espúria", em D. Pierson (org.), *Estudos de Organização Social*, p. 299.

independência cultural. E, nesse contexto, o valor do caipira residiria, acima de tudo, no fato de ser "genuinamente" brasileiro.

A forte presença da personagem caipira no teatro, nesse momento, afina-se, certamente, com o projeto de formação dessa brasilidade, e tem em autores como Viriato Corrêa e Oduvaldo Viana notáveis representantes. Quando, em 1921, esses "moços vindos da imprensa" unem-se a Nicolino Viggiani, ocupam o Teatro Trianon para "instalar companhia a mais nacional possível"[58]. E obtêm sucesso com um repertório revelador do nacionalismo vigente: *A Juriti*, de Viriato Corrêa; *Onde Canta o Sabiá*, de Gastão Tojeiro, o maior êxito do ano, segundo Mário Nunes; *Manhãs de Sol*, de Oduvaldo Viana. E afina-se, também e sobretudo, com a tradição teatral brasileira: Martins Pena, já no século XIX, utilizara como instrumento dramatúrgico, em peças como *Juiz de Paz na Roça* e *A Família e a Festa na Roça*, a figura do matuto, que, por contraste com os homens da corte, funcionava tanto como dispositivo cômico, quanto como retrato das desigualdades sociais no Brasil[59]. No que foi seguido por outros autores, notadamente França Jr. e Artur Azevedo.

A partir dessas colocações, conclui-se que as personagens caipiras, que são características do teatro brasileiro do período, e que eram parte do repertório da atriz Alda Garrido, são construídas para além de uma representação do real, a dois níveis de distância da *natureza*.

Há que se notar, porém, que a figura do caipira, na vida e na arte, carrega em si a tensão da controvérsia, da ambivalência, envolvendo sentidos e sentimentos díspares. A identificação da brasilidade com a figura está longe de ser confortável, pois ao mesmo tempo que nos distingue, nos envergonha: note-se, por exemplo, que na entrevista que Alda de Azevedo Fernandes concedeu para esta pesquisa, a sobrinha de Alda Garrido, aponta a caipirice de sua avó como motivo de gozação: "Caipira p'ra eles era uma ofensa."

O crítico de arte Rodrigo Naves, a propósito da tela *Caipira Picando Fumo*, do pintor Almeida Jr., discute o lugar do caipirismo na arte

58 M. Nunes, op. cit., v. 2, p. 4.

59 Cf. V. Arêas, O Espaço, os Seres, as Instituições, *Na Tapera de Santa Cruz*, p. 147-179.

pré-modernista e modernista, em interconexão com a ideia de nacionalidade / nacionalismo vigente[60].

Naves chama a atenção para o fato de que não apenas o naturalismo, mas também outras teorias mesológicas, que circulavam francamente no país, entre os intelectuais, no final do século XIX e início do século XX, promoveram uma inversão da idealização romântica, introduzindo uma marca pessimista na compreensão do Brasil, decorrente de uma visão que percebia o meio como avesso à civilização: a natureza brasileira, em sua exuberância, reduziria o espírito humano a um estado de contemplação paralisante. É no influxo dessas correntes de pensamento, por exemplo, que se dá a mudança de compreensão de Monteiro Lobato sobre o caboclo: em *Urupês* – seu livro de estreia –, é a mestiçagem de raças que gera o tipo indolente, passivo, preguiçoso, personificado em Jeca Tatu, cuja fraqueza física e mental determinará o modo precário como vive e se coloca no mundo; mais tarde, Lobato, assim como outros intelectuais brasileiros, será influenciado pelas ideias do movimento higienista, do início do século XX, para o qual, para além do determinismo da hereditariedade, a situação de precariedade ou debilidade da população brasileira era determinada por fatores sociais e poderia ser resolvida por uma intervenção do Estado, através do investimento no ensino da ciência e do trabalho profissional, bem como na assistência pela medicina e higiene[61]. Esse deslocamento de eixo acaba por absolver o homem. E seria nessa absolvição que residiria a nossa possibilidade de futuro. Como coloca Naves: "Em lugar de sermos inviáveis, estávamos apenas no começo... donde a pureza dos primitivos, a ingenuidade, o inconscientemente bárbaro, a nos reservar uma origem imaculada."[62]

A transformação promovida pelo modernismo seria uma "incorporação" estética dessa brasilidade, que se verificaria no próprio gesto da realização artística, mais do que na temática da obra de arte, conforme

60 R. Naves, "Almeida Júnior": O Sol no Meio do Caminho, *Novos Estudos*, n. 73.

61 Sobre a relação entre as correntes de pensamento do período e o higienismo, ver E. Góis Jr., Higienismo e Positivismo no Brasil, *Dialogia*, v. 2, p. 21-32.

62 R. Naves, "Almeida Júnior"..., op. cit., p. 142.

expressa Mário de Andrade em texto sobre Tarsila do Amaral, em que procura marcar a diferença entre a pintora e o pré-moderno Almeida Jr.: "o que faz mesmo aquela brasileirice imanente dos quadros dela é a própria realidade plástica: um certo e muito bem aproveitado caipirismo de formas e de cor, uma sistematização inteligente do mau gosto que é de um bom gosto excepcional, uma sentimentalidade intimista, meio pequenta [sic], cheia de moleza e de sabor forte"[63].

Para Naves, porém, o nacionalismo na arte acabou por assumir uma posição paradoxal, de combate e impotência,

> dado que à arte cumpria não ir além de um solo estabilizado que ela ajudava a caracterizar e que, por sua vez, também a estabilizava e pacificava. E uma arte que deve, de antemão, fazer sentido tende necessariamente a contribuir para perpetuar sociedades em que as forças sociais são conduzidas a uma soma zero, pois um culturalismo as dispõe como um mosaico em que os antagonismos se convertem em contrastes próximos ao pitoresco. Boa parte da produção visual brasileira, ao menos até fins dos anos de 1960, foi domesticada e diluída por problemas dessa natureza[64].

Esse nacionalismo que, da mesma forma, aparecerá no teatro como uma busca por aquilo que, em princípio, nos determinaria, como expressão de uma época e de um povo, terminaria por elogiar nossa própria incapacidade de transcendência e superação, tornando-se incapaz de contribuir para complexificar a ideia que fazíamos de nós mesmos[65].

O nacionalismo, assim como certos aspectos da interpretação teatral naturalista, são sopros do modernismo que repercutem no teatro brasileiro, seja na temática, seja no modo de trabalho atorial, que não se confundem, todavia, com o conceito do moderno no teatro.

63 M. de Andrade apud R. Naves, "Almeida Júnior"..., op. cit., p. 142.
64 R. Naves, "Almeida Júnior"..., op. cit., p. 147-148.
65 Ibidem, p. 147.

Entre Natural e Excêntrica

No palco, a ideia de moderno possui características específicas, que se ligam a uma nova compreensão de cena a ser pensada como linguagem autônoma, a que passarão a servir, de modo equânime, os diversos elementos constituintes, a saber, o texto, o ator, a cenografia, a indumentária, a iluminação, a música. A cena deixa de ser materialização do texto para constituir-se ela mesma em obra de arte, cujo autor passa a ser o novo artista instituído pelo moderno: o encenador. Na Europa, as modificações empreendidas pelos encenadores acontecem na virada do século xx; no Brasil, entretanto, o advento do teatro moderno se dá somente na década de 1940, institucionalizando-se, efetivamente, na década de 1950. O sistema de *emplois*, anterior à revolução da cena promovida pelo teatro moderno, e pertencente às práticas do teatro de convenção do século xix, permanecerá em prática no Brasil nas primeiras décadas do século xx. Tania Brandão evidencia que a persistência do sistema antigo não se deve a um desconhecimento do movimento do moderno por parte dos homens de teatro brasileiros, mas de uma rejeição deliberada. Ao analisar o manual *Técnica Teatral*, de Otávio Rangel, que seria um documento revelador dessa recusa, Tania Brandão mostra que, depois de mencionar Stanislávski e Meierhold, Rangel firma posição opondo-se aos artistas reformistas e defendendo a convenção, pois acredita que seja através dela que se pode obter a naturalidade[66]. Vê-se que naturalidade é um conceito vago.

Mas o país não fica de todo *imune* às influências do novo ideário, embora procure manter-se apartado dele – por motivos, digamos, estético-sociológicos, como se verá em capítulo posterior –, e o que se verifica é uma certa *contaminação* de noções teatrais modernas no teatro convencional, ainda que se configure esta contaminação como uma apropriação exterior, que não participa do movimento do moderno. Termos como "encenação" e "encenador", por exemplo, passam figurar em fichas técnicas de produções nacionais sem que

66 T. Brandão, *A Máquina de Repetir e a Fábrica de Estrelas*, p. 34.

correspondam, entretanto, às ideias de problematização e autoria da cena. Certos aspectos da atuação se deixam ventilar por novos estímulos – novas noções surgem no discurso de representantes da cena cômica brasileira, tanto quanto no de atores do teatro sério: a presença do pensamento naturalista já se evidenciava, por exemplo, em entrevista do português Alexandre de Azevedo sobre sua interpretação no Teatro da Natureza, em 1916, em que o ator, embora apresente um teatro inteiramente baseado nos moldes antigos, manifesta uma preocupação com a reprodução fiel da realidade e uma ideia de construção de personagens calcada no estudo psicológico[67]; tal pensamento aparece também na conferência "Como se Faz Rir"[68], de 1933, em que Procópio Ferreira expõe sua concepção de atuação cômica, e mostra que entende a "complicada natureza" do "como se fazer rir" a partir das "forças sombrias da psique humana"[69], devendo o cômico, para fazer rir, descer primeiro ao abismo de si próprio, pois é "lá, no insondável do seu subconsciente, que ele encontra a porta encantadora para a fuga"[70]. Procópio Ferreira acrescenta ainda que "antes de Bergson e de Freud a essência característica do cômico havia escapado a toda investigação"[71]. A atuação natural passa a ser valorizada, em detrimento da impostação da escola antiga. Aqui, vale uma consideração a mais, acerca dessa "atuação natural": sabe-se que não é possível, por motivos óbvios, "medir" o quão natural seria a atuação nas primeiras décadas do século XX; e sabe-se também que naturalidade é, evidentemente, uma noção histórica, no sentido de que varia conforme as percepções ao longo do tempo – uma representação natural desse período está muito longe, por certo, do que pretendem, nos dias de hoje, veículos como a televisão e o cinema, isto é, uma naturalidade, diferente do naturalismo, obtida por uma almejada "não representação". Porém, é a primeira vez que em nosso teatro tal classificação se liga à ideia de

67 Ver M. Metzler, *O Teatro da Natureza*, p. 73-74.
68 A conferência foi publicada junto com pensamentos do ator sobre assuntos variados em P. Ferreira, *Como se Faz Rir e O Que Penso... Quando Não Tenho em Que Pensar*.
69 Ibidem, p. 21.
70 Ibidem, p. 22.
71 Ibidem, p. 26.

"reprodução da natureza", ou de transporte da realidade para a cena, associada a estudos biológicos e psicológicos – isto é, mesmo que já se tenha ouvido, anteriormente, elogios a um ator como João Caetano, por exemplo, por sua naturalidade, que desmontava a impostação de seus predecessores portugueses, este seu valor residia na transmissão de uma verdade da cena, e não da vida cotidiana. Não se pode dizer, no entanto, que tenha havido qualquer interesse dos homens do teatro brasileiro dos inícios do Novecentos, fossem eles ligados ao teatro cômico popular ou ao teatro sério de declamação, de se filiar ao movimento do moderno. Como não se tem notícia de que, para alcançar essa propalada atuação natural, vinculada ao naturalismo, os atores brasileiros desse período tenham buscado uma técnica nova de estudo de personagens-indivíduos, como a que propõe Stanislávski, por exemplo.

Naturalidade e espontaneidade aparecem frequentemente como atributos da atuação de Alda Garrido. Na crítica de *Quem Paga é o Coronel*, que lotou o Teatro Carlos Gomes, em 1923, "apesar do aguaceiro que inundou a cidade e bairros", Mário Nunes ressalta que "Alda Garrido tem personalidade própria, é naturalmente engraçada através de comicidade algo desordenada e exótica."[72] Em 23 de novembro do mesmo ano, sobre *A Morena Salomé*, de F. Corrêa da Silva e música de Freire Jr., o crítico diz: "Salva-se Alda na protagonista. É a melhor, mais natural, mais pitoresca intérprete de mulatinhas sestrosas e caipiras grotescas."[73] Quando a Companhia Alda Garrido ocupa o Teatro Trianon, em 1930, leva à cena *Uma Mulher Complicada*, de Paul Gavault e Georges Berr, com tradução de Miguel Santos, em 26 de dezembro. Sobre a peça, Mário Nunes comenta: "Apesar das mutilações, constitui espetáculo apreciável, por elenco deficiente em que se destacam Alda [Garrido], [Amália] Capitani e [Augusto] Aníbal. A primeira, se insistisse nesse gênero, alcançaria rápidos triunfos, por sua naturalidade e graça espontânea [...]."[74]

72 M. Nunes, op. cit., v. 2, p. 96.
73 Ibidem.
74 Ibidem, v. 3, p. 172.

É também Mário Nunes quem classifica a comicidade de Alda Garrido, em comparação a Carlitos, personagem de Charles Chaplin, "entre natural e excêntrica"[75]. O termo "excêntrica" deve ser entendido aqui conforme a terminologia circense de classificação dos palhaços, que se divide em *Clown* branco, Augusto excêntrico (ou Augusto) e Tony de *soirée*. O Augusto excêntrico se caracteriza por seu nariz vermelho, vestimenta desproporcional ao tamanho de seu intérprete (quase sempre maior), e perfil estúpido, indelicado e rude, formando dupla com o *Clown* branco, que tem como características a fineza de gestos, a elegância e o brilho na vestimenta, e a boa educação. Este último, que usa maquiagem branca cobrindo todo o rosto e chapéu em forma de cone, praticamente desapareceu no circo brasileiro, tendo suas funções incorporadas por outros palhaços (Augustos), também denominados Contra-Augustos, ou pelo Apresentador, ou ainda por um ator sem o figurino de palhaço. A comicidade da dupla de palhaços reside no antagonismo dos tipos esperto dominante (*Clown* branco) e tolo dominado (Augusto excêntrico)[76].

A atuação dos palhaços de circo, propriamente dita, não tem qualquer aproximação com uma interpretação natural ou naturalista, mas se se considerarem as atuações cinematográficas de famosas duplas clownescas que reproduzem o binômio esperto-tolo, tais como as formadas por Dean Martin e Jerry Lewis, Oliver Hardy e Stan Laurel (O Gordo e o Magro), além da própria comparação com o Carlitos, talvez se possa perceber, por analogia, o que significa exatamente uma atuação "entre natural e excêntrica", tendo em vista que a linguagem do cinema exige uma interpretação mais próxima do natural. Não é à toa que Décio de Almeida Prado busca também no cinema a referência para definir a atuação da atriz: "Alda Garrido, muito mais do que atriz, é uma grande excêntrica, a exemplo desses cômicos de cinema e de teatro musicado norte-americano – um Groucho Marx, um Danny

75 Ibidem, v. 2, p. 73. Chaplin é também uma referência para P. Ferreira, *Como se Faz Rir*.
76 Ver *Clown*, *Clown* Branco, Palhaço, Augusto, Tony de *soirée*, em J. Guinsburg; J.R. Faria; M. Alves de Lima (orgs.), op. cit.

Kaye."[77] Como também o faz o diretor Victor Berbara, na entrevista concedida para este trabalho: "[Alda Garrido era] um Mack Sennett do cinema, um Buster Keaton... Ela, às vezes, não tinha que fazer nada, bastava falar, ou bastava olhar... já fazia a graça."

Alda Garrido também atuou no cinema, embora não fosse um campo de trabalho que lhe fosse familiar, corriqueiro: enquanto no teatro atuou em mais de cem espetáculos, por mais de cinquenta anos, no cinema atuou em apenas dois filmes, distantes quase vinte anos no tempo: *E o Circo Chegou* (1940) e *Dona Xepa* (1959). Os filmes, que são a única forma de se assistir a Alda Garrido atuando hoje, reiteram a proposição de que a noção de naturalidade é histórica, e precisa ser contextualizada no tempo, pois que não é, por certo, o que entendemos por naturalidade nos dias atuais. Mas esse é um assunto para os próximos capítulos.

77 D. de Almeida Prado, "Alda Garrido", *Apresentação do Teatro Brasileiro Moderno*, p. 352.

Fig. 7: Foto datada de 21 de dezembro de 1924, com a dedicatória: "Ao Freire Júnior [algo como uma rubrica] Tiziu, da sua *Ilha dos Amores*. Segunda encarnação da Mlle. Cinema. Alda Garrido." Acervo Cedoc – Funarte.

Fig. 8: Foto posada em cenário, com o mesmo figurino e gestual da foto da figura 7. Não apresenta informações de data e espetáculo, mas muito provavelmente a foto procura representar cena da peça *Ilha dos Amores*. Veem-se as estantes e luminárias da orquestra, vazias porém. Cenário ao fundo. Acervo Cedoc – Funarte.

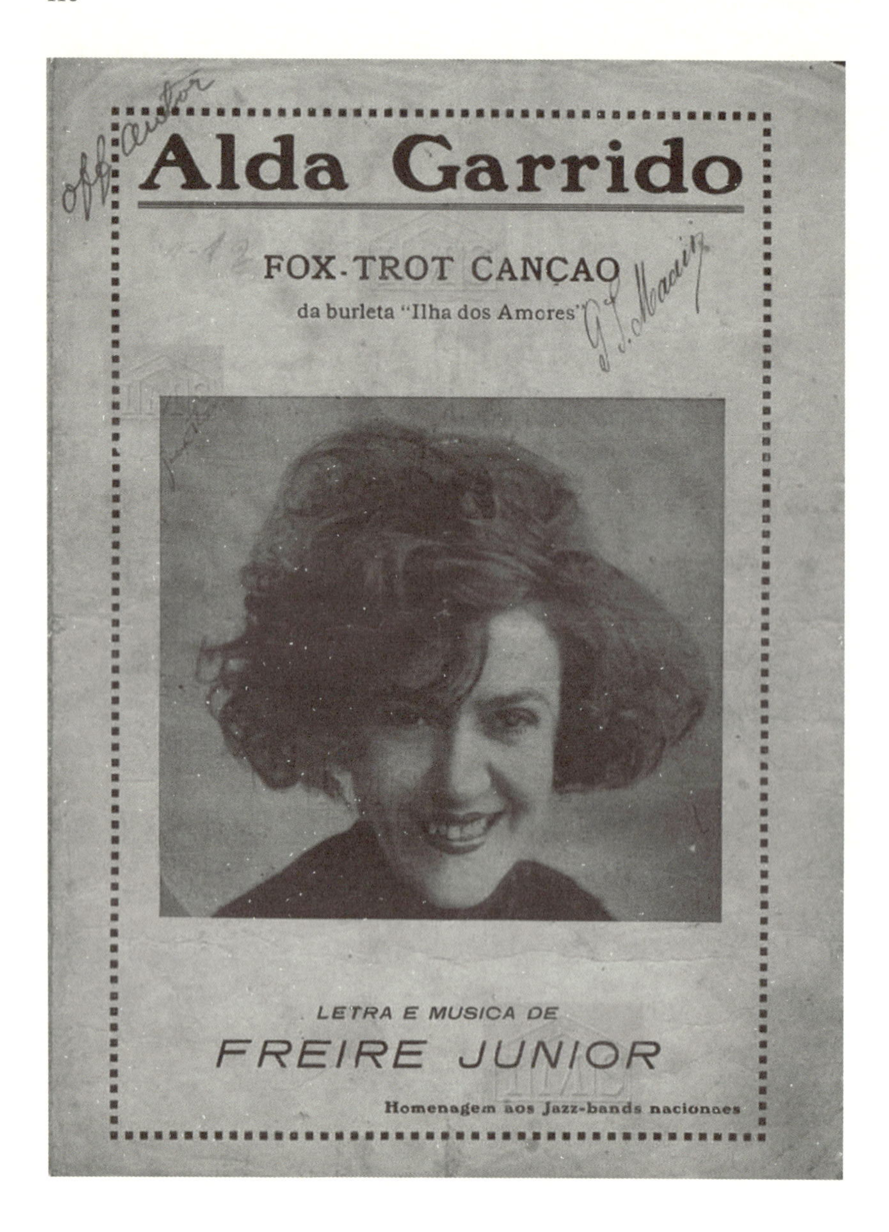

Fig. 9: Capa da edição da partitura *Alda Garrido*, foxtrote canção da burleta *Ilha dos Amores*, uma "homenagem ao *jazz-bands* nacionais", com letra e música de Freire Jr. Acervo IMS.

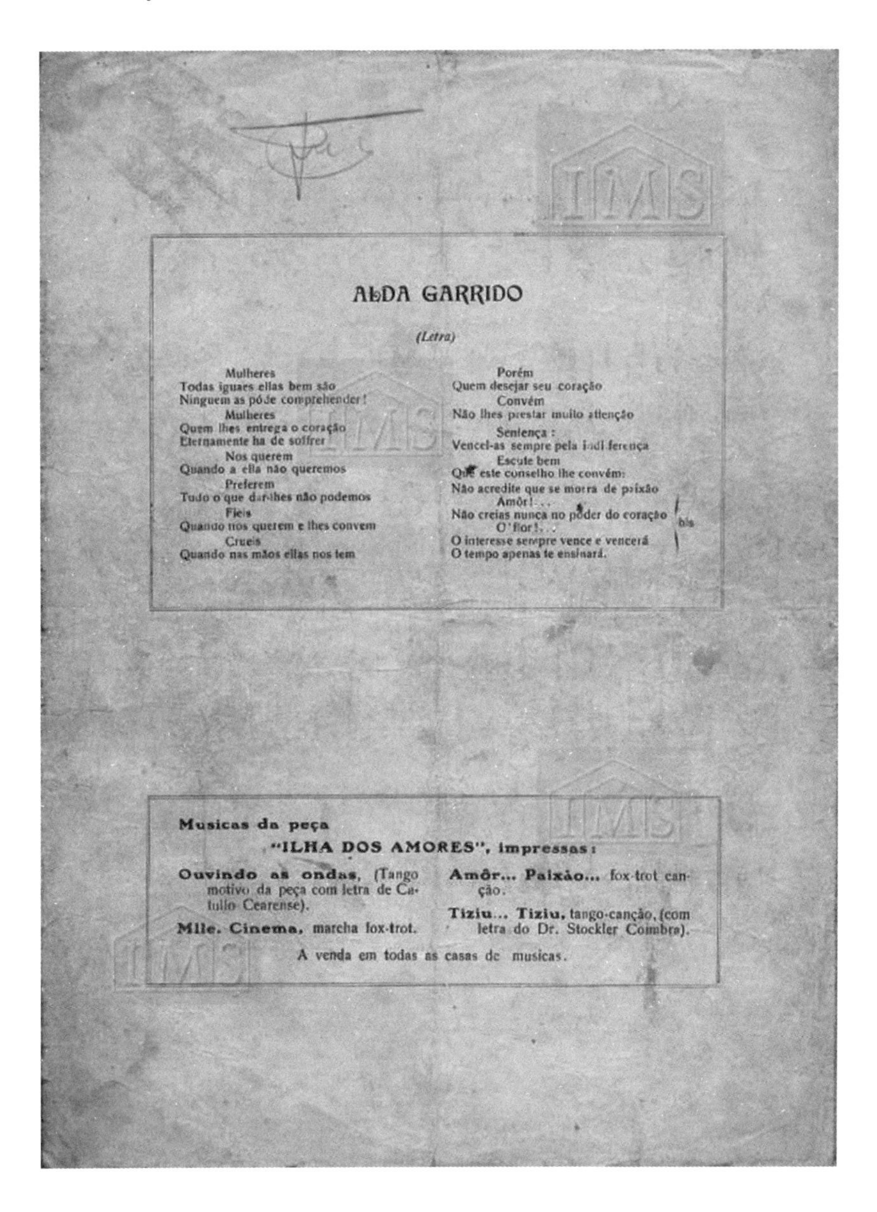

ALDA GARRIDO

(Letra)

Mulheres
Todas iguaes ellas bem são
Ninguem as póde comprehender!
Mulheres
Quem lhes entrega o coração
Eternamente ha de soffrer
Nos querem
Quando a ella não queremos
Preferem
Tudo o que dar-lhes não podemos
Fieis
Quando nos querem e lhes convem
Crueis
Quando nas mãos ellas nos tem

Porém
Quem desejar seu coração
Convém
Não lhes prestar muito attenção
Sentença:
Vencel-as sempre pela indifferença
Escute bem
Que este conselho lhe convém:
Não acredite que se morra de paixão
Amôr!...
Não creias nunca no poder do coração
O' flor!...
O interesse sempre vence e vencerá
O tempo apenas te ensinará.
bis

Musicas da peça
"ILHA DOS AMORES", impressas:

Ouvindo as ondas, (Tango motivo da peça com letra de Catullo Cearense).

Mlle. Cinema, marcha fox-trot.

Amôr... Paixão... fox-trot canção.

Tiziu... Tiziu, tango-canção, (com letra do Dr. Stockler Coimbra).

A venda em todas as casas de musicas.

Fig. 10: Contracapa da edição da partitura *Alda Garrido*, com a letra da canção e a relação das outras músicas da peça *Ilha dos Amores*, incluindo *Mlle. Cinema* e *Tiziu... Tiziu*. Acervo IMS.

3. Alda Garrido em Revista

Como a história poderia servir melhor à vida, a não ser se conectasse as gerações e as populações favorecidas à sua terra natal e aos hábitos de sua terra natal, enraizando-as e impedindo-as de vaguear por aí em busca do que é melhor no estrangeiro e de se engajar em uma luta ferrenha por ele?

Nietzsche, *Segunda Consideração Intempestiva.*

Nesse início de carreira de Alda Garrido, é evidente o constante troca-troca de companhias[1]. O fato de ser a atriz também empresária, e alternar repetidamente os trabalhos da própria companhia com aqueles em que era convidada de outras empresas, é uma explicação apenas parcial. Essa prática, na verdade, não era exclusiva de Alda Garrido, mas dos atores brasileiros de modo geral, fossem eles empresários ou não. Essas migrações constantes explicam-se tanto pelas características do mercado teatral do período, quanto pela própria ideia de companhia vigente então. Note-se que "Companhia Alda Garrido" designa o conjunto de atores contratados pela atriz-empresária para desempenhar, mediante salário fixo (e não porcentagem de bilheteria), seus papéis em um repertório de peças escolhidas para ocupação de um teatro ou realização de uma turnê, previamente negociadas pela

1 Uma visada no apêndice "Trabalhos Artísticos de Alda Garrido" permite a constatação.

empresa. Isto significa que a unidade da companhia é dada tão somente pelo nome da estrela contratante. Os nomes que integrarão o elenco variam conforme as disponibilidades, ainda que ao longo do tempo se possam perceber recorrências – recorrências determinadas sobretudo pelo poder econômico das companhias encabeçadas por grandes estrelas, que lhes permite "fixar" elencos. Tal prática de migrações persistirá, na verdade, até a institucionalização do moderno no teatro brasileiro, quando a noção de companhia ou grupo teatral passará a denotar afinidade de projeto estético, supondo uma congregação de artistas vinculados por um ideário e um projeto comuns. O "teatro avulso" não deixará de existir, mas os atores passarão a ser reunidos para uma montagem específica e não mais para a formação de um repertório, em razão da mudança do conceito de espetáculo e das consequentes alterações na configuração e na duração das temporadas.

Um texto de Mário Nunes, do início da década de 1920, apresenta uma patética situação do mercado e expõe a relação dos atores com as companhias. Primeiramente, Mário Nunes denuncia um meio artístico restrito: a formação de uma companhia implicava em diminuição ou dissolução de outras. E não só: a formação, muitas vezes, dava-se por "desleais manejos de empresários que, para garantirem a prosperidade das suas companhias, aliciavam artistas de outras..."[2]. Para o crítico, os atores deveriam ser sócios e não contratados, a companhia deveria ser "um agrupamento de camaradas e amigos em que a lhaneza do trato e a correção das maneiras sejam artigos de fé"[3]. Em 1921,

> Desesperançadas as companhias nacionais de encontrar teatros no centro, invadiram os cine-teatros dos arrabaldes, com relativo êxito pecuniário. São geralmente "troupes" mal organizadas, formadas pelos elementos disponíveis na ocasião, ensaiando mal as peças e utilizando cenários velhos. Os 30 ou 35% da renda que os proprietários daquelas casas de diversões oferecem não dão para mais...

2 M. Nunes, *40 Anos de Teatro*, v. 2, p. 4.
3 Ibidem.

> E assim se desacreditam autores e artistas, mas é preciso viver na intimidade da classe teatral para se ter uma clara visão da razão de ser dos mambembes.[4]

E o autor conclui o melancólico panorama. O valor do depoimento justifica a longa transcrição:

> Os artistas que não fazem parte das companhias fixas comem e vestem como todas as criaturas humanas. Essas imperiosas necessidades forçam-nos a outras atitudes que não seja maldizer do governo por desamparar o teatro nacional e excomungar as companhias portuguesas que atravancam os teatros. Dois ou três, dotados de um débil espírito de iniciativa dão tratos à bola e descobrem um negócio em que não creem muito, mas que passa a ser excelente para todos os efeitos. Procuram os colegas desempregados, pouco importando o gênero a que pertençam, oferecem às primeiras figuras ordenados de conto de réis – em associação já se vê... – e às últimas, por contrato, ordenado de 100$ a 300$. Está organizada a companhia que já não dispõe de tempo para ensaiar, pois que o trabalho de aliciar elementos absorveu muitos dias. É preciso estrear sem demora. Escolhe-se peça que a maioria das figuras já tenha feito, os novos estudam dia e noite, se são caprichosos, e no dia marcado a "troupe" estreia, com cenários velhos alugados, e quase sem reclame porque o capital... depende da bilheteria. O público, desconfiado, comparece não muito numeroso e acha o espetáculo medíocre, sendo fácil o confronto por ser a peça muito conhecida. No dia seguinte a peça cai, e na quarta ou quinta noite, outra a sucede quase de surpresa, mal sabida e muito mal ensaiada. O teatro se enche a meio, e é resolvido que se dê uma peça cada dois dias... Procuram-se as que estejam feitas dentro da companhia e salta-se da farsa para o dramalhão quando preciso. Os contratados, vendo as coisas mal paradas, arrancam o que podem em vales, e quando a recusa é formal despedem-se, sendo substituídos

4 Ibidem, p. 5.

> por figuras inferiores que só aceitam o lugar porque nunca ninguém as quis contratar. Chega a quinzena, fazem-se as contas e verifica-se que o dinheiro não chega para saldar a folha, aliás reduzidíssima. A associação fica devendo, os associados não ganharam um ceitil, não lhes faltaram canseiras, nem aborrecimentos, mas murmura-se que os dirigentes são uns velhacos e uns incapazes. Daí por diante a vida da companhia é tormentosa. Há discussões e desavenças a cada instante, e, certo dia, a coisa arrebenta. Uns lançam a culpa aos outros, associados e contratados fazem-se referências ferinas e desmoralizadoras, estuam ódios e rancores, mas, uma semana depois, novo mambembe se organiza...
>
> O grosso público então, que não discerne nitidamente as coisas, descrê, cada vez mais... do teatro nacional![5]

Note-se que o autor não está referindo-se às companhias mais expressivas do cenário teatral da época, como a Dramática Nacional, a Alexandre Azevedo, a Leopoldo Fróes, a Abigail Maia, a Claudio de Souza, a Francisco Marzulo-Emma de Sousa, destacadas entre as de teatro declamado; ou como a Grande Companhia Nacional de Operetas e Melodramas, a de Revistas e Burletas do São José, a Grande Companhia de Revistas, principais entre as de teatro musicado. Pois, naquele mesmo ano de 1921, segundo o mesmo autor, a Companhia Dramática Nacional, por exemplo, acabava de retornar de uma excursão ao Rio Grande do Sul, onde obteve "grande sucesso artístico e financeiro"[6]; a Companhia Abigail Maia, junto com os novos diretores do Teatro Trianon – Viriato Corrêa, Oduvaldo Viana e Nicolino Viggiani –, fizeram do Trianon "o melhor negócio do ano, não tendo conhecido em tempo algum época mais brilhante", tendo apresentado novos "métodos de reclame, apuro de representação e capricho de encenação"[7]; a Grande Companhia Nacional de Operetas e Melodramas, sob direção artística de Eduardo Vieira, ocupou o Teatro São Pedro de 1º de janeiro a 31 de

5 Ibidem, p. 5-6.
6 Ibidem, p. 22.
7 Ibidem, p. 8.

dezembro, com novas montagens e reprises de operetas, tendo obtido êxito ao longo de todo o ano. É claro que flutuações e variantes se dão também entre as grandes, que, do mesmo modo, dissolvem-se e reorganizam-se na medida do sucesso ou não dos empreendimentos, mas experimentam uma realidade de mercado bem menos melancólica do que a traçada por Mário Nunes no relato acima.

Na Medida do Impossível, um Teatro dos Atores

Na ausência da figura do empresário exclusivamente dedicado à atividade, o processo de formação das companhias e de produção dos espetáculos era acionado, predominantemente, por iniciativa dos atores. Essa praxe, por sua persistência no tempo, configurar-se-á um "sistema teatral brasileiro"[8], assim denominado por Tania Brandão. Conforme defende a historiadora, o teatro feito no país possui, como base motriz, a força e o desejo dos atores:

> São eles, na verdade, o alicerce do teatro brasileiro. Desde João Caetano até o vertiginoso ritmo atual de nomes e cartazes, são os atores os responsáveis pela vitalidade do palco no país. Atores-empreendedores, atores-empresários, atores-produtores, atores-promotores – são expressões hábeis para definir o papel que representam, que extrapola em muito a função que lhes foi atribuída pela modernidade.[9]

Os atores colocam-se à frente das realizações movidos pelo desejo mesmo de exercer sua arte, já que o capitalista não percebe o teatro como negócio rentável para investir, como empresa viável. Não podendo simplesmente ficar à espera de serem chamados, têm suas carreiras de ator estabelecidas no entrelaçamento de duas forças principais:

8 Ver T. Brandão, Teatro Brasileiro no Século XX, *Revista do Iphan*, n. 29.
9 Idem, *A Máquina de Repetir e a Fábrica de Estrelas*, p. 14.

vocação e empreendedorismo, que podem ainda ser complementadas por uma terceira, o talento, que a despeito de seu caráter abstrato, impalpável, imensurável, está longe de ser desprezível, e possui seu peso nessa dinâmica.

Com os atores à frente da função empresarial, não raro formam-se companhias administradas por um casal de artistas, pois, do ponto de vista prático, o modelo de empresa familiar viabiliza o pequeno negócio, por meio da contribuição laborativa de todos os principais interessados em ver a empresa prosperar, ou ao menos propiciar o sustento. De modo empírico, dividem-se as tarefas empresariais entre os membros da família, conforme suas aptidões, "de cada qual, segundo sua capacidade". Assim é que se percebe, por exemplo, uma estabilidade harmônica na dupla Alda e Américo Garrido, dedicando-se este às contas propriamente ditas e à administração direta, enquanto aquela resolve com facilidade e desenvoltura as funções de "relações públicas" (incluída aqui a comunicação com a imprensa, membros da classe artística, políticos e o público em geral) e "estrategista de *marketing*".

Desprovido de qualquer apoio institucional, o teatro não contava, nos primeiros anos da República – diferente do que aconteceu no Império – com subsídio governamental. Não havia também um projeto educacional para o país preocupado com o desenvolvimento cultural, que pudesse fomentar ou incrementar o mercado teatral. Comumente, atribui-se a baixa rentabilidade do teatro do período a uma propalada precariedade das montagens, associada a uma baixa qualidade dos textos, avaliação que reúne indistintamente as realidades do teatro declamado e musicado, e também as diversas variantes internas de um e de outro, numa análise generalizante de uma suposta decadência de todo o teatro produzido no país nas primeiras décadas do século XX. A elite brasileira, em princípio – e segundo os historiadores modernos –, não frequentava as plateias do teatro nacional, como se todo o teatro se encerrasse na categoria teatro ligeiro cujas cenas, segundo Tania Brandão, "trabalhariam com sensações vulgares ou epidérmicas – tudo o que se buscava era fazer rir, rir, rir; ou no máximo chorar lágrimas pesadas de baixo sentimentalismo"[10]. O que não atenderia às necessidades artísticas da elite. A seguir, a autora conclui:

> O que torna lógica a pobreza empresarial do teatro, sua baixa capacidade de captação de moeda e a vida apertada da grande maioria dos profissionais envolvidos. Para a sociedade distinta, sóbria e chique, o que havia no palco era a produção de um gueto que confinava com o submundo.[11]

Porém, como já foi defendido aqui, a cisão social do país era refletida nas plateias do teatro, havendo, sim, uma plateia de elite consumidora do teatro de drama e comédia. Por mais superficial que a modernidade considere os textos dramáticos do teatro declamado do período, o fato é que eles constituem a verdade daquele público constituído mesmo pela elite. Assim, temos que a estreia de *Suprema Conquista*, de Menotti Del Picchia, pela Companhia Dramática Nacional, "atraiu seleta concorrência, festivo acolhimento, entusiásticos aplausos"[12]; a peça *Mimosa*, encenada pela Companhia Leopoldo Fróes, conseguiu "teatro repleto, público fino, elenco homogêneo, peça leve e espiritual, justos aplausos"[13]; a Alexandre de Azevedo, ao montar a peça *O Comediante* apresentou "encenação boa e guarda roupa luxuoso, rigorosamente à época", resultando para "Alexandre e sua gente um bom êxito."[14] Isso para ficar em pouquíssimos exemplos daquele mesmo ano de 1921, que, para o crítico Mário Nunes, nem foi tão bom para o teatro. E todas essas produções – frise-se – foram levantadas com "capital teatral". São tantas as "exceções" que se impõe verdadeiramente um estudo sobre o tema do teatro declamado do período, pois há muitas dúvidas tanto com relação à "pobreza" do teatro e seus profissionais, quanto com relação à ausência do público de elite nas plateias do teatro

10 Ibidem, p. 37.
11 Ibidem, p. 37-38.
12 M. Nunes, op. cit., v. 2, p. 22.
13 Ibidem, p. 24.
14 Ibidem, p. 23.

brasileiro, e ainda quanto à realidade da produção dramatúrgica e da produção cênica, que não podem ser vistas sob critérios ulteriores. Uma pesquisa profunda precisa relativizar e contextualizar o pessimismo com que se olha esse teatro, seja por seus contemporâneos, seja por seus sucessores modernos que o historiaram. Ademais, é possível ao teatro constituir-se atividade rentável ou autossustentável? De modo geral, dentro ou fora do Brasil, foi possível aos modernos, ou é possível aos nossos contemporâneos, sustentar-se e a seus empreendimentos exclusivamente com a renda da bilheteria, sem subsídios ou patrocínios públicos, ou aportes de grandes empresas privadas?

Considere-se, de um lado, a receita limitada pelo número de ingressos disponíveis para venda, dado pela lotação das salas; e, de outro, a despesa, que inclui desde todos os gastos para levantar a produção ao aluguel do teatro, e remuneração da vasta equipe necessária tanto para a produção da montagem quanto para a manutenção de cada sessão; trata-se, realmente, de equação complexa. E, *na medida do impossível*, esse teatro antigo conseguiu a proeza de resolvê-la no Brasil daquele tempo – ou, ao menos, não arrefeceu na empreitada diária de enfrentá-la. E o curioso é que a pecha maior imputada pelos modernos à velha guarda do teatro brasileiro foi justamente o "excesso de profissionalismo", conforme ataca Décio de Almeida Prado:

> Não era competência artesanal o que faltava. Não há dúvida de que os autores sabiam escrever e os atores sabiam representar o gênero de peça apreciado e esperado de antemão pelas plateias. Se de algum mal padecíamos seria antes o excesso de profissionalismo, no sentido de teatro concebido exclusivamente como meio de vida (poucas vezes bem-sucedido, acrescente-se).[15]

É muito custoso crer que a atividade teatral fosse desprovida de qualquer interesse estético, que todo o empenho da classe teatral fosse feito almejando a afluência do público, com o fim exclusivo de ganhar dinheiro. Seria mesmo espantoso pensar que alguém pudesse escolher

15 D. de Almeida Prado, *Teatro Brasileiro Moderno*, p. 37.

uma profissão ligada ao teatro para tal fim, ainda que se limite a ideia de "ganhar dinheiro" ao estatuto da mera sobrevivência. Desconsidera-se, de todo, em conclusões desse tipo, as decisões e desejos do indivíduo. Nenhum raciocínio pode sustentar o entendimento de que aquele (ou qualquer outro) teatro pudesse ser concebido como meio de vida exclusivamente: supondo que a carreira fosse escolhida por falta de opção, ou por ser uma rara opção para iletrados, teríamos mais da metade da população nas artes do palco; fosse ela uma opção para aqueles desprovidos de qualquer aptidão, "aqueles que não dão para mais nada", teríamos um teatro destituído daquilo que efetivamente o caracterizou: o *talento* particular dos atores (em princípio, excepcional, tanto no sentido da qualidade, quanto no da exceção, já que brota espontaneamente, na medida em que não havia escola ou projeto institucional de teatro). Nada estimulava a escolha da carreira, a não ser o próprio desejo de ser artista. "Meios de vida" muito mais "dignos", carreiras muito mais promissoras foram, aliás, abandonadas por alguns de nossos atores, justamente para fazer teatro. Apesar do total desprestígio da profissão de ator naquele momento, patente na observação de Procópio Ferreira, no livro que dedicou ao ator Vasques:

> Parece que a época do esplendor, do prestígio de nossos atores passou. E passou vertiginosamente. Hoje, nem sequer a nossa profissão constitui uma classe amparada pelos poderes públicos.
>
> Que força, que prestígio social tem um ator nas horas presentes? – Nenhum. Quando um representante do governo daria a "confiança" de segurar nas alças do caixão de ator?
>
> Qual o ator vive no conceito familiar da sociedade? Que respeito social lhe é prestado?
>
> Ele é apenas magnetizador de multidões, entre a distância – e que distância! – que separa o pequeno tablado do palco e a vastíssima plateia dos que procuram se divertir... Não raro atiram-lhe epítetos desta ordem: – "Gente imoral, gente malnascida, gente sem eira nem beira."[16]

16 P. Ferreira, *O Ator Vasques*, p. 68.

Essa distância social é explicada adiante, quando Procópio explicita sua percepção da relação do ator com a (alta) sociedade:

> Entre o artista e o espectador há um abismo. Um abismo social... Quando o convidam para uma festa elegante em família o fazem apenas para abrilhantar a reunião.
> Oferecem-lhe dinheiro para tomar uma chávena de chá e dizer "coisas" para alegrar o espírito aristocrático dos salões. Ditos uns versos, contadas "umas anedotas", o ator se despede. Nunca como *homem*, sempre como *artista*.[17]

O valor negativo atribuído pela sociedade à profissão do tablado completa-se com a avaliação moral dos profissionais do teatro. Sobre essa questão, a opinião de Procópio Ferreira é bastante peculiar, especialmente se confrontada com a opinião dominante na historiografia, na medida em que procura desmarcar o ambiente teatral como antro singular da perversão:

> Quanto à moral, se a quisermos comentar, bastará dizer que é regulada pela situação econômica. É oscilante: – muda como mudam as modas. Essa instabilidade é que faz funcionar os tribunais e as cadeias; as guilhotinas, os prostíbulos e as fábricas de armas. O roubo, o estelionato, a falência fraudulenta, o incêndio criminoso, o adultério, o casamento de conveniência, não vivem na sociedade artística. O ambiente é por demais espiritual para permitir semelhantes crimes. É a sociedade, e não o teatro, a mantenedora dessas instituições.[18]

O fato é que esses atores produziam o teatro em que acreditavam, e porque queriam um teatro, e um teatro que correspondesse às suas convicções estéticas e de seu público – convicções muito provavelmente convergentes –, caso contrário, esse teatro, fosse apenas de "concessão

17 Ibidem, p. 69.
18 Ibidem, p. 68.

ao gosto popular", não faria o sentido que fez, não teria a força que teve, nem mesmo existiria. Veja-se que, no entender de um ator como Procópio Ferreira,

> a arte é efeito, não é causa. Nasce espontaneamente e se desenvolve segundo as condições ambientes. É absolutamente fruta da terra: – não se impõe, nem se transplanta. É erro dos maiores pensar na sua adaptação, quando o meio não se acha preparado para recebê-la. Outro erro é imaginar o público passível de uma educação artística pela própria arte em função. O público a procurará de acordo com o seu estado de progresso mental[19].

O ator defendia uma arte que falasse ao seu público, desacreditando de uma arte vinculada a uma função educadora, ou que pretendesse "elevar" o nível da plateia – esta, para Procópio, não é função da arte. Analisando o memorial que João Caetano, em seus últimos dias, escreveu ao Marquês de Olinda, sobre a necessidade de criação da Escola Dramática e da utilidade de um Teatro Nacional, Procópio conclui, expondo seu entendimento sobre a relação com o público:

> Como se vê, João Caetano, após tantos anos de luta contra a indiferença do público, indiferença que o teria aniquilado se não fora o auxílio do governo, insistia por uma arte acima da mentalidade do povo. Acreditava que uma escola para artistas solucionaria o problema, "porque está provado que sem alicerces não se levantam edifícios". Os alicerces para João Caetano não consistiam na cultura popular correspondente ao nível da arte que ele queria impor, mas no apuro intelectual dos artistas e na melhoria de suas condições materiais.
>
> O efeito antes da causa.
>
> Abandonado pelo público, indiferente à arte que "oficialmente" praticava, reconhecia entretanto na multidão uma tendência para espetáculos de caráter mais popular. Assim é que chegava a sugerir

19 Ibidem, p. 13.

> a proibição de espetáculos circenses, nos dias de função do Teatro Nacional.[20]

Somente um projeto educacional poderia, portanto, efetivamente, mudar o panorama cultural, e não o inverso.

Sobre a questão da educação e sua relação com a produção artística, a historiadora Tania Brandão desenvolve um pensamento relevante para o teatro brasileiro, na medida em que estabelece relação com a questão do moderno na sociedade brasileira. Conforme observa a autora, a industrialização do país, tardia que foi, mudou apenas em parte a face do Brasil – "setores 'atrasados' foram parte e preço do processo". Na nova ordem econômica do capitalismo mundial, dá-se uma modernização setorizada, parcial, da sociedade; uma atualização que se dá "sem reforma agrária, sem uma valorização universal do trabalho, sem uma compreensão capitalista da educação e da cultura. As opções são por soluções de compromisso, que traduzem um equilíbrio de poder frágil, precário; são, no fundo, autoritárias"[21]. Em seguida, acrescenta Tania Brandão:

> A revolução burguesa, localizada, precisa das alianças com o antigo latifúndio. Ela não pode erigir uma noção social dinâmica e positiva do trabalho porque não há nem mesmo trabalho para toda a população ativa. Não pode estimular a revisão da escola e da cultura porque não necessita de uma "sociedade de massa" rigorosamente moderna. O capital não dispõe de meios para dinamizar o conjunto da sociedade a partir dos seus interesses, e o território por excelência da liberdade de expressão e de iniciativa, a educação e a cultura, pontos nevrálgicos para a formulação das utopias democráticas capitalistas, são frontalmente atingidos. Este território precisa ser o espaço do precário.[22]

20 Ibidem, p. 21.
21 T. Brandão, *A Máquina de Repetir e a Fábrica de Estrelas*, p. 49-50.
22 Ibidem.

Logo, o moderno não se institucionaliza, não se difunde generalizadamente, instaura-se de modo restrito, episódico:

> Se educação e cultura não chegam a se definir como fatos de mercado, mas devem, antes, ser acessíveis a parcelas restritas da população, não há, tampouco, uma agilidade de mercado que determine a consciência, por parte da arte, acerca de seus meios, do seu fazer, de sua linguagem. Assim, cabe a cada artista efetivamente a responsabilidade de inventar o moderno, dissociado de um jogo institucional.[23]

Esta solidão do artista termina por se configurar um traço da arte teatral brasileira, traço que identifica atores antigos e modernos, e caracteriza o "sistema teatral brasileiro – solidão antiga, solidão moderna", no dizer de Tania Brandão.

Rever, Reinventar... e Rir

Para verificar a regra do "sistema teatral brasileiro", eis que temos um gênero em que se verificam aspectos de exceção confirmadora: o teatro de revista, em que a figura do empresário se faz presente, em que ao ator cabe apenas atuar.

Os grandes nomes que empresaram o teatro de revista no Brasil não figuram no elenco; conduzem o negócio e, de alguma forma, também a realização dos espetáculos. Observe-se que os próprios nomes das companhias de revistas – Tró-ló-ló, Negra de Revistas, Nacional de Revistas, Zig-Zag, Rataplan – não são personalistas como os das companhias de atores, que levam seus nomes. Eventualmente, os empresários utilizaram nomes de artistas, como os de Margarida Max e da própria Alda Garrido, de forma estratégica – gerando por vezes confusão para os historiadores –, mas isso não quer dizer que esses artistas estivessem

23 Ibidem.

de fato na condução da empresa, ou mesmo que nomeassem de fato a companhia: figuravam como chamariz de público. A ausência de documentação contratual das empresas contribui muitíssimo para a confusão. Ver seu nome designando *pro forma* a companhia pode, a princípio, levar a crer, erroneamente, que Alda Garrido tivesse atuado como empresária também nesse caso. Mas a atriz não foi empresária de revista.

A revista vigorou no Brasil por mais de cem anos – a primeira montagem, conforme Galante de Sousa, teria sido *As Surpresas do Senhor José da Piedade*, de 1859[24]. Ao longo de sua existência, o gênero sofreu muitas modificações, em razão, por certo, de sua principal característica: a atualidade. Configurando-se esse teatro como produção artística que deve responder ao imediato, acaba por responder a eventualidades: situações políticas e econômicas do país, ou mesmo financeiras dos próprios artistas e empresários, podem determinar as formas artísticas de atuação. Isso, *grosso modo*, vale para todo teatro, mas, de modo especial, para o popular; contingências podem transformar, sobremodo, o teatro de revista. E se este gênero de espetáculo possui um aspecto que, ao longo do tempo, permanece, esse aspecto é justamente a instantaneidade.

Com uma "linhagem" que remonta, na verdade, aos teatros das feiras de Saint Laurent e Saint Germain, da Paris do século XVIII[25], a revista e seus procedimentos dramatúrgicos, cênicos e atoriais já se viram associados tanto à *Commedia dell'Arte* quanto a Aristófanes e Molière, como assinala o historiador do teatro português Luiz Francisco Rebello:

> "Os títulos de nobreza da *revista de fim de ano*, bem sabemos onde encontrá-los: em Aristófanes e nas suas comédias, cujas alusões, nem sempre hoje fáceis de compreender, extraem da atualidade a sua imperecível substância": assim começa o primeiro capítulo da *Petite Histoire de La Revue de Fin d'Année*, de Robert Dreyfus, precursor de estudos incidentes sobre uma zona do espetáculo teatral que depois exploraram Jacques Charles em França, Ernest Short em Inglaterra,

24 J. Galante de Sousa, *O Teatro no Brasil*, v. 1, p. 226.
25 Cf. Robert Dreyfus apud L. F. Rebello, *História do Teatro de Revista em Portugal*, v. 1, p. 42.

> David Ewen nos Estados Unidos, Dino Falconi e Angelo Frattini em Itália, Vítor Pavão dos Santos entre nós. E, dentro da mesma ótica, ao autor das *Nuvens* poderiam juntar-se outros grandes nomes da dramaturgia mundial, como Molière, ou, no que a Portugal respeita, Gil Vicente e António José da Silva. Até que ponto, porém, semelhante ancestralidade deve considerar-se legítima ou é antes mera referência cultural destinada a conferir à revista, *a posteriori*, pergaminhos que lhe garantam o direito ao ingresso na grande família das artes e letras?[26]

De fato, tão equivocado quanto diminuí-la por comparação, é enaltecê-la por inversão. Sem dúvida, verificam-se aproximações de estrutura dramatúrgica de comédia, de características de personagens, de recursos cênicos de comicidade, alguma filiação da tradição cômica, pois. Mas que não pode ser estabelecida diretamente, já que muitos textos de Aristófanes, por exemplo, ficaram perdidos; que manifestações como a *Commedia dell'Arte* não são contínuas. As heranças não são diretas – são transmitidas de modo praticamente impossível de se estabelecer. A característica de instantaneidade da revista justifica a observação do objeto no que possui de particular. Em seu próprio tempo-lugar.

A definição de teatro de revista está contida em sua própria denominação: é um espetáculo que passa em revista os últimos acontecimentos marcantes da cidade e do país, comentando fatos e costumes da atualidade, sempre em tom cômico-satírico, onde estão presentes a música, a dança, o humor, personagens alegóricas, desenhando uma caricatura gaiata da cidade, de suas personagens típicas e de suas figuras proeminentes. Estruturada de modo fragmentário, em uma sucessão de quadros quase independentes, alinhavados por um enredo ou não, a revista pode ser vista como uma mescla de registro documental e ficção, de naturalidade e alegoria. Os textos desse tipo de teatro, ao mostrar um painel de fatos ocorridos no país, são verdadeiros documentos de uma época – ou de um modo de a época se perceber[27], apresentando uma leitura leve

26 L. F. Rebello, op. cit., p. 37.
27 Ver o importante estudo de F. Süssekind, *As Revistas de Ano e a Invenção do Rio de Janeiro*.

desses acontecimentos. Como coloca Tania Brandão, "o que se mostra é o que todo mundo já sabe, mas é preciso fazê-lo de uma maneira tão atual, tão contundente, que o público perceba de imediato, numa olhadela, sem hesitação, aquilo de que se fala. Para rir"[28]. Faz-se, assim, uma espécie de balanço da cidade e do Brasil em retrospectiva, sob um olhar em princípio crítico, mas de fato aquiescente, pois que não se pretende propriamente transformador. Presentifica-se, no instante espetacular, o passado recente, reinventado, porém.

Proporcionando diversão, o teatro funcionava como reunião de uma coletividade, que nele se reconhecia. Por um processo de reconhecimento diferente daquele pensado por Aristóteles, pois "no teatro de revista não há exatamente *ilusão*, mas cumplicidade"[29]. Um certo sentido de festa estava contido na celebração de uma vida social urbana, através da própria reunião da comunidade, assim como da ampla participação do público no ato teatral.

O estudo de Neyde Veneziano descreve pormenorizadamente a estrutura dramatúrgica da revista, desde aquela que caracterizava a revista de ano, passando por todas as transformações, até a diluição praticamente completa da estrutura inicial, em direção à música e à *féerie*, puramente, na era do grande aparato cênico. Durante a experiência revisteira de Alda Garrido, que se inicia em fins da década de 1920 e vai até o início dos anos de 1940, vigia, segundo Veneziano, uma estrutura de espetáculo dividido em dois atos: o primeiro continha o prólogo ou número de abertura, que podia ser precedido de uma abertura orquestral, e que era seguido por uma alternância de cenas de cortina, quadros de comédia, quadros de fantasia, até a apoteose do primeiro ato; o segundo ato apresentava a mesma forma do primeiro, porém sem o prólogo e de modo mais ligeiro. Todas as partes que compunham uma revista – prólogo, números de cortina, quadros de comédia, quadros de fantasia, monólogos, sentimentos, cançonetas, apoteose – são detalhadamente explicadas por Veneziano[30]. Alda Gar-

28 T. Brandão, É da Pontinha! em R. Ruiz, *Teatro de Revista no Brasil*, p. 12.

29 Ibidem.

30 N. Veneziano, *O Teatro de Revista no Brasil*.

rido, já uma estrela naquele momento, tomava parte, sobretudo, em cortinas e quadros de comédia, a que se irá ater aqui.

Conforme expõe Neyde Veneziano, os teatros em que se apresentavam as revistas, além do pano de boca, que subia na abertura do espetáculo e permanecia no alto tanto nos intervalos quanto entre os atos, servindo para marcar o início e o fim da peça, dispunham de uma cortina, situada atrás do pano de boca, que se abria horizontalmente[31]. Os números de cortina eram, então, pequenos quadros cômicos apresentados pelos atores à frente da cortina – quadros que pudessem prescindir de cenários –, prendendo a atenção da plateia e preenchendo o tempo, enquanto, atrás dela, transformava-se o espaço cênico. Nas cortinas, podiam-se apresentar também cantores e cantoras, cançonetistas, caipiradas: neste caso,

> uma dupla sertaneja vinha ao proscênio, com seus instrumentos (em geral um violão e um instrumento de percussão) e fazia um número misto de músicas e piadas, explorando o desafio, o humor *non-sense*, o trocadilho e as adivinhações. [...]
>
> As cortinas eram também, às vezes, destinadas a casais de atores que vinham, simplesmente, para contar piadas.
>
> Outras vezes, nas cortinas, havia a rábula. Esta denominação vem de Portugal e consistia num papel episódico de pouca extensão, muito oportuno, feito por grandes atores. Era uma entrada cômica dentro de um certo assunto onde uma pessoa brilhava excepcionalmente. Um papel para grandes cômicos.
>
> Ao terminar estes números, a cortina se abria, mostrando o ambiente do quadro seguinte.[32]

Já os quadros de comédia eram esquetes rápidos, de trama simples e ágil, que, do ponto de vista plástico, distinguiam-se dos quadros de fantasia, trabalhando com estética despojada: "Não necessitavam de

31 Ibidem, p. 99.
32 Ibidem, p. 102.

efeitos de luz, de cortinas de fumaça nem de cenário aparatoso. A cena sempre procurava reproduzir o ambiente natural no qual iria se desenrolar a história e era, em geral, em gabinete."[33] Os atores, porém, não atuavam nesse registro do natural, ao contrário, exibiam-se histriônicos, frequentemente no registro do paródico-caricatural. Nesses quadros, era possível, por exemplo, ver Dercy Gonçalves desempenhando o papel da jovem Julieta, ou Oscarito representando a poderosa Cleópatra[34]. Pode-se imaginar o efeito!

Mário Nunes aponta, em 1925, um novo surto da revista e um esforço para elevá-la de nível: "exerceram nesse sentido notável influência a inteligente iniciativa de Patrocínio Filho e Jardel Jércolis, no Glória, a Tró-ló-ló; e um novo empresário teatral, Manoel Pinto, que associado a Antonio Neves, reorganizou a companhia do Recreio"[35]. Com uma diferença entre os dois empreendimentos: Manoel Pinto, empresário audacioso e arrojado, "lançou-se a faustosas e arrebatadoras montagens, emprestando o máximo brilho às revistas de caráter popular", enquanto Jardel Jércolis e Patrocínio Filho investiram em textos de "elevado teor literário e artístico"[36]. É na companhia do Teatro Recreio que Alda Garrido ingressa no segundo semestre de 1928.

É preciso atentar para o fato de que em algumas fontes, como, por exemplo, Salvyano de Paiva, aparecem menções que podem confundir, por informar que o Recreio abrigava, em 1928, a Companhia Alda Garrido. Trata-se, neste caso, de recurso de *marketing*, como foi sinalizado acima, em que os empresários se utilizaram do nome da companhia da atriz para atrair espectadores; Mário Nunes, porém, confirma tratar-se da Companhia Nacional de Revistas, do empresário Antonio Neves. Tal recurso justifica-se: "O valor das revistas pode ser medido pelo tempo de sua permanência no cartaz, mas interfere soberanamente para o efeito, o préstimo do elenco e a popularidade das primeiras figuras."[37]

33 Ibidem.
34 Ibidem, p. 103.
35 M. Nunes, op. cit., v. 2, p. 141.
36 Ibidem.
37 Ibidem, p. 142.

Alda Garrido vinha de temporada de grande sucesso no primeiro semestre de 1928, na Companhia Zig-Zag, com direção artística de Eduardo Vieira, que ocupava o Teatro São José, sob a administração da Empresa Pascoal Segreto. Segundo Salvyano de Paiva:

> A corrida ao cinema falado levara a Empresa Pascoal Segreto a transformar o São José em cinema. Mas em 1928, a velha paixão pelo teatro fez que a empresa admitisse espetáculos de palco & tela. E lá foi parar a Companhia Zig-Zag, de Alda Garrido[38] que, a 2 de janeiro, lançou a *revuette* de Freire Jr., *Teia de Aranha*. A peça era tão engraçada na interpretação de Alda – caricata inimitável – e do excelente Pinto Filho que obrigou o São José a dobrar semanas e retirar o filme, deixando somente a peça, em sessões às 20h00 e 22h20.[39]

Em 5 de julho, porém, Alda Garrido já estreava no Recreio, com a Nacional de Revistas, onde, do mesmo modo, obteve enorme sucesso. A primeira da nova temporada, *Cadê as Notas?*, de Luiz Peixoto e Marques Porto, e música de Assis Pacheco, Mário Silva e B. Vivas, atingiu logo as cem representações. Para Mário Nunes, havia o que ver e ouvir e havia com que rir, mas era "fraca quanto à encenação e corpo de *girls*, carregado de figuras bisonhas". A participação da atriz, no entanto, garantia, ao menos, parte do sucesso: "Despertaram gargalhadas as cortinas de Alda e [Manoel] Pêra."[40] Pois, segundo Salvyano de Paiva, *Cadê as Notas?* foi uma das raras campeãs de bilheteria de 1928:

> Um elenco soberbo, com Alda Garrido, Manoel Pêra, Eugênio Noronha, Modesto de Souza, João de Deus, Amadeu Celestino, J. Viana, Félix Viana, Adeli Negri, Olga Bastos, J. Figueiredo, Laís Areda, Carmen Dora, Lili Brennier, Luísa Fonseca, Edmundo Maia, Oscar Cardona e Oscar Soares, defendeu com garra os dois atos e 25

38 Aqui também, a expressão "de Alda Garrido" significa tão somente que a atriz é a estrela da companhia.
39 S.C. de Paiva, *Viva o Rebolado!*, p. 294-295.
40 M. Nunes, op. cit., v. 3, p. 127.

quadros que fez a obra atingir 110 representações até sair de cartaz em setembro.[41]

O espetáculo seguinte, *As Manhãs do Galeão*, de Freire Jr., subiu à cena em 17 de agosto e também alcançou a marca das cem apresentações. "Alda irresistível de exótica comicidade, misturando as excentricidades com o bem observado. Merecia, para expansão do seu talento, obras de maior consistência."[42]

Depois de uma reprise de *Cadê as Notas?*, estreia em 13 de setembro *Cachorro Quente*, de Antonio Quintiliano, com música de Júlio Cristóbal, Sá Pereira e J.B. da Silva (Sinhô), considerada por Mário Nunes "uma das melhores dos últimos tempos", mas o crítico faz, aqui também, restrições à encenação. A dupla Alda Garrido e Manoel Pêra novamente se destaca, com Alda dominando o público[43].

Alda Garrido permanece na companhia até dezembro, quando se desliga, depois de auferir grande sucesso em suas atuações, tendo as encenações agradado ou não à crítica.

Os comentários de Mário Nunes sobre essa temporada da Nacional de Revistas revelam a sustentação dos espetáculos no brilho dos atores, o que, naquele momento, parecia ser suficiente para o sucesso do espetáculo, haja vista a duração que cada peça permaneceu em cartaz e a reprise de *Cadê as Notas?*

Após um período dedicado à sua companhia, com montagens de burletas, sobretudo, entre temporadas no Rio de Janeiro, Niterói e excursões, Alda Garrido retorna à Neves & Cia., no Teatro Recreio, em 1932, depois que esta é reestruturada, em setembro, com a saída de Araci Cortes. Alda, que se incluía "entre as figuras máximas, na revista"[44], virá assumir a posição de primeira atriz deixada vaga por Araci. Participavam do novo elenco, além de Alda e Américo Garrido, Malena de Toledo, Vanise Meireles, Palmira Silva, Diva Berti, Carmen Navarro, Leonor

41 S.C. de Paiva, op. cit., p. 300-301.
42 M. Nunes, op. cit., v. 3, p. 127.
43 Ibidem.
44 Ibidem, v. 4, p. 39.

Pinto, entre as mulheres; e Augusto Aníbal, A. Sampaio, Abel Dourado, Pedro Celestino, Caetano Júnior, Ugo Cezarini, Oscar Cardona, entre os homens. O corpo de baile estava a cargo de Nemanoff e Valeri, contando o corpo de *girls* com vinte figuras. Enquanto a orquestra, integrada por vinte professores, era dirigida por Ari Barroso[45].

A 5 de outubro dá-se a estreia com a peça *O Armistício*, de Marques Porto, música de Ari Barroso e Carlos Cavaco, "com alguns números de agrado certo. A destacar o *sketch* do segundo ato, com Alda, atriz consagrada"[46]. Sempre em destaque, Alda seguirá com a reputação incólume, acumulando sucesso pessoal que se contrapõe, no discurso da crítica, à qualidade dos textos e da encenação dos espetáculos. Em dezembro, a companhia é novamente modificada, com o desligamento de Alda Garrido.

Um novo encontro profissional marca o ano de 1933. Com o Teatro Rialto reformado, nele se instala a Companhia de Revistas Parisienses, da Empresa Luiz Galvão, sob a direção de Luiz de Barros.

Embora tenha feito incursões no teatro, Luiz de Barros trilhou carreira dedicada primordialmente ao cinema. Dirigiu mais de cem filmes entre 1914 e 1977, tendo estado à frente do primeiro filme sonoro brasileiro, *Acabaram-se os Otários*, de 1929. Além de diretor de cinema, foi produtor, montador, roteirista, diretor de fotografia e também ator[47]. E foi com Luiz de Barros que tanto Alda quanto Américo Garrido estrearam no

45 Ibidem, p. 64.

46 Ibidem.

47 Cf. F.P. Ramos; L.F.A. de Miranda, *Enciclopédia do Cinema Brasileiro*, 48-49. Hernani Heffner, que elaborou o extenso verbete de Luiz de Barros (Luiz Moretzhon da Cunha e Figueiredo da Fonseca de Almeida e Barros Castelo Branco Teixeira de Barros), evidencia a produtiva carreira do diretor: "Cineasta com a mais longa carreira da história do cinema brasileiro, realiza, entre longas e curtas-metragens, mais de uma centena de títulos, aos quais se acrescentam dezenas de reportagens filmadas para cinejornais. Tornou-se com o tempo um especialista em filmes rápidos, baratos e populares, incursionando nos mais diversos gêneros, com especial predileção pela comédia musical." Em seu processo de formação, cursou Direito; estudou cenografia, interpretação e direção; na prestigiosa Academia Julien de Paris, estudou artes plásticas. Durante o período em que se voltou para o teatro de revista, foi diretor artístico da Companhia Tró-ló-ló, de Jardel Jércolis, assinando os cenários e figurinos das peças: "Como empresário, diretor artístico e cenógrafo cria a Companhia Teatral Rataplan, especializada na revista licenciosa."

cinema. Alda foi dirigida pelo cineasta em *E o Circo Chegou*, de 1940; Américo estreara antes na sétima arte, em 1935, com *Carioca Maravilhosa*.

Na Companhia de Revistas Parisienses, Alda e Américo dividiam o palco com Antonia Denegri, La Bella Agnès, Alice Spletzer, Mesquitinha, Manoel Rocha, Augusto Aníbal, entre as principais figuras[48]. *Mossoró, Minha Nega*, de Marques Porto, e música de Ari Barroso, abriu a temporada em 15 de setembro. Na percepção de Mário Nunes: "Não correspondeu ao reclame, frívolo demais, distrai, diverte, mero passatempo e sucesso muito individual de Alda e Mesquitinha [...]."[49] Na sequência, em 29 de setembro, estreia *Cavando Ouro*, de Gilberto de Andrade e Magalhães Jr.: "Bem escrita, números espirituosos, agrada. Hilariante o quadro do tribunal, Mesquitinha, Aníbal, Rocha e Alda." A revista, entretanto, teria sido prejudicada por estar mal ensaiada[50]. Depois de apresentar *Luar de Paquetá*, de Freire Jr. e *Galeria Cruzeiro*, de Vitor Costa, dissolveu-se a companhia, sem ter alcançado grande sucesso.

Em fins de 1934, quando Freire Jr. e Luiz Iglézias formam companhia de revistas para o Teatro Recreio, empresariada por Manoel Pinto, Araci Cortes é a estrela. Tendo como ensaiador João de Deus, o elenco conta ainda com Ítala Ferreira, Lina de Soto, Olga Louro, Cléo Silva, Ondina Lopes; e João Martins, Leopoldo Prata, J. Figueiredo, João Fernandes, Eugênio Pascoal, entre outros. Para diretor da orquestra é escalado Henrique Vogeler[51]. Obtendo sucesso de público, o elenco é reforçado, no início de janeiro de 1935, por Eva Todor. No ritmo frenético de troca de atores, Araci Cortes afasta-se da companhia em fevereiro, sendo substituída por Isabelita Ruiz, que, por sua vez, passará o bastão de primeira figura, logo no mês seguinte, para Alda Garrido, que estreia, em 21 de março, *Eva Querida*, de Freire Jr. e Miguel Santos:

> Por demais modesta como espetáculo, fraca moldura para elenco razoável. Salvam-na Alda Garrido, que é agora a estrela e o fator de

48 M. Nunes, op. cit., v. 4, p. 88.
49 Ibidem.
50 Ibidem.
51 Ibidem, p. 133.

> maior interesse. Apresenta-se com trajes elegantes, mas seu sucesso são os números caricatos: o foxtrote com Pedro Dias, excelente artista genérico também, as cortinas com Prata, Figueiredo e Chaves.[52]

São muitos os espetáculos apresentados ao longo desse ano de 1935 pela companhia que, entre idas e vindas de artistas, vê tomarem parte nas revistas Oscarito, Margot Louro, Zaíra Cavalcanti, Francisco Alves, Palmerim Silva... *Parei Contigo!*, de César Ladeira; *Da Favela ao Catete*, de Freire Jr.; *Cadeia da Sorte*, de N. Tangerini e A. Cabral, são algumas das muitas revistas montadas. Constituindo-se o centro do olhar da crítica, os atores são mesmo capazes de dar fôlego a um espetáculo, como ocorreu com *Cadeia da Sorte*, que só não teria sido "um desastre pelos esforços bem-sucedidos de Alda, Eva, Zaíra, Lou, Janot", esforços que possibilitaram ao espetáculo manter-se em cena de 26 de julho até meados do mês seguinte. A observação que Mário Nunes faz sobre *Do Norte ao Sul*, de Iglésias e Freire Jr., estreia de agosto, talvez sintetize a característica geral da temporada: "Coisas nossas, tipos já gastos bem recebidos, críticas políticas brancas, números de músicas de agrado certo, somados ao prestígio pessoal de Alda."[53] Alda Garrido, segundo o crítico, era a "principal atração, não se trata de gênero teatral, mas de personalidade, faz rir muito, apoiada por Pedro Dias"[54]. Expressões como prestígio pessoal e personalidade sugerem o caráter da interpretação de Alda Garrido na revista.

Alda Garrido é uma atriz que opera no que se poderia chamar de regime estelar de atuação, em que a celebração do ator está à frente da fruição espetacular. Quando entrava em cena, na condição de atriz célebre, o público via, muito possivelmente, uma imagem dúplice, composta por duas camadas, materializada no corpo da atriz: em superposição, lá estavam no palco as figuras da personagem e da cômica, coladas, inseparáveis, mas que se deixam entrever uma a outra. Não se constrói uma ilusão cênica no surgimento de uma personagem em

52 Ibidem, p. 133-134.
53 Ibidem, p. 134.
54 Ibidem.

cena; o público vê, outrossim, aparecer no palco "Alda Garrido em..." Por conta desse regime estelar, transparece, sob a caracterização da personagem teatral, seja ela uma caipira, seja a Josephine Baker[55], uma "personagem Alda Garrido". Trata-se aqui da personagem social, a Alda Garrido alegre, extrovertida, franca, extravagante, espontânea, predicados que todos reconhecem à sua figura pública, e que advêm de sua atividade profissional. Não há dúvida de que se dá uma impregnação da figura da atriz nas personagens que representa. Mas a figura da atriz é, ela mesma, um construto. Este é um raciocínio que, talvez, possa ser estendido à interpretação revisteira, de modo geral, ou, ao menos, ao caso dos primeiros atores. Seja nos números de cortina, seja em quadros de comédia, a atuação estabelece uma relação frequentemente frontal com o público, a atriz-personagem se mostra, fala e olha diretamente para a plateia, incorporando o espectador à cena[56]. Some-se a isso o aspecto imediato da revista, que desafia o ator a colocar-se diante da contemporaneidade, a dividir as sensações do aqui e agora com seu público, invariavelmente. Cria-se, assim, uma aura de intimidade, uma proximidade mágica, cuidadosamente construída.

Em 7 de dezembro, a companhia festejou o primeiro aniversário de sua fundação, e despediu-se do Recreio no dia 17 seguinte, para realizar temporada em São Paulo.

Em 1939, quando Alda voltou a atuar em alguns espetáculos no Teatro Recreio, ocupado pela empresa de Walter Pinto, o empresário promoveu, na revista *Tem Marmelada*, de Carlos Bittencourt e Cardoso de Menezes, o ansiado encontro de Alda Garrido com Araci Cortes, que dividiram o palco pela primeira e última vez:

> Repetindo uma tradição, a última revista de 1939 assinalou o primeiro sucesso de 1940. Onde poderia ser lançada? No santuário de beleza e

55 Alda Garrido interpretou a cantora e dançarina norte-americana Josephine Baker na revista *Na Hora H*, de Carlos Bittencourt, em 1935. Sua atuação foi "notável" no dizer de M. Nunes, op. cit., v. 4, p. 134.

56 Ver adiante cópia do quadro "Manifestação a Chica Rendada", escrito por Alda Garrido para a revista *Montanha Russa*, em que o próprio texto indica o diálogo com o público.

> graça em que se transformara o Teatro Recreio Dramático – a sé do musicado. *Tem Marmelada*, estreada a 29 de dezembro de 1939, uma sexta-feira, reabria, pela terceira vez em doze meses, os portões, os cenários e os bastidores a Araci Cortes. Resgatava uma dívida de honra – reabilitava a mais célebre dupla de libretistas do gênero, Carlos Bittencourt-Cardoso de Menezes, há algum tempo ausente das lides. E constituía o autêntico grito de carnaval de 1940.
>
> *Tem Marmelada* juntava – fato inédito! Araci e Alda Garrido, e esta combinação invencível durou até o carnaval, pois a revista unia a crítica política e de costumes ao lançamento de músicas para os festejos momescos. A junção de Alda e Araci nunca mais se repetiria, mas existiu uma vez, para gáudio de seus fãs, ao contrário do que pensa o historiador Roberto Ruiz.[57]

Salvyano de Paiva, quando discorda de Roberto Ruiz, está-se referindo a um trecho em que este afirma:

> De Alda Garrido, Araci era amiga e admiradora entusiasta. De sua presença na plateia, em companhia de Geraldo Hudson, para assistir Alda em *Dona Xepa*, surgiu um convite totalmente inesperado para Araci. Alda convenceu-a a trabalharem juntas numa nova comédia a ser posta em ensaios. Araci aceitou. Seria a primeira vez em que atuariam juntas numa mesma peça.[58]

Nesta obra dedicada à atriz Araci Cortes, o autor transcreve detalhadamente o episódio que teria posto fim àquele que, para Ruiz, seria o primeiro trabalho de Araci e Alda juntas em um espetáculo, episódio que teria ocorrido quando Alda já tinha abandonado o teatro musicado e ocupava o Teatro Rival com sua companhia, voltada exclusivamente para a comédia. Ruiz apresenta seu relato em forma de diálogo, mas não deixa claro se esteve de fato presente na cena:

57 S.C. de Paiva, op. cit., p. 452.
58 R. Ruiz, *Araci Cortes: Linda Flor*, p. 189-190.

Começaram os ensaios no teatro Rival, da Cinelândia carioca. Delorges Caminha, destacado ator, era também o diretor do elenco e ocupava na ocasião, igualmente, a presidência da Casa dos Artistas.

Essa multiplicidade de ocupações conspirava contra a exatidão de seus horários e foi assim que Alda e Araci deixaram de atuar juntas.

Num dos dias de ensaio, Delorges chegou bastante atrasado para a sua tarefa. E, assim mesmo, por breves instantes, pois comunicou ao elenco reunido no palco:

– Hoje, infelizmente, não haverá ensaios. Tenho de ir ao Ministério do Trabalho representar a "casa", numa reunião com o ministro.

Araci, tranquilamente, respondeu-lhe:

– Então nós vamos ensaiar assim mesmo.

Delorges, surpreendido com a intervenção de Araci, respondeu, por sua vez:

– Absolutamente! Sem a minha presença não há ensaio. Eu sou o diretor.

No seu jeito característico, ante o silêncio dos demais integrantes da empresa, Araci voltou a fazer ouvir a voz:

– Ora, Delorges! Eu e a Alda não precisamos de diretor. Ela não segue os textos e muito menos as marcações da direção!

Delorges mudou de cor e foi incisivo:

– Hoje não haverá ensaios. Está acabado!

Araci não se deu por vencida. Olhou Alda e interrogou-a:

– Que é que você diz, Alda? Afinal você é a dona da companhia...
Alda, constrangida com o episódio inesperado, pôde apenas dizer:

– Araci, tem paciência. Eu respeito o meu diretor. Afinal eu o convidei para isto, não posso ser a primeira a dar o [mau] exemplo.
Araci, a estrela tida como de temperamento difícil, mais uma vez demonstrava seu espírito forte e autoritário.

Levantando-se de onde estava, pegou a bolsa e limitou-se a um:

– Está bem, Alda! Muito obrigado [sic] pela lembrança. Até outra vez em que um diretor, de quem não preciso, deixe de mandar na sua companhia! Nós não precisamos de diretor para ensaiar!

> E foi embora. Frustrou-se assim a esperada oportunidade de ver atuarem juntas duas das maiores figuras femininas do nosso teatro popular e que várias vezes estiveram a ponto de fazê-lo.[59]

Mas Salvyano de Paiva estava certo. Roberto Ruiz equivocou-se, pois Alda e Araci haviam, sim, atuado juntas em *Tem Marmelada*. Em 28 de dezembro de 1939, a coluna "Theatros" do jornal *Correio da Manhã* preparava o público para a estreia do dia seguinte:

> A sensacional estreia de *Tem Marmelada* amanhã no Recreio com Araci Cortes e Alda Garrido – Carlos Bittencourt e Cardoso de Menezes vão apresentar a revista *Tem Marmelada* que é o grito de Carnaval de 1940 nos palcos cariocas. A revista, ao contrário do que se pensa, não é somente carnavalesca, mas é também uma peça de críticas esportivas e de atualidade que alcançarão sucesso, devendo lançar as mais conhecidas músicas carnavalescas, algumas inéditas. Araci Cortes tem vários sambas de êxito e algumas marchas bonitas, além de um *sketch* interessante onde ela criará uma mulata notável. Alda Garrido fará uma excêntrica e vários papéis ao seu feitio. Affonso Stuart fará um *compère*, o Lero-Lero, um tipo original e engraçado.[60]

No dia da estreia, o anúncio do Teatro Recreio alardeava: "Alda Garrido e Araci Cortes – Pela 1ª vez juntas!"[61] A seção "Notas e Notícias" da coluna confirmava a expectativa: "A *première* desta noite tem uma novidade inédita na vida do teatro popular – a atuação junta pela primeira vez das duas maiores estrelas do teatro musicado no Brasil, Alda Garrido e Araci Cortes"[62]. E no dia 3 de janeiro, a crítica do espetáculo é publicada na seção "Primeiras" da coluna de teatro:

> Depois da revista de Luiz Peixoto e Gilberto de Andrade, temos agora no Recreio uma peça carnavalesca. Aumenta o interesse dessa

59 Ibidem, p. 190.
60 *Correio da Manhã*, 28 dez. 1939, p. 8.
61 *Correio da Manhã*, 29 dez. 1939, p. 9.
62 Ibidem, p. 8.

> representação o fato de tomar parte no espetáculo a popular estrela Araci Cortes, que há algum tempo não aparecia e cuja volta à cena foi recebida com alegria pelos seus numerosos admiradores. [...] Além de Araci, os outros elementos da companhia trazem também o seu concurso para o realce da representação, a começar por Alda Garrido, atriz de um outro gênero que Araci, mas que, em sua especialidade, pode-se igualmente considerar sem par no nosso teatro ligeiro. [...] Mas o forte da revista é mesmo sua feição carnavalesca, às proximidades de serem iniciados os festejos de Momo do ano recém-iniciado.[63]

Alda Garrido ainda frequentará os palcos de revista até os primeiros anos da década de 1940. Sempre acompanhada de Américo Garrido, de quem se desquitara na década anterior, mas com quem continuava partilhando os assuntos teatrais e empresariais, Alda, em 1941, atuará na revista *Brasil Pandeiro*, de Freire Jr. e Luiz Peixoto, música de Assis Valente, que estreou em 27 de junho no Teatro João Caetano. Esta revista "tentava o caminho da *féerie* sem abdicar do *chiste* em que Alda era perita"[64]. Para Salvyano de Paiva, o quadro em que o corpo de *girls* aparecia dançando as coreografias, "todas trajando sumários uniformes de escoteiros em homenagem a Baden-Powell e o escotismo"[65], foi o momento mais comprometido com a linha feérica, entre os dois atos e trinta quadros de *Brasil Pandeiro*, espetáculo que se sobressaiu no panorama teatral daquele ano:

> O êxito de *Brasil Pandeiro*, que chegou às 115 representações até o dia 13 de agosto, significava um reaquecimento surpreendente do teatro-revista; e naquele angustiante ano de temores e dúvidas sobre o destino do mundo entregue a uma guerra envolvendo meio mundo, traduzia um sinal de otimismo benfazejo.[66]

63 *Correio da Manhã*, 3 jan. 1940, p. 8.
64 S.C. de Paiva, op. cit., p. 472.
65 Ibidem, p. 473.
66 Ibidem.

Um deslocamento do eixo em torno do qual efervescia a atividade teatral já se fazia sentir:

> A grã-finada, a ter de deslocar-se até uma parte do centro da cidade que começava a se deteriorar, preferia frequentar os *shows* dos cassinos localizados na Zona Sul. Mais bem-sucedida foi a Companhia de Alda Garrido, cujo espetáculo, continuando a temporada de 1941, conservou lotações esgotadas no Teatro João Caetano, de 14 de agosto a 17 de setembro. *Silêncio, Rio!*, de Freire Jr., apoiava, em sua cena principal, a campanha contra os ruídos que começavam a transformar o Rio de Janeiro na cidade mais barulhenta do planeta – campanha levada a efeito pelo jornal *Correio da Manhã*.[67]

Como curiosidade especial, o espetáculo *Silêncio, Rio!* homenageava a própria estrela da companhia:

> Numa cortina irresistível, cinco estrelas célebres eram imitadas: Araci Cortes por Pedro Dias, Dulcina de Morais por Humberto Freddy, Bibi Ferreira por Paulo Brás, Beatriz Costa pelo saxofonista e cantor Ratinho e a própria Alda Garrido pelo cantor e compositor Jararaca.[68]

Ainda nessa temporada no Teatro João Caetano, de 18 de setembro a 15 de outubro, Alda Garrido apresentou-se em *Boa Vizinhança*, de Rubem Gill e Alfredo Breda, que, segundo Salvyano de Paiva, foi mais um triunfo de crítica e público[69]. A companhia fechou o ano com *Chave de Ouro*, de Freire Jr., que, ironicamente, não obteve o mesmo sucesso que as demais daquela "gloriosa temporada de 1941", e cumpriu uma curta temporada, de 16 a 26 de outubro[70].

67 Ibidem, p. 475.
68 Ibidem.
69 Ibidem, p. 476.
70 Ibidem, p. 477.

Apoteose e Mutação

Os últimos espetáculos do gênero, de que Alda toma parte, têm lugar também no Teatro João Caetano, na companhia de revistas cujas estrelas são Jararaca & Ratinho, em 1946. Depois da temporada de *Que Rei Sou Eu?*, de Luiz Iglézias e Freire Jr., que conquistou a marca de mais de 150 representações em dois meses e meio, Alda Garrido sai da companhia[71]. Tendo já alcançado a idade de cinquenta anos, Alda fecha o ciclo não só das revistas, mas do teatro musicado de modo geral, afastando-se do gênero no gozo de glória plena.

Em excursão a Poços de Caldas (MG), em cujo cassino apresentou-se, Alda Garrido conheceu o empresário Vivaldi Leite Ribeiro[72], que, entre muitos outros empreendimentos, era proprietário do Teatro Rival, do Rio de Janeiro. O capitalista a convidou para ocupar aquele teatro[73]. E Alda Garrido aceitaria então levar sua companhia para a sala em que atuaria por quase vinte anos, praticamente até o final de sua carreira em 1965. Dedicando-se à comédia, foi no Rival que viveu um de seus maiores sucessos: *Dona Xepa*.

71 Ibidem, p. 511-512.

72 Empresário mineiro (nascido em 4 fev. 1882, em Itajubá – MG), segundo o *Guia Virtual de Itajubá*: "Esta personalidade foi o mais arrojado empresário de que se tem conhecimento na História de Itajubá. De simples e modesto balconista se tornou grande capitalista, um dos mais abastados empreendedores do Rio de Janeiro. Depois de ter sido empregado de um armazém, associou-se a Nicanor Pereira numa firma comercial que cuidava de exportação de galinhas. Chegou a fazer parte da tradicional Casa Dias. Prosperou com honestidade. Foi para o Rio de Janeiro, onde viria a crescer financeiramente e fazer-se notado. Estabeleceu-se na Capital Federal de então com a Companhia Mercantil Brasileira, que ele transformou logo depois em Companhia Industrial e Mercantil, e montou a famosa Casa Vivaldi. Foi nomeado Diretor da Carteira Comercial do Banco do Brasil. Por aqui, em sua terra, também esteve ligado à Cia. Industrial Sul-Mineira de Eletricidade. Foi o pioneiro de prédios altos na urbe carioca, investindo em elevadas construções. Os quatro primeiros arranha-céus do Rio de Janeiro, que foram o 'Odeon', o 'Capitólio', o 'Império' e o 'Glória', foram idealizados por ele, e foi ele o proprietário de um desses prédios. E dele foi ainda, no Rio, o luxuoso Hotel 'Itajubá', na Cinelândia. Mesmo tornando-se um Creso, não se esqueceu de sua terra natal, e foi benfeitor de algumas instituições de Itajubá."

73 P. de Moraes, "A Volta" de Alda Garrido para o "Palco das Recordações", *Gazeta de Teresópolis*, 30 abr. 1998.

Fig. 12: Foto de divulgação de *Brasil Pandeiro*. Acervo: Cedoc – Funarte.

Fig. 11: Foto de divulgação de *Brasil Pandeiro* para o jornal *Correio da Manhã*. Acervo: Arquivo Nacional.

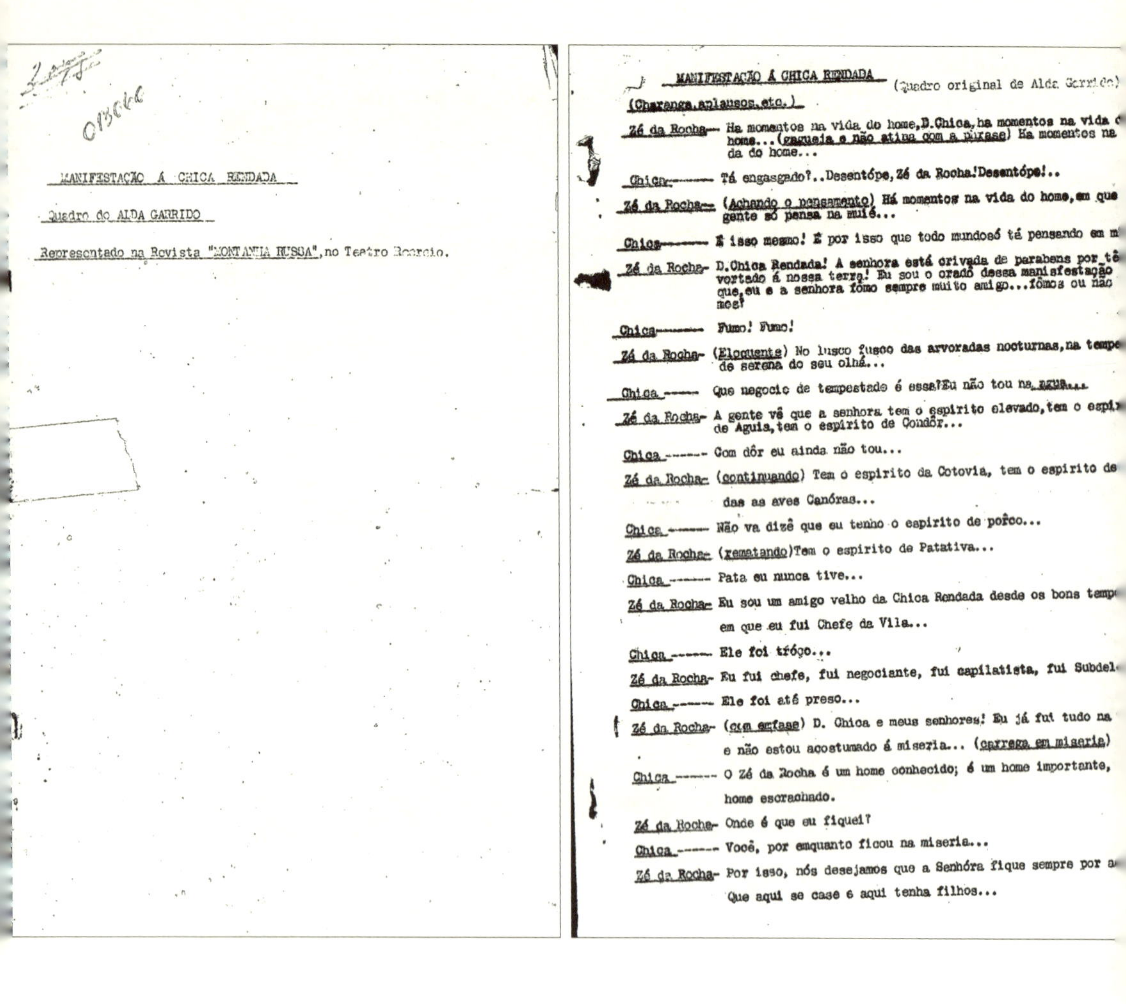

MANIFESTAÇÃO Á CHICA RENDADA

Quadro do ALDA GARRIDO

Representado na Revista "MONTANHA RUSSA", no Teatro Recreio.

MANIFESTAÇÃO Á CHICA RENDADA (Quadro original de Alda Garrido)

(Charanga, aplausos, etc.)

Zé da Rocha— Ha momentos na vida do home, D. Chica, ha momentos na vida do home... (gagueja e não atina com a phrase) Ha momentos na vida do home...

Chica— Tá engasgado?.. Desentópe, Zé da Rocha! Desentópe!..

Zé da Rocha— (Achando o pensamento) Há momentos na vida do home, em que gente só pensa na muié...

Chica— É isso mesmo! É por isso que todo mundo só tá pensando em m

Zé da Rocha- D. Chica Rendada! A senhora está crivada de parabens por tê vortado á nossa terra! Eu sou o oradô dessa manisfestação que, eu e a senhora fômo sempre muito amigo... fômos ou não mos?

Chica— Fumo! Fumo!

Zé da Rocha- (Eloquente) No lusco fusco das arvoradas nocturnas, na tempe de serena do seu olhá...

Chica— Que negocio de tempestade é essa? Eu não tou na azua...

Zé da Rocha- A gente vê que a senhora tem o espirito elevado, tem o espi de Aguia, tem o espirito de Condôr...

Chica— Com dôr eu ainda não tou...

Zé da Rocha- (continuando) Tem o espirito da Cotovia, tem o espirito de das as aves Canóras...

Chica— Não va dizê que eu tenho o espirito de porco...

Zé da Rocha- (rematando) Tem o espirito de Patativa...

Chica— Pata eu nunca tive...

Zé da Rocha- Eu sou um amigo velho da Chica Rendada desde os bons temp em que eu fui Chefe da Vila...

Chica— Ele foi trôço...

Zé da Rocha- Eu fui chefe, fui negociante, fui capilatista, fui Subdel

Chica— Ele foi até preso...

Zé da Rocha- (com emfase) D. Chica e meus senhores! Eu já fui tudo na e não estou acostumado á miseria... (carrega em miseria)

Chica— O Zé da Rocha é um home conhecido; é um home importante, home escrachado.

Zé da Rocha- Onde é que eu fiquei?

Chica— Você, por emquanto ficou na miseria...

Zé da Rocha- Por isso, nós desejamos que a Senhóra fique sempre por a Que aqui se case e aqui tenha filhos...

Fig. 13a: Quadro *Manifestação a Chica Rendada*, de Alda Garrido (página 1 de 4). Escrito para a revista *Montanha Russa*, o texto revela uma comicidade que reside na palavra, por meio de trocadilhos, e mostra ainda a triangulação do diálogo que se direciona também ao público.
Fig. 13b: Quadro *Manifestação a Chica Rendada*, de Alda Garrido (página 2 de 4)

\- 2 -

hica------ Longe vá o seu agouro...

é da Rocha-Para bem do pôvo e felicidade nóssa...

hica ------Peço a palavra!

Eu peço á palavra só pra mostrá que eu sou muié de palavra...

Eu disse a todo mundo que eu cá viria e cavim... Vio só? Cátou

é da Rocha-Já cá tá...

hica ------Em creança eu lá tive e os meus amigos véio tudo lá tão

é da Rocha-Té tudo ahi!...

hica------ Eu agardeço as palavras do Zé da Rocha, esse home que nunca té ve desejo de fortuna, nunca tevê desejo de posição, que não deseja nada que é dos outro, porque ele é mesmo um home indesejave...

é da Rocha-Muito obrigado!

hica ----- Não tem nada que agardecê...

Esse home que agazaia todo mundo debaixo das suas aza (com perdão da palavra) Esse home que hospéda todo mundo na sua casa... tanto que a casa dele é uma verdadeira hospedaria

é da Rocha-Oh! D. Chica! Por quem é...

hica ----- Cavaeiro de arta róda, que foi dono de todas as fabricá da Vila o maió cavaeiro de Industria...
Um home que fêz os maió amioramento da Vila...que construio todos os predios: começou pela cadeia e acabou no hospicio...

é da Rocha-São bondades...

hica ----- E que ainda há poucos dias foi convidado a inagurá uma Maternidade...

é da Rocha-O cimiterio eu inaugurei o ano passado...

hica ------Um cemiterio que tem todo conforto...

é da Rocha-Tem jardim na frente...

hica ----- Tem até ar refrigerado

é da Rocha-Ela é tão querida que aqui nesta sala tem 800 home pra vê ela..

hica ----- Muito obrigado pelas homenage...
Eu quero agradecê a hospitalidade desse povô cheio de qualidade, desse povô cheio de hypocresia. Desse povo que se interessa pelo progresso...desse pôve intereceiro, desse pôve antropofago, desse pôvo alegre que salta e que ri, que ri e que salta...pôvo de salteadores...Esse pôvo que pissue duas bondades unica, porque quasi todo o mundo é bandido...Desse pôvo siscélso, desse pôvo sis-celente, desse pôvo sis crévo...

\-3-

Zé da Rocha- Nós esperamo que a senhora estenda o manto da sua proteção sobre todo o pôvo da Vila...

Chica------- Pra protegê êsse pôvo não é preciso pedi! Eu sou socia da Sociedade Protetora dos Animaes!

(Muitos aplausos)

Fig. 13c: Quadro *Manifestação a Chica Rendada*, de Alda Garrido (página 3 de 4)
Fig. 13d: Quadro *Manifestação a Chica Rendada*, de Alda Garrido (página 4 de 4)

4. Na Comédia

Se Alda mereceu a medalha de ouro da Crítica Teatral por sua interpretação na Madame Sans Gêne, *na* Dona Xepa *merece duas medalhas.*

Bibi Ferreira, apud A.C. Ouvindo as Artistas de Teatro, *Gazeta de Notícias.*

Alda Garrido ocupou o teatro Rival, no Rio de Janeiro, com sua companhia, desde meados da década de 1940, apresentando sua nova face: distanciada do teatro musicado, a atriz passou a atuar principalmente em comédias. Algumas peças destacam-se nesse repertório, entre as quais figuram certamente *Se o Guilherme Fosse Vivo*, de Carlos Llopis e *Madame Sans Gêne*, de Victorien Sardou e Émile Moreau, que deu a Alda Garrido "a medalha de ouro de 1952 'como melhor atriz do ano'"[1]. Mas nenhuma superou o fenômeno *Dona Xepa* que esteve em cartaz entre os anos de 1953 e 1954, atingindo mais de quinhentas representações.

A Sbat publicou o texto de *Dona Xepa*, comédia de Pedro Bloch[2]. O primeiro dos três atos da peça apresenta as personagens. Quando o

1 Cf. *Jornal do Brasil*, 13 mar. 1953, p. 8. Os textos do jornal podem ser consultados no *News Archive*.

2 P. Bloch, "Dona Xepa", *Revista de Teatro da Sbat*, n. 303. Com chamada de capa para a publicação do texto da peça, o número apresenta fotos de Alda Garrido trajada como Xepa, na capa e na quarta capa, e mais fotos de cena e de ensaio na última contracapa.

pano se abre, vê-se a sala de uma casa de vila muito simples, onde vivem Xepa e seus dois filhos: Édison, jovem cientista cujo nome homenageia o grande inventor norte-americano, e Rosália, formada em Direito e aspirante à alta sociedade. Em cena está Édison, pelejando com um aparelho estranho, acompanhado de sua namorada, Hilda, moça humilde do bairro. Acabrunhado pelo fantasma do pai – inventor frustrado que abandonou a família e fugiu, não tendo jamais logrado sucesso em suas engenhocas (um relógio que não funciona e um alarme que não serve para nada) –, Édison, que estudou nos Estados Unidos, não consegue fazer o aparelho funcionar: "a tal *válvula isocrônica* não sai". Hilda o apoia e encoraja, embora tema que, quando Édison acertar com a tal válvula, esqueça-se dela. Volta e meia, a cena é cortada pela intervenção de Guiomar, vizinha que entra na casa a todo instante para usar o telefone emprestado. Angelo Fracalanza, velho italiano, dono de pizzaria, também morador da vila, entra à procura de sua amiga Xepa. Muito desgostoso de seu filho Giuseppe, chamado por todos de José, que, "ao invés de trabalhar", só quer saber de futebol, o italiano queixa-se do "vagabondo", que é apaixonado por Rosália. Ouve-se então a voz de Xepa, que vem da rua, aos berros, discutindo com vizinhos:

> Vem entrando com Camila. Xepa é uma criatura sem papas na língua. Vem trajando uma roupa de mau gosto e com uma bolsa que não combina. Está de salto alto. Ao entrar, pra começo de conversa, enquanto fala tira os sapatos apoiando um pé no outro e com o próprio pé atira-os para longe. Camila é uma criatura de idade indefinida. É o "amen" de Xepa. Desamparada, sem família, sem ninguém, aprova sempre o que Xepa faz ou diz.[3]

Xepa é uma mulher batalhadora e generosa que faz de tudo para que os filhos "subam na vida" e não se importa de sustentá-los até que alcancem seus objetivos. Por ser sitiante e feirante, recebeu da

3 P. Bloch, op. cit., p. 6.

vizinhança esse apelido – seu nome é, na verdade, Carlota –, o que muito envergonha Rosália, que pretende "fisgar" um diplomata. A filha, antipática e bem vestida, entra também, chegando do trabalho, mas pouco fica com os demais: ironiza a pesquisa do irmão, irrita-se com o jeito escandaloso de Xepa, e vai para o quarto, revoltada com a pobreza da família. Mas antes do final do ato, sempre entrecortado pelas entradas e saídas de Guiomar para falar ao telefone com as mais variadas pessoas sobre os mais fúteis assuntos, Édison recebe um telefonema de Nova York: "eles" querem examinar o seu invento. Exultante, sai para chamar o Professor, para que avalie o estágio de seu invento, e este conclui que somente quando se conseguir a "isocrônica" estará tudo resolvido. Nesse meio tempo, entra José, que veio buscar Rosália para juntos irem a um baile, e aproveita para mostrar a matéria de jornal em que foi citado, porque fora chamado para jogar futebol em um time grande. Um pandeiro do lado de fora começa a se ouvir. Junto com muitas gargalhadas. É o pessoal da vila debochando de Xepa por causa do malfadado invento do filho. Um dos vizinhos fez até um samba para gozar do tal aparelho. Xepa esbraveja pela janela, Rosália desiste de sair com José, Édison sente-se humilhado. Xepa termina o ato arrasada, em prantos.

No segundo ato, toda a família de Xepa está mobilizada para o evento que homenageará Édison por seu aparelho, onde o inventor poderá conseguir o financiamento para finalizá-lo. Hilda e José, cada um a seu tempo, aparecem arrumados para a festa, porque Xepa os convidou. Mas são recebidos por Rosália que os humilha, e os convence a não ir, pois não estão à altura das pessoas que estarão lá. Xepa, que se havia empetecado toda para a festa, com, digamos, apuro exagerado, é também desencorajada pela filha a comparecer à solenidade, com a argumentação de que prejudicaria o filho visto não saber se comportar na alta sociedade. Até Angelo chega vestido a rigor, mas Édison e Rosália já saíram, e Xepa dá um jeito de disfarçar, negando que o tenha convidado para a festa. Angelo e Xepa entram em uma querela quando cada um exalta mentirosamente os próprios filhos, numa disputa em que tentam escamotear um para o outro a realidade. José, no entanto, aparece para dar ao pai uma parte de seu primeiro pagamento como jogador de futebol, o que torna Angelo vitorioso da peleja. Xepa ainda tem a expectativa de que Édison se arrependa e volte para buscá-la para a festa. Édison volta realmente, mas porque tinha esquecido um papel, e vai novamente embora sem ao menos falar com Xepa, que já não se aguenta e, trêmula, cai em prantos novamente. E assim termina o segundo ato.

O terceiro ato inicia na nova casa da família de Xepa. Gozando de luxo, graças aos lucros que os investidores esperam obter do invento de Édison, Xepa agora frequenta a alta sociedade, faz aula de etiqueta e usa termos em francês, ao seu modo. Enquanto nos dois primeiros atos a comicidade está localizada nos discursos de Xepa e Angelo ao usar equivocadamente palavras e conceitos científicos para se referir ao aparelho, nesse início do terceiro, o linguajar canhestro da nova rica que quer se fazer passar por *chic* é o recurso cômico principal: se antes as personagens confundiam as palavras trocando isocrônica por sinfônica, eletrônica por ortofônica, molécula por moleca, agora, além dos equívocos de Xepa para falar bonito de assuntos que não domina, chamando a *Patética* (de Beethoven) de "Protética", as *Bachianas* (de Villa-Lobos) de "Bacanas", e o próprio Villa-Lobos de "Vilas-Diogo", há também a pronúncia errada da língua francesa, que Xepa se esforça para falar. Isto é, apesar de os modos esdrúxulos de se vestir e comportar da personagem Xepa participarem como elementos cômicos, o centro da comicidade reside na palavra, pelo uso do trocadilho, sobretudo. Neste ato, Xepa aparece bem vestida, assim como Camila, sua fiel companheira, que agora é quem atende o telefone da nova residência: "– Alô! Casa de Madame Losano." Enquanto Xepa conversa com uma nova amiga da alta sociedade ao telefone, Angelo irrompe a cena com um jornal na mão, ansioso para que Xepa o leia, mas, ocupada com as novas atividades, ela não o lê e pede que Angelo espere na sala ao lado, enquanto receberá Manfredo, o diplomata pretendente à mão de Rosália. Depois de aceito o seu pedido de casamento, Manfredo sai, e Xepa toma enfim conhecimento do que está estampado nos jornais: o invento de Édison será amplamente utilizado em armas de guerra. Xepa

Fig. 14: *Dona Xepa*. Em cena: Lucy Costa (Camila), Alda Garrido (Xepa), Vicente Marchelli (Angelo), Glauce Rocha (Hilda), Milton Moraes (Édison). Acervo: Cedoc – Funarte.

Fig. 15: *Dona Xepa*: Milton Moraes, Alda Garrido e Samaritana Santos (Rosália). Acervo: Cedoc – Funarte.

Fig. 16: *Dona Xepa*: Alda Garrido. Acervo: Cedoc – Funarte.

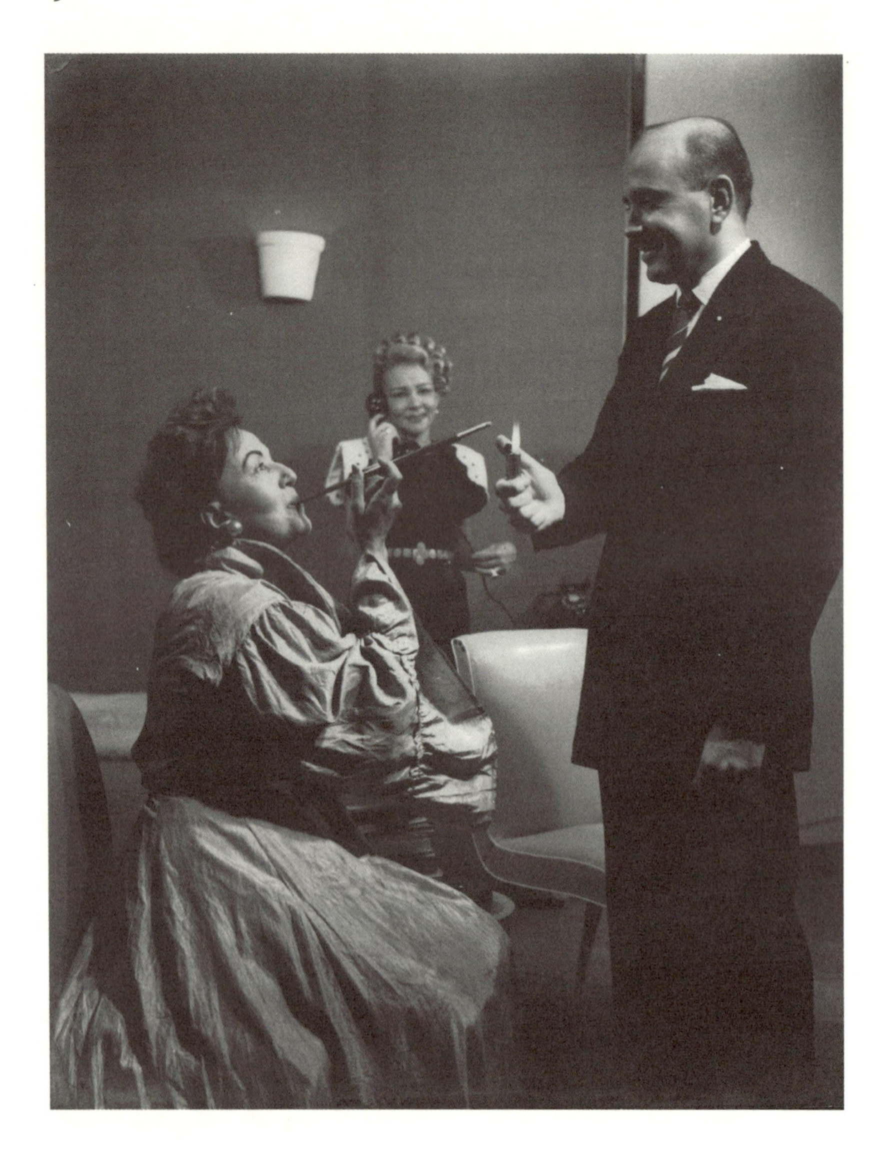

Fig. 17: *Dona Xepa*. Alda Garrido, Lucy Costa e Geraldo Gamboa (Manfredo). Acervo: Cedoc – Funarte.

Fig. 18: *Dona Xepa*. Milton Moraes, Alda Garrido, Vicente Marchelli e Samaritana Santos. Acervo: Cedoc – Funarte.

então, sob protestos de Rosália, tratará de convencer Édison a desistir de tudo, pois o dinheiro não pode comprar sua integridade moral. E a peça termina com mãe e filho retornando à vila em que viviam.

O espetáculo estreou a 13 de março de 1953. A crítica de Mário Nunes, publicada no *Jornal do Brasil* no dia 17 expõe suas impressões sobre o texto:

> Convicto, porém, de que o talento histriônico de Alda é polimorfo como o seu, [Pedro Bloch] deu à criatura que tem o feitio de uma ignorante frívola uma alma que a sublimidade do amor materno revela para lhe dar a dolorosa consciência da sua insensatez e da sua mediocridade. Sofre então essas dores sem consolo nem remédio e que ninguém atenta ou olha com indiferença, e que são, talvez, as mais pungentes e cruéis. Só uma artista de mérito invulgar pode viver esses instantes transmitindo-os, com exatidão, à compreensão do público, e Alda o consegue plenamente.
> Há, na peça de Bloch, um outro sentido que não o de divertir e comover – há o que já vínhamos observando em outras produções suas, o sabor de um apostolado – o apostolado do homem bom.[4]

Nunes elogia todos os atores. E "louva" Mario Brasini, o diretor, "pela maneira expressiva por que colocou e movimentou todas as figuras, e os cenários excelentes de Darcy Evangelista"[5]. A Alda Garrido reserva um comentário especial:

> Alda admirável em tudo: parece absurdo afirmar que progride, atriz já feita como de há muito é, para quem a arte de representar já não tem segredo, mas se não progride evolui, adota novos feitios, universaliza-se. Engraçadíssima como há decênios a conhecemos, agora se deixa empolgar pela emoção, mas não o faz representando, fá-lo sentindo. Foi enormemente aplaudida.[6]

4 *Jornal do Brasil*, 17 mar. 1953, p. 2.
5 Ibidem.
6 Ibidem.

Alda Garrido colheu muitos louros com a temporada tão bem-sucedida do espetáculo, cuja excepcionalidade muito impressionava a opinião geral. Ao completar seis meses de cartaz, a *Folha Carioca* registrava o feito inusitado:

> Um verdadeiro acontecimento na temporada teatral deste ano é a carreira da comédia de Pedro Bloch, *Dona Xepa*, que acaba de entrar no seu sexto mês de cartaz no Teatro Rival e mantendo até agora altos *bordereaux*, seguramente os maiores do nosso teatro de comédia. Alda Garrido, já vitoriosa em 1952 com a tradução de *Madame Sans Gêne*, que permaneceu em cena durante toda a temporada, vê o mesmo êxito se repetir em 1953, pois *Dona Xepa* só deixará o Rival em fins de setembro, quando a companhia embarcará para Portugal.[7]

E quando setembro chegou, o sucesso da peça permanecia, e o projeto de levá-la a Portugal confirmava-se. A revista semanal *A Cena Muda* colocava então a seguinte legenda para uma foto de divulgação de Alda Garrido em *Dona Xepa*:

> A extraordinária Alda Garrido, em *Dona Xepa*, de Pedro Bloch, peça que bateu todos os recordes de bilheteria na atual temporada teatral, registrando sucessivas lotações esgotadas, e que sai do cartaz, ainda com toda a força de atração popular, para uma temporada em Portugal. Alda Garrido e sua companhia, embarcam no próximo dia 12, pelo navio "Ana C" e estrearão em Lisboa com o original de Bloch. Aliás, o público português já conhece Pedro Bloch através de sua peça *Irene* que Dulcina apresentou. Entre as peças incluídas no repertório de Alda Garrido devem ser representadas em Portugal: *Madame Sans Gêne* e *Se o Guilherme Fosse Vivo*, ambas grandes sucessos populares em temporadas passadas. Vale a pena registrar, também, que além da conhecida atriz e empresária, seguirão para Lisboa o autor e o cenógrafo de *Dona Xepa*, respectivamente, os

7 *Folha Carioca*, 6 ago. 1953.

> drs. Pedro Bloch e Darcy Evangelista, que nas horas vagas exercem a medicina...[8]

De fato, a peça interrompeu a temporada no Rival, mesmo estando ainda no auge do sucesso, com fôlego para permanecer no cartaz, para realizar uma excursão a Portugal, que foi preparada por Américo Garrido:

> Fomos ouvi-la, ontem, pouco antes de começar, à noite, a exibição de *Dona Xepa*, no Rival, comédia de Pedro Bloch, e que está alcançando um êxito fora do comum, na interpretação daquela popular vedeta e comediante. [...] Alda Garrido nutre, hoje, um belo sonho: ir, com os seus artistas, a Portugal, já havendo Américo Garrido, anteontem, seguido para Lisboa, a fim de entrar em negociações nesse intuito de mais aproximação entre Portugal e o Brasil.[9]

O *Diário de Notícias*, de Lisboa, já lançava uma nota, parte de uma extensa série, que preparava a visita da companhia de Alda Garrido à cidade:

> Esboça-se um movimento, no Brasil, para premiar com a medalha de ouro de melhor atriz de 1953, a Alda Garrido, intérprete de *Dona Xepa*, a comédia de Pedro Bloch que há seis meses ocupa o cartaz do Teatro Rival do Rio de Janeiro.
> No ano passado Alda Garrido já conquistou a medalha de ouro da Associação Brasileira de Críticos Teatrais. Em 51 Pedro Bloch obteve o mesmo prêmio como melhor autor.[10]

8 *A Cena Muda*, v. 33, n. 36, 02 set. 1953, p. 26. Disponível na *Biblioteca Digital das Artes do Espetáculo, do Museu Lasar Segall.*

9 A.C., Ouvindo as Artistas de Teatro, *Gazeta de Notícias*, 24 maio 1953, p. 7.

10 *Diário de Notícias*, 21 ago. 1953, p. 4.

Dona Xepa Vai a Lisboa

Alda Garrido aportou com sua companhia em Portugal, em setembro de 1953, levando na bagagem cinco espetáculos: além de *Dona Xepa*; *Se o Guilherme Fosse Vivo*; *Tia Faustina*; *Toma, Que o Filho é Teu...*; e *Madame Sans Gêne*. Os maiores jornais lisboetas – *Diário de Notícias* e *O Século*[11] – anunciavam desde agosto a temporada de Alda Garrido, dando a cada dia novas informações sobre a companhia, o repertório, os artistas:

> Está já organizada a companhia teatral que irá a Portugal em outubro próximo, sob a direção da grande artista Alda Garrido. É constituída pelos seguintes elementos: Glauce Rocha, Vanda [Wanda] Cosmo, Argentina Della Torre, Lucy Costa, Adelia [Adelina] Iório, Vicente Marchelli, Milton Morais, Ilídio Costa, Luis Pinho e Geraldo Gamboa; maquinista, Lino Fernandes; contrarregra, Mario Figueiredo; assistente, Neici Deiros; cenógrafo, Darci Evangelista. Seguirão ainda o empresário Américo Garrido, o grande dramaturgo Pedro Bloch e as senhoras Miriam Bloch e Eunice Evangelista.[12]

Ao mesmo tempo, traçavam um panorama do cenário teatral português que Alda encontraria. Em fins de agosto, a coluna "Teatros" do jornal *O Século* – que incluía os informes sobre os circos – anunciava que, no Avenida, teatro que Alda ocuparia, *Agora Que São Elas*, "a revista das multidões", continuava em pleno êxito[13]. Única revista em cartaz, era "sem dúvida alguma um espetáculo de aconselhar a toda a gente"[14]. Já o Teatro Monumental abrigava *Ela Não Gostava do Patrão*:

> Pode dizer-se mesmo que é a primeira grande vitória do teatro alegre sobre o cinema ligeiro. Em pleno verão, esta hilariante comédia

11 Ambos foram consultados no acervo da Biblioteca Nacional de Portugal, em Lisboa.
12 *Diário de Notícias*, 1º ago. 1953, p. 6.
13 *O Século*, 26 ago. 1953, p. 4.
14 *O Século*, 28 ago. 1953, p. 4.

> mantém-se, firmemente, no cartaz, proporcionando a Laura Alves, Assis Pacheco, Santos Carvalho, Teresa Gomes, ao lado de outros grandes nomes do nosso teatro, momentos inesquecíveis na sua carreira de altos comediantes.
>
> *Ela Não Gostava do Patrão*, no Teatro Monumental, o lugar onde a sociedade e o povo juntam as suas palmas e gargalhadas.[15]

Esses espetáculos eram dos poucos cartazes de agosto, época em que o teatro entra em recesso de verão na Europa. O *Diário de Notícias* lamentava, porém, a falta de planejamento dos produtores teatrais patrícios:

> A mês e meio de outubro, ou seja, do início da nova temporada teatral, ainda nada se sabe ao certo de como os nossos teatros irão funcionar. Teremos realmente empresários, companhias, peças, em suma, teatros que abram e onde se represente? Se a existência dum teatro se tem de traduzir pela existência da organização teatral, a falta dessa organização, com todas as características de solidez que permite a continuidade, de previsão que estabelece a escolha, da especialização que cria a diversidade – é a primeira de todas as provas a ter em conta quanto à carência de teatro.
>
> Não procuraremos aqui esquadrinhar as causas. Seria como que fazer história e história que, por vir de longe, se tornou vasta e complexa. Bastará a menção de fatos que, pela sua evidência, e sendo de hoje, definam com nitidez a posição em que o teatro entre nós se encontra. Tal como o vemos... ou como o não vemos.
>
> Se a simples citação da enfermidade chega às vezes para sugerir algum processo de cura, a isso iremos. E como nisto de previsão duma época, de constituição de companhias, de diferenciação de gêneros, de garantia de repertórios, nada há por enquanto a assinalar, veremos amanhã o que se passa bem perto de nós: em Espanha.
>
> Os bons exemplos foram sempre dignos de se tomar em conta.[16]

15 *Diário de Notícias*, 15 ago. 1953.
16 A Nova Época Teatral, *Diário de Notícias*, 19 ago. 1953.

E, no dia seguinte, o jornal deu sequência aos comentários da véspera, apresentando matéria sobre a Espanha, país que, volta e meia, funciona como parâmetro referencial para Portugal:

> Assim é que, dos 22 teatros madrilenos que funcionarão na próxima temporada, sabe-se já que onze vão trabalhar com drama, comédia e farsa; cinco com revista; dois com espetáculos folclóricos; e um com circo. Significa isto que são dezenove teatros cujas empresas estudaram e asseguraram a tempo e horas os seus elencos e os seus reportorios [sic][17]

Com estreia prevista para o dia 26 de setembro, o público foi conhecendo, aos poucos, ao longo do mês, em notas diárias, além da constituição do elenco da companhia Alda Garrido (ligeiramente alterado em relação ao que atuou em *Dona Xepa* no Brasil), o repertório que seria apresentado, e aspectos da peça com que se daria a estreia, *Dona Xepa* – "a mais discutida dos últimos tempos", "de um sentido educativo, sentimental e humano", "uma história comovente pontilhada de hilaridade, de passagens pitorescas e de episódios simples da vida e dos costumes brasileiros"[18]. E claro, a estrela da companhia:

> Alda Garrido, Intérprete da Célebre Peça de Pedro Bloch *Dona Xepa*
>
> Alda Garrido é a atriz brasileira que mais público tem e que mais diverte a legião sempre crescente de seus admiradores, isto em qualquer das grandes cidades brasileiras onde tem atuado com a sua companhia. Alda Garrido, que atuou em inúmeras revistas, enveredou para a comédia, a comédia das gargalhadas, consolidando, neste gênero, a sua fama de grande atriz que o Brasil elevou ao estrelato. São extraordinários os seus êxitos. Basta dizer que com a sua interpretação na célebre peça de Pedro Bloch, *Dona Xepa*, que esteve seis

17 A Próxima Época de Teatro – Em Espanha, *Diário de Notícias*, 20 ago. 1953, p. 6.
18 *Diário de Notícias*, 18 set. 1953, p. 4.

> meses em cena, ela chamou a si a atenção de todos os empresários da América do Sul. Das muitas propostas que recebeu para levar a sua companhia a Buenos Aires, nenhuma quis aceitar por estar já comprometida para [sic] Portugal, país que ela considera a pedra de toque para a sua carreira artística.
>
> Alda Garrido apresenta-se no sábado, dia 26, no Teatro Avenida, com a peça *Dona Xepa*, em duas sessões.[19]

A publicidade paga é também diária nos dois principais jornais da cidade, que apoiam a divulgação da empresa que administra o teatro Avenida, repetindo incansavelmente as notas da produção.

No dia 24 de setembro chega, enfim, a companhia a Lisboa, o que foi amplamente noticiado pelos dois jornais, no dia seguinte:

> Chegou Ontem a
> Companhia Teatral Brasileira de Alda Garrido
>
> Por via marítima, vinda do Rio de Janeiro, chegou, ontem, a Lisboa, a companhia teatral que tem como primeira figura a atriz Alda Garrido, muito popular no Brasil, cujos palcos pisa há vinte anos, no desempenho de tipos pitorescos do interior, rábulas famosas de revistas e comédias com muitas representações.
>
> [...] O Dr. Pedro Bloch traz diplomas da Academia Brasileira de Teatro destinados a Julio Dantas e a outros autores portugueses, eleitos sócios honorários daquela instituição, e uma mensagem de Olegário Mariano, novo Embaixador do Brasil em Portugal, concebida nos seguintes termos: "A minha indicação para embaixador do Brasil em Portugal foi a concretização de um velho sonho. Eu não desejava a diplomacia em qualquer outro país. Queria ser embaixador brasileiro em Portugal, somente em Portugal. Quero ser útil aos homens de letras do Brasil e aos homens de letras de Portugal. Nós nos conhecemos muito, mas não tanto quanto desejaríamos. Quero

19 *Diário de Notícias*, 20 set. 1953, p. 7.

restabelecer contato com Julio Dantas e Egas Moniz. Partirei, se Deus quiser, no dia 9 de outubro, pelo 'Vera Cruz'. Até breve, irmãos."

Alda Garrido e os seus companheiros foram saudados no cais por empresários e artistas e muitas outras pessoas das suas relações.

[...] Conforme temos anunciado, é amanhã, sábado, que faz a sua apresentação ao público de Lisboa a aplaudida atriz genérica brasileira Alda Garrido, com a mais extraordinária comédia de Pedro Bloch, *Dona Xepa*, que esteve mais de seis meses no cartaz no Rio de Janeiro e retirou em pleno êxito pela imposição do contrato, desde há muito firmado, para a sua vinda a Portugal.[20]

Logo na chegada, Alda Garrido e sua equipe foram ao Teatro Monumental para assistir ao espetáculo *Ela Não Gostava do Patrão*:

Alda Garrido e os Seus Artistas Ouviram, Ontem, no Monumental, as Primeiras Ovações do Público Português

A atriz brasileira Alda Garrido, que amanhã se estreia no Avenida, assistiu, ontem, com a sua companhia, ao espetáculo do Teatro Monumental. Num dos intervalos foi anunciada ao público, pelo microfone, a presença dos artistas brasileiros, que se encontravam em dois camarotes.

Os artistas da companhia do Monumental, em cena aberta, e o público, de pé, aplaudiram demoradamente Alda Garrido e os seus camaradas, que, depois, foram ao palco cumprimentar Laura Alves, a quem Alda Garrido ofereceu um lindo açafate de flores e manifestou o seu entusiasmo pelo trabalho dos seus camaradas portugueses.[21]

E a nota continua a informar que, ainda no dia da chegada, Pedro Bloch e Darcy Evangelista estiveram na redação de *O Século* naquela madrugada "a apresentar cumprimentos"[22].

20 *Diário de Notícias*, 25 set. 1953, p. 6.
21 *O Século*, 25 set. 1953, p. 8.
22 Ibidem.

O texto da peça *Dona Xepa* já havia recebido, previamente, o parecer favorável da censura, assinado por dois censores (o primeiro, ilegível; o segundo, Alexandre Santos):

> *Dona Xepa*, comédia em 3 atos. Original de Pedro Bloch, para Alda Garrido (registro em 28 jul. 1953)
>
> Informação: valor literário: bom; valor dramático: bom; valor moral: aceitável.
>
> Repercussão sobre o público: não é de esperar repercussão desfavorável.
>
> Decisão: aprovação sem cortes. Prevê-se a classificação para maiores de treze anos, dependente, no entanto, do ensaio geral.
>
> Licença de Representação a Companhia Brasileira de Alda Garrido, proc. n. 4667, em 15 set. 1953.
>
> Contém 41 páginas, foram aprovadas pela Comissão de Censura. Em 16 set. 1953.
>
> Gouveia.[23]

A estreia, porém, como se poderia prever, foi adiada por dois dias, para o dia 28, "a fim de proceder a uma cuidada montagem da comédia *Dona Xepa*", como informam os dois jornais. A imprensa não cessa de publicar novas notícias, a produção permanece investindo em anúncios pagos, criando grande expectativa. Algumas vezes, os dois jornais publicam exatamente a mesma nota, com a mesma redação, deixando transparecer que se trata de texto fornecido pela produção e meramente transcrito pelos periódicos. Como acontece no dia 27, em que ambos comentam o entusiasmo com que o público português aguarda a estreia da companhia "com a célebre comédia do ilustre escritor Pedro Bloch, que a crítica americana classifica de um dos maiores homens de teatro de todos os tempos".

23 Fundo do SNI – Serviço Nacional de Informação – de Portugal, Seção: Inspeção dos Espetáculos, Serviços de Fiscalização.

No dia da estreia, o *Diário de Notícias*, publica foto e entrevista de Pedro Bloch:

O Que é a Peça Que Hoje se Estreia no Avenida, Segundo o Seu Autor

O Teatro Avenida reabre hoje as suas portas para apresentar pela primeira vez ao público português a discutida comédia *Dona Xepa*, do conhecido dramaturgo brasileiro Pedro Bloch. O ilustre homem de teatro, ouvido sobre a peça, na véspera da estreia, começou por resumir as suas impressões, declarando:

– É uma modesta comédia de costumes cariocas inspirada em figuras características do bairro de Vila Isabel, que os sambas de Noel Rosa tornaram famoso. O público português deve ver nela apenas a equivalência brasileira de uma trova do fado sofrido e sentido, rido e vivido, cantado entre sorrisos e lágrimas da gente simples.

E, gentilmente, acrescenta:

– Viemos a Lisboa sem pretensões. Não podemos ensinar o "Padre Nosso" ao vigário. Viemos como os mais humildes discípulos desta grande tradição e desta bela realidade que é a obra realizada pela gente de teatro em Portugal, para mostrar, da forma mais modesta, o pouco que aprendemos. No Brasil, Alda Garrido é adorada pelo grande público. Estou certo de que Portugal a apreciará tanto como nós. Uma peça não é obra de um homem só. Dependemos dos artistas, dos maquinistas, dos cenógrafos, dos eletricistas, de uma série de fatores. Estou grato a todos e ao cenógrafo brasileiro Dr. Darcy Evangelista, que deu o ambiente ideal à peça.

– Qual o significado do título?

– "Xepa" em gíria brasileira significa "restos", restos de feira. No caso particular, a palavra refere-se a pessoas desamparadas do amor e carinho próximo, a seres desprotegidos de sorte.

Depois de esclarecer que a comédia foi dirigida por Mario Brasini e musicada pelo maestro Rafael Baptista, Pedro Bloch diz-nos ainda:

– Lisboa é um deslumbramento para os olhos e para o estímulo. Estou tão emocionado com as provas de carinho e amizade recebidas,

> com tantas homenagens e gentilezas, que chego a pensar que todas essas demonstrações de afeto e apreço não são para mim.[24]

O Século, do mesmo modo, publica uma entrevista do autor, também com uma foto, e introduzida por uma breve biografia:

> Pedro Bloch e a Sua Comédia *Dona Xepa* Que Hoje se Estreia no Avenida
>
> Pedro Bloch é o comediógrafo mais representado no Brasil. Autor de treze peças de grande êxito, famoso pela sua *Mãos de Eurídice*, que já conta três mil representações em vários países, na interpretação de um grande número de atores, é Pedro Bloch vice-presidente da Academia Brasileira de Teatro, conselheiro da Associação de Artistas Brasileiros, medalha de ouro de melhor autor de 1951, conferida pela Associação Brasileira de Críticos Teatrais, diretor geral do PEN Clube do Brasil, cirurgião de renome, contista, cronista, romancista e tem uma obra teatral traduzida para uma dezena de idiomas, incluindo o árabe e o hebraico, e representada nos cinco continentes.[25]

No dia seguinte à estreia, os jornais enchem-se de anúncios, notas e comentários acerca do acontecimento. A publicidade paga estampa fotos de Alda Garrido e Pedro Bloch, com chamadas como: "Êxito clamoroso de Alda Garrido", "*Dona Xepa*, que o público aplaudiu ontem na sua estreia confirmando a fama que a precedia – um verdadeiro espetáculo que deve ser visto e meditado", "*Dona Xepa* revela-nos um Brasil desconhecido por muitos milhões de brasileiros, mas que existe tal como é contado e vivido pela 'Xepa' que Alda Garrido interpreta maravilhosamente"[26]. Assim também a coluna "Vida Artística" afirma:

> *Dona Xepa* é o maior acontecimento teatral dos últimos anos e o êxito da excepcional artista Alda Garrido. Foi verdadeiramente

24 *Diário de Notícias*, 28 set. 1953, p. 2.
25 *O Século*, 28 set. 1953, p. 4.
26 *Diário de Notícias*, 29 set. 1953, p. 3.

> emocionante a estreia da celebrada comédia de Pedro Bloch, *Dona Xepa*, que a companhia da extraordinária atriz brasileira Alda Garrido apresentou, ontem, neste teatro. O público aplaudiu não só uma grande artista, mas também uma obra teatral de alto nível[27].

As críticas dos dois jornais, ao mesmo tempo que exaltam a realização brasileira, lamentam o estado da arte teatral portuguesa naquele momento. O *Diário de Notícias* inicia a crítica da peça do seguinte modo:

> Avenida – Estreia da Companhia Alda Garrido em *Dona Xepa*, de Pedro Bloch – Lisboa já se habituou às temporadas de teatro brasileiro. A companhia de Alda Garrido é o quinto agrupamento que, nestes últimos anos, nos visita. Outrora os nossos artistas levavam regularmente ao Brasil o facho luminoso do teatro português. Agora o sentido dessas jornadas de arte inverteu-se. E se temos a regozijar-nos com a possibilidade de tomar contato, deste modo, com os intérpretes e autores de terras de Santa Cruz, entristece-nos verificar que a mutação se operou porque o Teatro, como realidade viva, se radicou no Brasil na mesma medida em que definha em Portugal. Se os fados não consentem o intercâmbio paralelo que Portugueses e Brasileiros desejariam – pois que venham ate nós os artistas do Rio de Janeiro. E aqui estamos, por isso, a dar a Alda Garrido os nossos cumprimentos de boas vindas.[28]

Na crítica de *O Século*, cujo tom inicial não é diferente, revela-se a impressão que a peça causou, com ressalvas semelhantes às que aparecem no *Diário de Notícias*, relativas a uma desigualdade do espetáculo, seja no estilo seja na constituição das personagens:

> Teatro Avenida – No nosso ambiente teatral, desprovido de interesse pelas fatalidades que sobre ele impendem, que não vale a pena

27 Ibidem, p. 6.
28 *Diário de Notícias*, 29 set. 1953, p. 5.

mencionar por demasiado conhecidas, a estreia da companhia brasileira de Alda Garrido constituiu um acontecimento. Todo o público que frequenta as primeiras representações lá esteve e não faltaram, também, os muitos artistas que não estão incluídos em companhias.

O espetáculo, que não pôde começar à hora, por motivos imperiosos, teve como prefácio um cumprimento do autor da peça, Pedro Bloch, que, ao mesmo tempo, fez a apresentação da artista titular deste grupo de artistas brasileiros que nos visita. E a peça começou.

Dona Xepa é um apontamento caricatural da vida da gente de terceiro plano, que vive num bairro, como nós dizemos, popular, e desenvolve-se à roda de uma invenção misteriosa, feita pelo filho de uma colareja (também como nós dizemos) de um mercado bairrista. Essa invenção, com que a fortuna sopra uma brisa de prosperidade para o modesto lar de Dona Xepa, acaba por perturbá-lo de forma a que ela e o filho têm de regressar à insignificância da sua vida anterior. O primeiro ato da peça de Pedro Bloch faz-nos crer que se trata de uma comédia de costumes e a apresentação do assunto que nele se faz, sobre interessar, logo nos prende pelo pitoresco daquela paisagem humana. O segundo ato insiste demasiadamente no tema apresentado, mas vale pelo dramatismo que permite à figura da protagonista, personagem em que o autor fixou uma atenção quase exclusiva, e que deu margem a que Alda Garrido exibisse com nitidez os seus recursos de comediante. A última jornada volta de novo à farsa que no primeiro ato se esboçou, e quer-nos parecer que há exageros escusados no desenho caricatural da Dona Xepa, tanto nos seus pontos de vista de arte aprendida à pressa como na marcação da sua personalidade, que faz lembrar as novas-ricas de há trinta anos.

Alda Garrido demonstrou, neste seu primeiro trabalho, aquele mérito que o Brasil lhe reconheceu de há muito, e que passado o primeiro período de atuação dentro de outro gênero, soube consolidar-se e apurar-se na declamação. Já a tínhamos visto no Brasil. Dizemos que a sua arte se completou. Da sua companhia, entrevista na peça de Pedro Bloch, não se pode, nesta primeira mostra, fazer um juízo seguro. Pareceu-nos bem Argentina Della Torre, na figurinha passiva

> de Hilda; gostamos de Vicente Marchelli, principalmente no primeiro ato; ficamos na retina com a elegância de Wanda Kosmo; e também não nos passou despercebida a atuação de Milton Morais. Dos outros elementos do grupo esperemos novas peças para os podermos apreciar.
>
> No final, Alda Garrido, que ao acabar o primeiro ato foi premiada com corbelhas, fez um cumprimento gentil à nossa Palmira Bastos, que assistiu ao espetáculo num camarote. E com esta retribuição de gentilezas a récita de estreia finalizou numa revoada de palmas às duas artistas. – M. S.[29]

As notas jornalísticas são de aclamação e procuram firmar o sucesso estrondoso do espetáculo. A partir da leitura do *Diário de Notícias* tem-se a nítida impressão da "conquista" de Lisboa pela companhia, cuja temporada teria sido um grande acontecimento. Ao fazer o mesmo percurso pelo jornal *O Século*, porém, instaura-se a dúvida, pois os textos são, muitas vezes, iguais aos do *Diário de Notícias*. E, uma vez percebido o teor publicitário das notas que deveriam ser informativas, a confiabilidade de seus dizeres torna-se escassa. Conferir a frequência do público nos borderôs era impossível, pois todo o arquivo do Teatro Avenida desapareceu no incêndio que destruiu a casa em 1967[30]. Já no dia 07 de outubro, os anúncios indicam a nova estreia: *Se o Guilherme Fosse Vivo*. A retirada de *Dona Xepa* do cartaz, que estaria em pleno êxito, é explicada, em ambos os jornais, pelo fato de ser grande o repertório a ser apresentado no curto prazo acordado pelo contrato para a permanência da companhia em Lisboa. Ainda que isso possa ter, de fato, determinado a duração da temporada, documentos constantes dos arquivos da censura portuguesa fornecem, no entanto, outras explicações.

No processo de liberação de *Se o Guilherme Fosse Vivo*, espetáculo que sucederia a *Dona Xepa*, aparece, primeiramente, uma carta de Giuseppe Bastos, diretor da empresa, aos censores:

29 *O Século*, 29 set. 1953, p. 8.

30 Ver o registro Teatro Avenida, CETbase *Teatro* de Portugal.

Lisboa, 8 de outubro de 1953.

A Empresa exploradora do Teatro Avenida vem muito respeitosamente solicitar a V.Exa. se digne antecipar para as 16h30 ou 17h00 o ensaio geral, para a Censura, da comédia *Se o Guilherme Fosse Vivo*, que V.Exa. tinha marcado para hoje às 18h00.

O motivo de tal pedido é o fato de, começando o ensaio às 18h00, não terem os artistas tempo para jantarem, pois têm de estar no Teatro às 20h00 para se prepararem para a 1ª sessão.

Sem outro assunto, somos com a maior consideração

De V.Exa.

Muito atenciosamente

Giuseppe Bastos[31]

A seguir, aparece o relatório dos censores:

Ensaio geral em 8 de outubro de 1953

Início do ensaio: 17h00

Censores presentes: Drs. Leite de Sampaio e Lôbo de Oliveira

Cortes efetuados pela Censura: na p. 91 foi cortada a frase "Um prato de rabada com agriões" e substituída por "Sopa de rabo de boi"; na p. 92 foi cortada a frase "E rabada enche alguém?" e substituída por "E sopa de rabo de boi enche alguém?"; na p. 10 foi cortada a frase "Um Getúlio" e substituída por "Um Camões"

Horas a que terminou o ensaio: às 19h15

Notas: autor: Carlos Llopis; tradutor: Daniel Rocha; diretor de cena e ensaiador: Américo Garrido; cenários: Lino Fernandes; espetáculo por sessões até dia 11 e inteiro a partir de 12; 1ª representação: 9/x/1953.

Lisboa, 8 de outubro de 1953. [Assina o subinspetor pouco legível; nome provável Luis A. Sant'Anna][32]

31 Fundo do SNI – Serviço Nacional de Informação – de Portugal, Seção: Inspeção dos Espetáculos, Serviços de Fiscalização.

32 Ibidem.

Todavia, há ainda outra carta de Giuseppe Bastos ao Inspetor dos Espetáculos, datada de 06 de outubro, que diz o seguinte:

> A Empresa exploradora do Teatro Avenida, vem muito respeitosamente solicitar a V.Exa. se digne autorizar que o ensaio geral de Censura da comédia *Se o Guilherme Fosse Vivo*, que junta para apreciação da Exma. Comissão de Censura, se possa realizar na próxima sexta-feira, 9 do corrente, pelas 15h00. Este pedido baseia-se na necessidade imperiosa de estrear ainda esta semana uma nova comédia, pois a que presentemente se encontra em atuação não obteve o êxito financeiro necessário para ocorrer aos enormes encargos da Companhia Brasileira, tendo, por este motivo, de ser retirada de cena o mais depressa possível.
>
> Sem outro assunto, somos com a maior consideração
> De V.Exa
> Muito respeitosamente
> Pela empresa
> Giuseppe Bastos[33]

A licença de representação, sem classificação especial, é concedida em 13 de outubro de 1953 e mostra as restrições dos censores: "Contém 103 páginas, foram aprovadas pela Comissão de Censura com cortes nas páginas números 13, 91, 92 e 101. Em 9 out. 1953. Gouveia." Além dos cortes que constam no documento do dia 8, aparece ainda este da página 13: na frase, "se me atirarem no olho, arde, eu grito!", substituiu "no olho" por "nos olhos".

Se o Guilherme Fosse Vivo estreou a 09 de outubro de 1953, quatro dias antes, portanto, da data oficial de liberação do espetáculo, substituindo *Dona Xepa*, depois de menos de duas semanas em cena. Comparando-se esse atraso nos trâmites para a liberação de *Se o Guilherme Fosse Vivo* com as providências tomadas com mais de dez dias de antecedência para a estreia de *Dona Xepa*, não é possível afirmar, de todo, se

33 Ibidem.

esta última carta de Giuseppe Bastos expõe de fato uma frequência insuficiente do público ou uma desorganização da turnê, por parte da empresa portuguesa, como afirmará a crítica em artigo que se verá adiante. E, portanto, não é possível saber se foi preciso encurtar a temporada por falta de público ou se houve falta de planejamento.

Se o Guilherme Fosse Vivo não entusiasmou a crítica, que lamentou não se ter dado sequência à apresentação de textos brasileiros. No dia seguinte à estreia, *O Século* publicou:

> Teatro Avenida – A comédia-farsa *Se o Guilherme Fosse Vivo*, que a companhia brasileira de Alda Garrido, ontem, apresentou, como segundo espetáculo da sua *tournée*, ao público de Lisboa, já era nossa conhecida na excelente adaptação feita por João Bastos, do original do comediógrafo Carlos Llopis, com o título *Quem Manda São Elas*. Vimo-la representada por Maria Matos e Vasco Santana e, na *réprise* feita ultimamente, por este mesmo artista e por Elvira Velês [Velez]. Não foi, portanto, surpresa para o público das *premières*, e isso é sempre um prejuízo que se poderia ter evitado. Não é, pois, de cabimento fazer referências ao estilo, à técnica, e ao mérito da peça. Os lisboetas conhecem demasiadamente a comediografia espanhola deste tipo, e a versão brasileira não traz novidades de pôr em relevo, a não ser a preocupação de falar mais de perto aos portugueses, com alusões a coisas nossas e incidentes de agora. Alda Garrido, dentro do seu ofício de desenhar em caricatura os tipos que servem ao seu mérito e ao seu sentido cômico, interpretou a sua "Antonina" numa figura de charge, arrancando ao público a repetição das gargalhadas que ele já tinha dado das outras vezes, nos momentos mais divertidos da farsa. Ilídio Costa, no papel feito por Vasco Santana, não pôde imiscuir-lhe do chiste do nosso grande ator. Foi discreto e mostrou bastante prática de palco. Wanda Kosmo, com a sua elegância de figurino, encarnou a "Teresinha", viva reprodução da mãe "Antonina", no seu papel de domesticadora de maridos; e Milton Morais, que desempenha o ingrato papel de "Claudio", fê-lo com acerto merecedor de palmas. Da montagem da peça, que se passa num só

> cenário, não há que dizer bem nem mal. É um quadro que serve ao episódio, e isso basta.
>
> Fechamos esta notícia formulando o desejo de que este simpático grupo brasileiro nos dê peças brasileiras e arquive as obras dos comediógrafos estrangeiros, por cá muito conhecidas e que já nos começaram a cansar. M. S.[34]

Como estava previsto, o espetáculo foi apresentado, nos dois primeiros dias, em versão reduzida, para que fosse possível realizar três sessões: uma matinê às 16h00, e duas sessões à noite, às 20h45 e às 22h45. A partir do dia 12 de outubro, em que "grandes chuvadas causaram inundações e grandes prejuízos" em Lisboa e por todo o país, passou-se a apresentá-lo em versão completa, em sessão única[35]. Embora os jornais noticiassem as inundações, paralisações de trânsito e prejuízos sérios em estabelecimentos que causou o mau tempo na área de Lisboa e nos seus arredores, a chuva copiosa que havia prejudicado inclusive as cerimônias de Fátima, os anúncios davam fé que o espetáculo arrastava multidões ao Avenida. Mas, já no dia 14 de outubro, *O Século*, assim como o *Diário de Notícias*, explicava que *Se o Guilherme Fosse Vivo* iria sair de cartaz para que a companhia pudesse apresentar todo o seu repertório e que entraria em seu lugar, em duas sessões, *A Tia Faustina*, em que "a extraordinária atriz Alda Garrido tem um dos seus melhores papéis, interpretando um tipo de caipira que vai causar verdadeira sensação"[36].

A Tia Faustina obteve êxito junto à plateia, já que o "público aplaudiu no final de cada ato, interrompendo a representação com gargalhadas constantes"[37]. O que a crítica confirma:

> Teatro Avenida – A companhia brasileira estreou ontem neste teatro uma farsa caipira da autoria de Américo Garrido, desenfastiada

34 *O Século*, 10 out. 1953, p. 8.
35 *O Século*, 12 out. 1953, p. 1, 3 e 5.
36 *O Século*, 14 out. 1953, p. 4.
37 *O Século*, 17 out. 1953, p. 4.

> composição teatral, cuja ideia predominante é a de divertir uma assistência moderna, que não exija largos momentos de reflexão nem se queira enfronhar demasiadamente em problemas de psicologia. E, como o público riu fartamente durante o espetáculo, o alvo foi atingido e Alda Garrido, com seu talento histriônico, sobejou para interpretar aquela tremenda "Tia Faustina", que vem resolver à sua maneira um caso de exploração do dinheiro de uma pobre rapariga por uma família nominalmente chefiada pelo irmão. Seria curioso, se o espaço o permitisse, apontar as passagens em que esta artista esteve além do papel, dando-nos a medida do que poderia fazer dentro de uma organização que não fosse de *tournée* e se aproximasse dela por escalas imperceptíveis. Parece-nos que o público esteve bem senhor deste ponto de vista, dirigindo-lhe especialmente as ovações que se ouviram.
>
> Os outros papéis de maior relevo foram interpretados por Lucy Costa, Argentina Della Torre e Vicente Marchelli, tendo também colaborado Wanda Kosmo, Geraldo Gamboa, Ilídio Costa, Milton Morais e Attila Iorio. A sessão, seja feita honra à empresa, começou e acabou a [sic] horas. – M. S.[38]

Enquanto os dias se passam, acompanhamos as notícias de que "continuam a merecer a preferência do público de Lisboa os espetáculos que a grande companhia de comédias brasileira de Alda Garrido apresenta neste teatro [Avenida]. Agora, mais do que nunca, pois está em cena uma excelente e popular comédia"[39]. Ao mesmo tempo que se prepara a estreia da peça com que será inaugurada a nova temporada do Teatro Nacional D. Maria II, *A Taça de Ouro*, de Olavo de Eça Leal, "grande personalidade literária" portuguesa, que está sendo ansiosamente aguardada e que será representada pelos "nomes mais representativos do elenco do teatro do Estado, além do próprio Olavo de Eça Leal": entre eles, Palmira Bastos, Amelia Rey Colaço e Mariana

38 Ibidem, p. 8.

39 *Diário de Notícias*, 18 out. 1953, p. 6.

Rey Monteiro[40]. E, ainda, estampa-se nos jornais a notícia que "Olegário Mariano – novo embaixador do Brasil – chega hoje a Lisboa"[41].

O dia 23 de outubro chega então anunciando as duas estreias da noite – *A Taça de Ouro*, no D. Maria II, e *Toma, Que o Filho é Teu...* no Avenida. A coluna "Vida Artística" do *Diário de Notícias* publica uma ampla matéria sobre a primeira, mas ainda reserva um espaço para veiculação de entrevista sobre a segunda, cujo texto original, *Les Joies de la paternité*, de Alexandre Bisson e Vast-Ricouard, fora adaptado por Daniel Rocha:

> A Estreia de Hoje à Noite: *Toma, Que o Filho é Teu...*
>
> No intuito de proporcionar aos nossos leitores algumas informações acerca da peça que se estreia hoje no Avenida, procuramos obter da simpática artista Alda Garrido alguns esclarecimentos.
>
> Como lhe não era possível, ocupadíssima como estava com os últimos pormenores para o ensaio geral de *Toma, Que o Filho é Teu...*, delegou em seu marido as respostas às perguntas que lhe queríamos fazer.
>
> – Diga-nos, sr. Garrido, qual o gênero de peça que Alda Garrido nos apresenta desta vez?
>
> – Antes de mais nada, desejo que informe o excelente público de Lisboa, aquele que nos tem honrado com a sua presença, de que no *vaudeville* que hoje se estreia todos os artistas têm papéis de idêntica responsabilidade. Attila Iorio, Milton Morais, Wanda Krosmo [sic] e os restantes artistas da nossa companhia mais uma vez merecerão os elogios da Crítica. Quanto ao gênero, como já lhe disse, é daqueles que continuam a merecer a preferência do público: alegre... alegre... e mais alegre.[42]

No dia seguinte à estreia, saem as críticas dos dois espetáculos. *O Século* publica as duas no mesmo dia. Um poeminha jocoso, entretanto,

40 Ibidem.
41 *Diário de Notícias*, 19 out. 1953, p. 1.
42 *Diário de Notícias*, 23 out. 1953, p. 7.

traduz de modo mais divertido a impressão também revelada pelo crítico de *O Século*. É assinado pelo Poeta Caldas, que naquela mesma edição da revista semanal *O Século Ilustrado* já ironizara o espetáculo *A Taça de Ouro*:

> *Toma, Que o Filho é Teu!...*
> pela Companhia Alda Garrido, no Avenida
>
> Alda Garrido, que logra
> as mais vivas simpatias,
> deu no Avenida, há dias,
> mais uma farsa e uma sogra.
>
> Diz-se no título, em suma,
> que se trata de um presente,
> mas a peça propriamente
> é que não diz coisa alguma.
>
> Por mais que, com esperança
> no meio de tal sarilho
> gritem – Toma lá o filho! –
> ninguém pega na criança.
>
> Um conselho à boa paz,
> dêem-nos peças actuais,
> porque a Alda vale mais
> que as personagens que faz.
>
> O Poeta Caldas[43]

Nos dias seguintes, depois de vermos anúncios que mostram *Toma, Que o Filho é Teu...* como "o espetáculo que o público prefere", que o

43 *O Século Ilustrado*, n. 826, p. 27.

público "considera como o melhor espetáculo de Lisboa", vemos a seção teatral do *Diário de Notícias* lamentar que a companhia de Alda Garrido tenha que passar o repertório tão rápido. *Toma, Que o Filho é Teu...* "uma daquelas comédias para levar e durar", que "faz rir a bandeiras despregadas", vai sair para entrar *Madame Sans Gêne*, com "festa dedicada ao sr. embaixador do Brasil dr. Olegário Mariano"[44]:

> Últimos Espetáculos da Companhia Brasileira
>
> A Companhia Alda Garrido, por força de contratos anteriormente firmados, não pode por mais tempo prolongar a sua atuação no Teatro Avenida.
>
> Assim, o público amante de bom teatro só tem oportunidade de ver até 5ª feira a engraçada comédia *Toma, Que o Filho é Teu...*, que se representa em duas sessões, às 20h45 e às 22h45, estes dois dias.
>
> Festa artística de Alda Garrido
>
> No próximo dia 30, 6ª feira, realiza-se a festa artística e de despedida desta grande artista brasileira. A peça que Alda Garrido apresentará nessa noite será: *Madame Sans Gêne*. Só isto bastaria para encher uma casa como o Teatro Avenida. Porém, Alda Garrido desejou fechar com "chave de ouro" a sua atuação em Portugal e dedicou esse inolvidável espetáculo ao sr. embaixador do Brasil, dr. Olegário Mariano.
>
> Tem sido enorme a procura de bilhetes, desde ontem postos à venda, não só pela homenagem, como também para verem Alda Garrido numa peça de elite, num papel que é bem o melhor de toda a sua carreira.
>
> Não esqueça, pois: sexta-feira, dia 30, *Madame Sans Gêne*, a lavadeira de Napoleão, em despedida de Alda Garrido, no Teatro Avenida.[45]

O dia da estreia de *Madame Sans Gêne* foi também aquele em que "a entrega de credenciais do novo embaixador do Brasil, o grande poeta

44 *Diário de Notícias*, 26 out. 1953, p. 3 e 6; 27 out. 1953, p. 3 e 6.
45 *Diário de Notícias*, 28 out. 1953, p. 6.

Olegário Mariano, teve luzimento oficial e, quando o cortejo atravessou as ruas, ouviram-se clamorosas salvas de palmas"[46]. Mais tarde, o embaixador prestigiou com sua presença o espetáculo da companhia brasileira, que foi visto também pela crítica dos dois jornais. O crítico de *O Século*, apesar das ressalvas que faz a propósito da escolha da peça, enalteceu a realização artística de Alda Garrido. Procurou, porém, em nome dos portugueses, desculpar-se pela produção de sua turnê, que, a seu ver, merecia uma preparação melhor:

> Teatro Avenida – A festa de Alda Garrido levou, ontem, a este teatro um público desejoso de a vitoriar, pelo seu esforço em intentar procurar um ambiente onde o seu mérito de artista fosse apreciado devidamente. Não quiseram as circunstâncias que o seu repertório harmonizasse com as predileções da hora que passa, e a escolha de *Madame Sans Gêne*, para a sua récita, deveu-se, certamente, à preocupação da assistência a ver na resolução das dificuldades do papel e no infalível confronto com interpretações de outras atrizes. A velha peça que ainda volta, de quando em quando, aos palcos de Paris, sofre, porém, do prejuízo resultante da sua compreensão, para ser levada em sessões. Descarnada da polpa literária que a revestia e que amparava as insuficiências da sua estrutura teatral, sem possibilidades de uma grande montagem e sem a ajuda de um conjunto que dignificasse, globalmente, a interpretação, já não pode agora dominar e interessar como aqui há trinta ou quarenta anos. Não basta para a impor o talento de uma artista, e as interpretações em linguagem impossíveis de manter o espírito popular francês, mal conseguem dar a impressão que promoveu sobre ela um coro aplauditivo.
>
> Alda Garrido, que teve no final homenagem de palmas e de flores, e viu a sua récita honrada com a presença do sr. embaixador do Brasil, Olegário Mariano, ovacionado também pelo público ao começar do espetáculo, queríamos que levasse uma melhor impressão de Portugal nesta sua *tournée* que merecia outra preparação. Pode, contudo, levar

46 *O Século*, 31 out. 1953, p. 1.

com ela a certeza de que as plateias de Lisboa a souberam estremar e ficaram com a noção certa das suas faculdades de comediante e dos seus recursos de atriz tipo popular, exata na versão que nos trouxe do espírito cômico do teatro brasileiro. – M. S.[47]

O *Diário de Notícias*, além da crítica, noticia também que "por ter atrasado a viagem o barco que transportará a companhia de comédias de Alda Garrido, resolveu esta ilustre artista anuir aos inúmeros pedidos e dar-nos mais alguns dias de espetáculo com a encantadora comédia *Madame Sans Gêne*"[48]. Mas, em 05 de novembro, Alda Garrido já havia deixado a cidade: "No avião TAP partiu para Madri, de onde seguirá para o Rio de Janeiro, a grande artista brasileira Alda Garrido, que durante algumas semanas se apresentou em Lisboa com a sua companhia."[49]

Enquanto a estrela brasileira partia de avião em viagem de volta, sua companhia – que, segundo o *Diário de Notícias*, retornaria ao Brasil somente no dia 8 de novembro, a bordo do navio North King – aproveitava para garantir alguma renda a mais, conforme mostravam os anúncios da festa que contaria com a participação de artistas locais e da estrela portuguesa, Amália Rodrigues.

A festa, realizada no dia 6, que também contou com a presença do embaixador do Brasil, foi descrita pelo *Diário de Notícias*:

A Festa no Avenida dos Artistas Brasileiros

Artistas portugueses e brasileiros confraternizaram, ontem, à noite, no palco do Avenida, durante a festa de Milton Morais e Adelia [Adelina] Iorio, dois dos mais valiosos elementos da Companhia de Comédias de Alda Garrido. Não faltou, mesmo, Amalia Rodrigues, carinhosamente saudada, que entusiasmou o público com a sua voz castiça nalgumas das suas mais conhecidas criações.

47 Ibidem, p. 8.
48 *Diário de Notícias*, 31 out. 1953, p. 6.
49 *Diário de Notícias*, 05 nov. 1953, p. 6.

> O ator Atila Iora [sic] fez a apresentação dos artistas que colaboraram na festa e ele próprio interveio nalguns números, tal como o seu companheiro Geraldo Gamboa, que cantou populares sambas; e outros em monólogos e vários divertidos *sketches*. Recitaram-se versos, cantou-se, e brasileiros e portugueses foram vivamente aplaudidos, numa manifestação que envolveu, igualmente, o embaixador do Brasil, sr. dr. Olegário Mariano, que, num camarote, assistiu ao espetáculo da primeira sessão.
>
> Naquela colaboraram, ainda, com êxito, Abílio Herlander, João Azevedo, Maria Bertini, Tomé de Barros Queirós, Isaura Alice de Carvalho, Jimmy, Moniz Trindade, Artur Trindade, Artur Ribeiro, Julieta Fernandes e os bailarinos Paulo e Ivone. Estes mesmos artistas animaram a segunda sessão, cujo programa teve a valorizá-lo, também, Humberto Madeira, Max, Tony de Matos e a artista brasileira Salomé.[50]

E assim finaliza-se a temporada lisboeta da companhia Alda Garrido. Mas *Dona Xepa* ainda daria o que falar...

Reentrada Triunfal

No início de 1954, *Dona Xepa* rendeu a Alda Garrido o prêmio de melhor atriz cômica do ano anterior:

> A Prefeitura distribui prêmios sob a presidência do Sr. Mourão Filho, Secretário da Educação do Distrito Federal, esteve reunido o júri encarregado da premiação dos artistas de nosso teatro que mais se destacaram durante o ano de 1953. A Comissão Julgadora estava constituída por representantes de classe, críticos e intelectuais que concederam prêmios no valor de Cr$ 50.000,00 aos seguintes artistas:

50 *Diário de Notícias*, 07 nov. 1953, p. 8.

> a. Autor da melhor comédia nacional, 'Prêmio Martins Pena' – José Wanderley e Mário Lago, pela apresentação de *Cupim*, pela Cia. Oscarito e Família; b. Melhor peça dramática nacional – *A Raposa e as Uvas* de Guilherme Figueiredo levada à cena pela Cia. Dramática Nacional no Teatro Municipal do Rio; c. Melhor ator cômico de comédia de autor nacional – Sérgio Cardoso pela sua interpretação em *A Canção Dentro do Pão* de R. Magalhães Jr., pela Companhia Dramática Nacional; d. Melhor ator dramático em peça de autor nacional, a Odilon de Azevedo pelo seu trabalho em *O Imperador Galante*, de R. Magalhães Jr., encenada no Teatro Dulcina, pela Cia. Dulcina-Odilon; e. Melhor atriz cômica em peça de autor nacional – Alda Garrido por sua interpretação em *Dona Xepa* de Pedro Bloch, apresentada no Teatro Rival; f. Melhor atriz dramática em peça de autor nacional, a Sônia Oiticica intérprete de *A Falecida* de Nelson Rodrigues e *A Raposa e as Uvas* de Guilherme Figueiredo, encenada pela Cia. Dramática Nacional; g. Melhor cenógrafo em peça nacional do gênero cômico – Nilson Pena, pelo seu trabalho em *A Canção Dentro do Pão*; h. Melhor cenógrafo em peça nacional do gênero dramático, a Luciano Trigo, cenarizador de *O Imperador Galante*; i. Melhor diretor de peça nacional de gênero cômico, a Bibi Ferreira, pela sua direção de *A Raposa e as Uvas*; j. Melhor diretor de peça nacional de gênero dramático, a Dulcina de Morais pela encenação de *O Imperador Galante*.[51]

O Rival abriu novamente suas portas para a continuação da temporada do espetáculo, o que muito impressionou Jota Efegê. Em matéria que noticiava a reestreia de *Dona Xepa* em 19 de março de 1954, tendo já somado trezentas apresentações no ano anterior, o jornalista afirmava crer que a comédia de Pedro Bloch estava realizando façanha inédita: não sabia de nenhuma peça que após sucesso de uma temporada tivesse voltado ao cartaz para nova série de apresentações no ano imediato[52]. E a peça iria mais longe, chegando às quinhentas representações.

51 *A Cena Muda*, v. 34, n. 2, p. 33, seção "Teatro – Música", de O. de Oliveira.
52 *Jornal dos Sports*, 03 abr. 1954, p. 2.

Fig. 19: *Correio da Manhã*, 20 jun. 1954. Acervo: Arquivo Nacional (Fundo: Correio da Manhã)

O jornal *Correio da Manhã* publicou a foto acima (fig. 19) com a seguinte legenda:

> A Festa de *Dona Xepa* no Rival
>
> Dois anos de cartaz e quinhentas representações foram festivamente comemorados no Rival com a entrega de uma taça a Alda Garrido e a inauguração de uma placa gigante. Um aspecto quando usava da palavra o vereador R. Magalhães Jr.: veem-se na gravura Pedro Bloch, autor da peça e a imensa Alda Garrido.

Em 1955, *Dona Xepa* ainda repercutia internacionalmente, tendo sido destacada pelo *The New York Times*, como um dos grandes sucessos mundiais. A edição elenca os maiores sucessos teatrais de sete cidades, apresentando fotos de todos: Roma, Paris, Londres, Tóquio, Moscou, Rio de Janeiro e Berlim Ocidental. O destaque do Rio de Janeiro foi *Dona Xepa*, com a legenda:

> Este grande sucesso de Pedro Bloch, dramaturgo brasileiro, está prestes a ser substituído por uma continuação, *Mulher de Briga*. *Dona Xepa* refere-se a um par comum de classe média em luta contra os hábitos extravagantes de seus filhos. A partir da esquerda, temos Alda Garrido (denominada a melhor atriz cômica do Brasil), Vicente Marchelli e Glauce Rocha[53].

A companhia seguiu os trabalhos dedicados à comédia, levando ao palco do Rival novas estreias, como *Mulher de Briga*, também de Pedro Bloch, e reprises, como *Madame Sans Gêne*. Mas, dentre os espetáculos apresentados, um deles destaca-se, especialmente, por revelar um pouco mais da múltipla Alda Garrido: *Chuvisco*, de 1957.

53 *The New York Times*, 20 fev. 1955. "This great success of Pedro Bloch, the Brazilian playwright, is about to be replaced by a sequel, Mulher de Briga. Dona Xepa tells of an average middleclass pair battling the extravagant habits of their children. From the left are Alda Garrido (called the best comic actress in Brazil), Vicente Marchelli and Glauce Rocha."

Chuvisco, A Paródia: O Ato Criativo Continente e a Crítica (Enviesada) Nele Contida

Em 1957, Alda Garrido estreia no Rio de Janeiro *Chuvisco*, espetáculo--paródia de *Chuva*, maior sucesso da carreira da atriz Dulcina de Morais. A paródia, largamente usada pelo teatro cômico brasileiro, de modo geral, está entre as práticas recorrentes de Alda Garrido. Por esse motivo, aqui se impõe uma breve análise dessa paródia que, como gênero, possui a interessante peculiaridade de incluir a crítica no próprio ato artístico, o que permite um posicionamento especial do olhar para o tema, no lugar em que criação e crítica se entrelaçam.

Chuvisco é uma das investidas da atriz na atividade de dramaturga. Mas será que *Chuvisco*, da autora Alda Garrido, é de fato uma paródia a *Chuva*, adaptação de Clemence Randolph e John Colton para o conto de Somerset Maugham, em tradução de Genolino Amado? Ou seria mais justo dizer que o espetáculo da Companhia Alda Garrido, que esteve em cartaz entre março e julho de 1957, no Teatro Rival, parodia, na verdade, a montagem que foi o carro-chefe da carreira de Dulcina? A atriz afirma que não. Em entrevista às vésperas da estreia de *Chuvisco*, ao ser perguntada se na peça seria Dulcina em caricatura, Alda responde:

> Foi bom que você perguntasse. Longe de mim a ideia de caricaturar Dulcina. O seu trabalho perfeito não poderia prestar-se a isso. A paródia, quero esclarecer bem, é da peça e não do trabalho de Dulcina. *Chuvisco* é uma paródia da parte central de *Chuva*, em outro ambiente e com outro final.[54]

A declaração, todavia, não parece suficiente para desmanchar a dúvida[55]. *Chuva* se passa no porto de Pago-Pago, em uma das ilhas da Samoa Americana, no Pacífico Sul, território norte-americano na

54 *Correio da Manhã*, 23 mar. 1957, p. 15.

55 E porque mantém a pulga atrás da orelha, o trabalho de L. Hutcheon, *Uma Teoria da Paródia*, parece ser o mais adequado à função de suporte teórico, pois que não

Oceania[56]. Obrigados a interromper a viagem e desembarcar na ilha por conta da detecção de doença a bordo do navio em que rumavam para Ápia, as personagens não têm outra escolha a não ser hospedarem--se nas precárias instalações do hotel-armazém de Joe Horn, onde o proprietário vive com sua esposa, a sra. Ameena Horn. Na única possibilidade de acomodação da ilha, veem-se então abrigados sob o mesmo teto o Dr. Macphail e senhora, o reverendo Davidson e senhora, e ainda Sadie Thompson, uma prostituta extravagante. E eles deverão permanecer por alguns dias em Pago-Pago, até que se confirme que ninguém mais, além de um dos marujos, tenha contraído cólera. Nesses dias de convivência forçada, sob chuvas incessantes, a prostituta e o reverendo protagonizarão um drama em que entram em conflito os "bons" e "maus" costumes, a moral religiosa e a liberdade da mundanidade. O reverendo Davidson perseguirá Sadie Thompson em seus hábitos e chegará a vergar sua personalidade arrojada. Seu discurso inflexível logra "converter" Sadie, já esgotada mentalmente e, por consequência, debilitada fisicamente. Davidson, no entanto, não sai ileso do embate e está ele mesmo transformado – de tão rijo, porém, o reverendo não enverga, quebra: depois de muitos dias e noites de discussões acaloradas, tendo a prostituta já cedido, Davidson, abalado, não lhe resiste e entra em seu quarto, onde dorme com Sadie. Na manhã seguinte, Sadie está recuperada diante da conclusão de que os homens são todos iguais – "Porcos! Uns porcos!" O reverendo, todavia, sucumbe à própria fraqueza e suicida-se. A chuva, referência constante nos diálogos, pontua a peça, sublinhando climas e simbolizando estados de ânimo.

O espetáculo *Chuva* foi montado no Brasil pela primeira vez pela Companhia Dulcina-Odilon em 1945, no Rio de Janeiro. Sua estreia no Teatro Municipal, ao mesmo tempo que constituiu um êxito artístico, foi também motivo de questionamentos de ordem política por parte da classe teatral.

limita o estudo da paródia ao campo da literatura unicamente, mas estende-o às artes em geral.

56 A tradução de Genolino Amado, utilizada na montagem de Dulcina, pertence ao acervo da Sbat.

Bandeira Duarte, em crítica ao espetáculo, dá uma pequena mostra da comoção que gerou a atuação de Dulcina:

> O retrato que nos apresenta da heroína de Maugham, vem de tal maneira impregnado de verdade, é tão vibrante e íntimo, que temos a impressão de assistir, não uma peça, mas um episódio real de que participamos e que nos arranca da poltrona para o palco. [...] E quando ela regressa do pavoroso pesadelo, quando sente a inutilidade de tudo o que sofreu, quando enfim, o sol volta a brilhar e o cárcere se abre para as perspectivas normais, nós sentimos, como Sadie, um gosto de sangue nas palavras que ela pronuncia, como se a sua boca fosse uma ferida sangrando. [sic][57]

No programa da peça, apresentada no Teatro Bela Vista em São Paulo, está transcrita uma carta que Monteiro Lobato teria escrito a Odilon: "Nunca, como em *Chuva*, Dulcina se mostrou tão integral, visceralmente artista. Na passagem em que Sadie resume tudo chamando a nós homens de 'porcos', não há macho na sala que não core por dentro. O tom que Dulcina empresta à conclusão de Somerset Maugham é por demais convincente..."[58]

Conforme Sérgio Viotti, a companhia Dulcina-Odilon só consegue estrear no Municipal em 1944, subvencionada. Apoiada pelo ministro Gustavo Capanema, a "invejável subvenção" governamental provocou rebuliço na classe teatral e, nessa primeira temporada, foi utilizada na realização de três peças: duas de Bernard Shaw e uma de Jean Giraudoux[59]. No ano seguinte, quando *Chuva* é acrescentada ao repertório[60], em razão dessa sequência de montagens de textos de autores estrangeiros "começaram os comentários negativos, as falações, as intriguinhas, e maledicências típicas de uma classe teatral pequena, mesquinha e

57 *Diário da Noite*, 1945, p. 6.
58 *Dossiê Chuva*, Funarte.
59 S. Viotti, *Dulcina e o Teatro de Seu Tempo*, p. 293.
60 Ibidem, 294.

Fig. 20: Dulcina de Morais em *Chuva*. Acervo: Cedoc – Funarte.

Fig. 21: Dulcina de Morais em *Chuva*. Acervo: Cedoc – Funarte.

Fig. 22: Dulcina de Morais e Odilon Azevedo em *Chuva*. Acervo: Cedoc – Funarte.

insatisfeita. A coisa chegou a tal ponto que a própria Sbat colocou-se contra o seu repertório de peças estrangeiras"[61].

Sob protestos da classe, elogios de boa parte da crítica e comparecimento do público, *Chuva* marcou definitivamente a carreira da atriz Dulcina de Morais, que retomou o papel de Sadie Thompson diversas vezes a partir de então, remontando a peça no Rio de Janeiro em outras ocasiões, levando-a para os estados do Brasil, e excursionando com ela para a Argentina, Uruguai e Portugal. E Alda Garrido acompanhou de perto a carreira do espetáculo, como mostra outro trecho da mesma entrevista citada acima: "Cada vez que eu revia *Chuva*, mais se realizava em minha cabeça uma paródia daqueles tipos, botando a história e as personagens no Brasil, todos em caricatura."[62] A referência de *Chuva* na memória de Alda Garrido, assim como na do público em geral, não era, então, do conto ou do texto da peça, mas das apresentações de Dulcina. E é somente por meio da memória do referente que a paródia pode funcionar como tal, já que supõe a ação do receptor: "Os textos não geram nada – a não ser que sejam apreendidos e interpretados."[63] A paródia não é autônoma, mas necessita de um franco reconhecimento por parte do espectador, devendo a obra parodiada ser-lhe familiar:

> A paródia é igualmente um gênero sofisticado nas exigências que faz aos seus praticantes e intérpretes. O codificador e, depois, o descodificador, têm de efetuar uma sobreposição estrutural de textos que incorpore o antigo no novo. [...] Em certo sentido, pode dizer-se que a paródia se assemelha à metáfora. Ambas exigem que o descodificador construa um segundo sentido através de interferências acerca de afirmações superficiais e complemente o primeiro plano com o conhecimento e reconhecimento de um contexto em fundo.[64]

61 Ibidem, p. 322.
62 *Correio da Manhã*, 23 mar. 1957, p. 15.
63 L. Hutcheon, op. cit., p. 35.
64 Ibidem, p. 50.

Além disso, não era a intenção da atriz escrever ela mesma a paródia: "Há já alguns anos vinha aquela atriz anunciando essa paródia, para o que foram convidados diversos escritores, segundo anúncios."[65] Doze anos depois da estreia de *Chuva*, para realizar sua ideia, Alda resolve assumir a empreitada de escrever o texto. Uma investida feita por necessidade, que, aliás, parece ter sido a motivação das várias investidas da atriz nas searas do autor e do diretor, esporádicas e casuais que são, e que jamais configuraram um projeto da atriz, que, no entanto, não permitia que o *show* deixasse de continuar. O movimento de parodiar, porém, é, sem dúvida, da ordem do espetáculo, sendo o "contexto em fundo" a montagem de Dulcina. Aliás, é esta modalidade – o espetáculo-paródia –, que, de resto, parece ter caracterizado as práticas parodísticas no teatro cômico brasileiro, desde o emblemático *Orfeu na Roça*, do ator Vasques. Mas que caráter possui esta paródia?

O primeiro movimento de Alda na construção da paródia é a transposição de personagens e situações para o Brasil. Sadie torna-se Sonia, "mulher muito alegre e espalhafatosa"; o reverendo Davidson aqui é David, "cavalheiro austero, graduado no Exército da Salvação". O estalajadeiro Horn passa a português pacato, e a sra. Horn agora é Rosa, "tipo de baiana, gorda e indolente, cabelo negro com uma flor, blusa branca caída nos ombros, saia rodada e balangandãs"[66]. A cena, por sua vez, migra da Samoa Americana para o porto de Santarém, no rio Amazonas. A operação diminutiva indicada no título é aquela que a autora utiliza na recriação do original em obra paródica: em relação a *Chuva*, as personagens são mais leves; o diálogo, mais ágil; e a trama se desenrola de modo mais rápido e simplificado para o desfecho – uma rarefação, digamos, em favor da mutação em comédia. *Chuvisco* segue mais ou menos ponto por ponto o seu referente, como um espelho falso, que reflete a diferença, e não a semelhança. Fazendo sempre menção a certos aspectos marcantes de *Chuva* – como a infestação de mosquitos e a própria chuva, agora chuvisco, que cai o tempo todo –,

65 *O Globo*, 2 abr. 1957, p. 15.
66 A. Garrido, *Chuvisco*, p. 2.

revela o uso da comparação-sobreposição com a peça de fundo como recurso cômico. O texto aponta, em princípio, para uma comicidade que reside, fundamentalmente, na palavra: as rubricas de ação indicam predominantemente entradas e saídas de personagens, e nelas não aparece qualquer mecanismo de movimentação clownesca. Com farto uso de chistes e trocadilhos burlescos, gírias e jogos de palavras, Alda aproveita, no decorrer das cenas, para inserir piadas a respeito de questões do cotidiano – ironiza o casamento, a hipocrisia da alta sociedade, a mania do estrangeirismo no Brasil. No final, porém, dá-se uma reviravolta tão surpreendente quanto cômica, um quiproquó que provavelmente proporcionou ao público de Alda Garrido o "temporal de gargalhadas" prometido nos anúncios: Davidson era na verdade um bandido procurado pela polícia, um "refinado ladrão" disfarçado, que tentava aplicar um golpe em Sonia. Mas ele não contava com outra surpresa: Sonia era uma policial feminina, também disfarçada para pegá-lo em flagrante e prendê-lo!

Tornar risível uma referência dramática tão pungente como *Chuva*, de Dulcina, fazendo o público rir do mesmo (ainda que distorcido) que antes o fizera chorar, é um efeito por si só bastante atraente para uma atriz cômica, que desestabiliza assim o próprio gênero drama. Para obter tal efeito, é preciso tomar uma distância crítica, sem a qual não é possível rir do objeto a ser parodiado. A *insensibilidade* acompanha o riso, diz Henri Bergson[67], ao passo que o engajamento com o objeto impede o riso. Se *Chuva* incomodou por ser estrangeira, sua paródia produz seu abrasileiramento, reiterando, de certa forma, as críticas recebidas por *Chuva*. Ao rebaixar Davidson a cavalheiro do Exército da Salvação, *Chuvisco* "corrige" outro aspecto que parece ter desagradado pelo menos parte da plateia de *Chuva*: o caráter obstinado do reverendo Davidson, cuja implacabilidade de "pensamentos e palavras, atos e omissões" suscita consternação e revolta tanto por parte de algumas personagens, como também do público, aproximando o "coprotagonista" da vilania. Em Portugal, por exemplo, para a censura lusa, a personagem de Odilon

67 *O Riso*, p. 3.

não deveria ser homem de igreja, e o Reverendo Davidson passou a Dr. Davidson[68]. A versão de Alda Garrido, de modo análogo, não apenas o rebaixa, como ainda torna Davidson bandido. Pronto: um vilão de fato!

Esses são alguns dos "ajustes" operados pela peça de Alda Garrido, que apontam para um certo caráter crítico de sua paródia. Mas será que não sinalizam também um movimento no sentido de uma legitimação?

O respeito de Alda Garrido por Dulcina fica evidente na entrevista acima referida. E mais ainda por um "acontecimento não ocorrido" de 1947:

> iria fazer mais de um ano que o público carioca não a via [a Dulcina]. Dulcina subiria ao palco, era o que estava anunciado, no dia 5 de julho, que no Rival lhe seria prestada uma homenagem, por Alda Garrido. Ao fim da apresentação da peça que [Alda] estava interpretando (*Gostar... e Fechar os Olhos*, de Pedro E. Pico), ela seria saudada por Pascoal Carlos Magno. Curiosamente, chegada a sexta-feira, nem uma palavra a esse respeito nos jornais[69].

Ao que tudo indica, a homenagem não chegou a acontecer, mas a deferência era mútua:

> Antes da excursão ao Nordeste [da companhia Dulcina-Odilon], teve lugar um dos espetáculos mais marcantes do teatro brasileiro naqueles tempos. Sem dúvida, aquele *Poeira de Estrelas*, de 1955 (o primeiro de quatro que a FBT teve ocasião de encenar) não foi apenas um grande momento na vida de Dulcina, como ficou na memória de quantos tiveram o privilégio de assisti-lo.
> Ao reunir dezenas de figuras das mais representativas do nosso teatro numa única noite, no palco do mais importante teatro da cidade, o Municipal, Dulcina estava, na verdade, dando vida ao seu sonho do mais amplo congraçamento profissional.[70]

68 S. Viotti, op. cit., p. 409.

69 Ibidem, p. 358.

70 Ibidem, p. 464-465. FBT é sigla para Fundação Brasileira de Teatro criada por Dulcina de Moraes.

E Alda Garrido estava entre os artistas convidados.

Ora, o paradoxo central da paródia apontado por Hutcheon assenta-se na dualidade transgressão-conservadorismo: "a sua transgressão é sempre autorizada. Ao imitar, mesmo com diferença crítica, a paródia reforça"[71]. A paródia, portanto, não possui caráter apenas crítico. Ela pode mesmo funcionar como uma "combinação de homenagem respeitosa de 'torcer o nariz' irônico", ou uma "homenagem oblíqua"[72]. O que poderíamos chamar, numa equivalência especular, de crítica enviesada. Observe-se que a natureza da crítica contida na paródia de Alda Garrido é temática, e atinge também a questão do gênero. Não se trata de uma crítica conceitual às formas da arte, como, de resto, também não o é a crítica jornalística do período. É o que parece caracterizar o "canto paralelo"[73] de Alda Garrido a Dulcina.

Dias antes da estreia, os jornais preparavam o público: além dos vários anúncios pagos pela produção, em todos os jornais, diariamente, as colunas de Teatro publicavam a entrevista, notas e fotos de divulgação[74]. Observe-se que essas fotos, ao exibir o figurino de Alda Garrido, não deixam dúvida, e tornam evidente que a inspiração de *Chuvisco* era, de fato, o espetáculo de Dulcina.

Embora colunistas como Gustavo Doria, Mário Nunes e Bricio de Abreu deem-lhe bastante espaço – seja com comentários em notas, seja com fotos da atriz estampadas em bom tamanho –, há sempre um tom de desconfiança quanto à realização. Gustavo Doria, em sua coluna "O Globo nos Teatros", lançava a dúvida no dia 21 de março: "Alda Garrido apressa os ensaios de *Chuvisco*, peça em que estreará como autora e diretora, a fim de apresentar essa paródia ainda este mês. A estreia foi marcada também para o dia 22. Será?"[75]

71 L. Hutcheon, op. cit., p. 39.

72 Ibidem, p. 49 e p. 21.

73 O sentido etimológico de *paródia*, no dizer de H. de Campos, Apresentação, em Oswald de Andrade, *Trechos Escolhidos*, p. 16.

74 A entrevista citada acima foi publicada primeiro no *Diário da Noite*, no dia 20 de março, e reproduzida pelo *Correio da Manhã*, no dia 23.

75 *O Globo*, 21 mar. 1957, p. 4. Alda já estreara como autora em outras oportunidades, como se viu.

Fig. 23: "Flagrante do último ensaio de *Poeira de Estrelas*, 1955, a ser levada à cena segunda-feira, dia 24, no Municipal. Alda Garrido entre Delorges Caminha, Odilon Azevedo, Luiz Cataldo, Magalhães Graça, Paulo Autran, Agnelo Macedo." Acervo: Cedoc – Funarte.

Fig. 24: Alda Garrido, caracterizada como Sonia, em *Chuvisco*. Acervo: Arquivo Nacional (Fundo: *Correio da Manhã*)

Fig. 25: O figurino de Alda Garrido revela a inspiração de *Chuvisco* no espetáculo de Dulcina. Acervo: Arquivo Nacional (Fundo: *Correio da Manhã*)

De fato, no dia seguinte, a produção disparava anúncios como este:

> ALDA GARRIDO
> novamente no maior sucesso cômico da temporada
> "Chuvisco"
> uma paródia que é um temporal de gargalhadas
> com um grande elenco
> Teatro Rival
> Estreia dia 28, às 21h00[76]

Mas não será ainda no dia 28 que a peça entrará no cartaz, ao que Doria dá o remate: "Alda Garrido, como era previsto, adiou para o dia 29 a estreia da sua companhia [...]."[77]

Alda explica o adiamento: "Fomos obrigados a tal. Pois na semana passada fizemos duas substituições, tendo havido outra anteriormente. Quero levar a peça bem ensaiada para o palco, por isso estou dando 'duro' nos ensaios. Como já tenho a peça de cor, sou a que mais me esbaldo, representando pra valer"[78]. E depois de uma *avant-première* em homenagem ao Fluminense F.C., no dia 28, chega o dia da récita dedicada à crítica especializada e ao público em geral: depois de dois adiamentos Alda estreia *Chuvisco* a 29 de março.

A crítica, de modo geral, não foi favorável, não achando a menor graça na paródia. Somente o crítico do *Correio da Manhã* disse ser a caricatura de *Chuva* engraçada, "particularmente quando a sra. Alda Garrido está em cena"[79], acrescentando que, nas situações dramáticas, Alda apresenta o "melhor de suas qualidades de intérprete, mas não chega a convencer como nas outras, em que diverte a plateia e a domina"[80]. É o único também a considerar que é "de efeito e até

76 *O Globo*, 22 mar. 1957, p. 6.
77 *O Globo*, 23 mar. 1957, p. 3.
78 *Correio da Manhã*, 23 mar. 1957, p. 15.
79 *Correio da Manhã*, 3 abr. 1957, p. 15. A crítica não traz assinatura. Possivelmente, é de Paschoal Carlos Magno, que foi crítico no periódico entre 1947 e 1961, cf. "Magno, Paschoal Carlos (1906 – 1980)", *Enciclopédia Itaú Cultural*.
80 Ibidem.

original a solução dada à história"[81]. Os demais não deram as sessenta gargalhadas por minuto prometidas nos anúncios. E não consideraram nem mesmo que *Chuvisco* fosse uma paródia. Gustavo Doria descreve o que seria a prática corrente, então, de criação de paródias:

> Ora, sempre pensamos que Alda Garrido pretendesse interpretar o texto já conhecido, "a seu modo", ou mesmo o adaptar-se sublinhando certas intenções ou então criando ainda um possível simbolismo, dentro das personagens, ou situações, como hoje em dia acontece em paródias que visam antes de mais nada a oportunidade de aproveitamento de um tema. Mas Alda Garrido escreveu simplesmente uma versão do original, transferindo apenas a ação para uma cidade do Amazonas [...][82]

Bricio de Abreu, por sua vez, dá a sua definição: "Em declarações feitas à imprensa e a este cronista (na TV), a sra. Alda Garrido afirmou tratar-se de uma 'paródia'. Não nos parece certa a definição. Simples decalque ou pastiche, nada mais."[83] Com o que concorda Mário Nunes: "'Chuvisco' é sim decalque de 'Chuva.'"[84] Para Linda Hutcheon, no entanto, "a 'transcontextualização' irônica é o que distingue a paródia do *pastiche* ou da imitação"[85].

Quando Alda Garrido transpõe a cena para o Brasil, não está apenas apresentando uma versão de *Chuva*, mas defendendo uma ideia que perpassa toda a sua trajetória artística: a valorização do que é do Brasil, afinada com o nacionalismo. Em sua carreira, montou prioritariamente textos de autores nacionais – tendo lançado muitos autores novos –, sobre temas brasileiros. E ao longo do texto, chovem manifestações de amor e orgulho daquilo que caracterizaria o Brasil: "Como são lindas essas músicas do morro!" diz Manoel, o português, dono do hotel,

81 Ibidem.
82 *O Globo*, 2 abr. 1957, p. 15.
83 *Diário da Noite*, 3 abr. 1957.
84 *Jornal do Brasil*, 2 abr. 1957.
85 L. Hutcheon, op. cit., p. 24.

ao ouvir um samba[86]. Em outra passagem, Dr. Fausto, o médico que também se hospeda com a esposa no mesmo hotel, diz a Anália, esposa de David: "Se a senhora assistisse uma festa do Senhor do Bonfim, na Bahia, ficaria alucinada! As baianas sambando com suas chinelinhas, e as batas rendadas, estou certo que gostaria, pois é um verdadeiro espetáculo, digno de se ver [sic]."[87] E tirando proveito da cena em que o médico visita um hospital daquela região, no meio da Amazônia, Alda queixa-se da saúde pública no Brasil, mas defende a qualidade dos médicos:

> DR. FAUSTO: [...] infelizmente aqui não se pode fazer nada nesses hospitais! Falta tudo! Nem um pacote de algodão, que é uma coisa insignificante, se encontra! É preciso olhar mais por essas casas de saúde! Os doentes morrem mais por falta de medicamentos do que por assistência médica! Médicos temos bons como em qualquer parte do mundo, mas sem medicamentos e aparelhagem nada se pode fazer.[88]

A mania de estrangeirismo na língua também é alvo de crítica, apesar da confusão etimológica:

> SONIA: Bem... Eu trabalho em Boites... Em Paris chamam isso de Cabarés, mas agora como são frequentados por gente bem, americanizaram o nome. Antigamente chamavam-se Cafés Cantantes, que aliás é o nome mais adequado, não acha? [89]

E o tema da peça, a religião, não poderia deixar de ser comentado: a presença da macumba e do candomblé, representados pela baiana Rosa e pelas repetidas menções a Joãozinho da Gomeia, dão ensejo a protestos em defesa da diversidade religiosa, sem entretanto perder

86 A. Garrido, op. cit., p. 28.
87 Ibidem, p. 5-6.
88 Ibidem, p. 28.
89 Ibidem, p. 40.

o humor[90]. Quando David associa a macumba a efeitos demoníacos, Rosa logo *sobe nas tamancas* e *roda a baiana*:

> ROSA: Isso não! A macumba é uma coisa muito séria!... (*a David*) O senhor não deboche que o Caboclo Sete Flechas que pega! Olha aí como eu já estou arrepiada! (*dá passes nela mesma tirando os maus fluidos*)[91]

E adiante o Dr. Fausto acrescenta, referindo-se ainda ao candomblé:

> DR. FAUSTO: Cada um tem o direito de aceitar esta ou aquela religião. Quando não acreditamos, também não devemos criticar nem interferir na religião dos outros.[92]

Alda parece, realmente, não ter estreado bem. Talvez o peso de parodiar Dulcina, ou talvez ainda o fato de ser a autora de um texto que estava tão bem decorado, como ela mesma afirmara, tenha comprometido a atuação da atriz, que se distinguia pela "espontaneidade". É o que assinala o título e os vários subtítulos da crítica de Mário Nunes:

> Alda Garrido e Sua Temporada
>
> Alda autora versus a Alda atriz
> Em "cheque" a comicidade irresistível espontânea
> A colaboração da atriz salvará a autora... [sic][93]

E Gustavo Doria completa o diagnóstico:

> Alda Garrido procurou criar um "tipo" na personagem principal e para isso usa de uma articulação arrastada e se movimenta com uma lentidão impressionante. Por quê? Na preocupação de "representar"

90 Joãozinho da Gomeia era babalorixá do Candomblé Bantu de nação Angola. Nasceu em 27 de março de 1914, na cidade de Inhambupe, Bahia, e morreu em 19 de Março de 1971, em São Paulo.

91 A. Garrido, op. cit., p. 47-48.

92 Ibidem, p. 56.

93 *Jornal do Brasil*, 2 abr. 1957.

> perde ela a espontaneidade que sempre caracterizou as suas interpretações, nada acrescentando ao seu talento histriônico.[94]

Mas num ponto todos concordam: "que com o correr dos dias já o espetáculo se transforme e a própria estrela-empresária entre com a sua colaboração instintiva que, a bem dizer, é a marca única do seu sucesso, como de resto tem acontecido com outros originais"[95]. É o que pensava Gustavo Doria. Mário Nunes, igualmente, acreditava "que já hoje, e cada dia, mais ainda, já seja *Chuvisco* comédia muito outra, bem mais diferente, muito mais engraçada do que nos foi dado assistir na noite de estreia"[96]. Bricio de Abreu faz coro: "Acreditamos que dez dias após a estreia a estrutura da peça seja outra e encontraremos as 'diabruras' cênicas da sra. Garrido, que fazem delirar seu público em plena forma."[97] E assim, talvez, *Chuvisco* funcionasse, enfim, para Alda como uma "exorcização de fantasmas", um "antídoto purgativo para as 'toxinas de admiração'"[98].

Chuvisco ficou em cartaz até 11 de julho, de segunda a segunda, num teatro grande como o Rival[99], com apresentações que variavam entre uma, duas e três récitas por noite. Um sucesso, pois. Não dos maiores de Alda Garrido, por certo, mas um sucesso. No elenco estavam, além

94 *O Globo*, 2 abr. 1957, p. 15.
95 Ibidem.
96 *Jornal do Brasil*, 2 abr. 1957.
97 *Diário da Noite*, 3 abr. 1957.
98 L. Hutcheon, op. cit., p. 51.
99 O Teatro Rival, que a Companhia Alda Garrido vinha ocupando desde 1946, possuía, conforme os jornais:"Plateia moderna, dotada de aparelhos os mais modernos de renovação de ar, com quarenta ventiladores silenciosos [...] o Rival-Teatro se abre em forma de leque, com os seus três palcos, sua fila de frisas e seu balcão elegantíssimo, formando um ambiente em que a gente se sente à vontade.
Sua plateia representa um cenário maravilhoso pela sua beleza, pela finura da sua decoração e, sobretudo, pela sua comodidade. Seus três palcos impressionam e a sua acústica é magnífica. Seu aparelhamento elétrico reúne as grandes novidades de Nova York [...]
O palco, enorme a largura da boca de cena, divide-se em três setores, permitindo a encenação de qualquer peça. A plateia é enorme, cercando-a uma vintena de frisas e há, no fundo, balcões. [...] Não há urdimento. São numerosos os camarins. A decoração azul, rosa e prata dá agradável aspecto à sala." Cf. S. Viotti, op. cit., p. 163.

da atriz, Delorges Caminha, Vicente Marchelli, Cora Costa, Renée Bell, João Boavista, Luis Piccini, Teresa Lopes, Sandoval Mota e Jorge Pinheiro. Segundo Alda, "veteranos e novatos num ambiente de camaradagem e de respeito pelo trabalho do colega, como sempre o exijo em minha Companhia"[100]. Quanto à direção do espetáculo, apesar de alguns anúncios pagos pela produção darem crédito exclusivo a Alda Garrido, a atriz, na entrevista citada acima, declara: "A planificação e supervisão seriam talvez termos mais apropriados, pois Delorges tem me ajudado muito na marcação, na valorização das cenas, das falas."[101]

E assim é que *Chuvisco* inscreve-se na história do teatro brasileiro: em contracanto com *Chuva*. E assim é que nessa sobreposição polifônica, ouvida mais de cinquenta anos depois, "a paródia historia, colocando a arte dentro da história da arte"[102].

Era uma vez, porém, uma história que recusava seu lugar no passado: *Dona Xepa*, eis que ressurge, já em outro tempo-lugar, em 1959, nos cinemas.

100 *Correio da Manhã*, 23 mar. 1957, p. 15.
101 Ibidem.
102 L. Hutcheon, op. cit., p. 139.

Fig. 27: Alda Garrido em *Madame Sans Gêne*. Acervo: Cedoc – Funarte

Fig. 28: Alda Garrido em *Madame Sans Gêne*, Teatro Rival, 1951. Em cena: Alda Garrido, Milton Moraes, Rita Rogger e Glauce Rocha. Acervo: Cedoc – Funarte.

Fig. 26: Cena final do Ato II de *Chuvisco*, em foto do elenco para divulgação; em destaque, à frente, Alda Garrido (Sônia), Vicente Marchelli (David) e Delorges Caminha (Manoel). Acervo: Arquivo Nacional (Fundo *Correio da Manhã*).

Fig. 29: Foto de ensaio de *Dona Xepa*: Lucy Costa, Argentina Della Torre, Glauce Rocha, Pedro Bloch, Samaritana Santos e Alda Garrido. Acervo: Cedoc – Funarte.

Fig. 30: Foto de ensaio de *Dona Xepa*, com Alda Garrido, Milton Moraes, Attila Iorio, Pedro Bloch e outros, datada de 25.02.1953. Acervo: Arquivo Nacional (Fundo *Correio da Manhã*)(Fundo: *Correio da Manhã*).

Fig. 31: Alda Garrido e Pedro Bloch. Foto datada de 1958. Acervo: Cedoc – Funarte.

5. No Intervalo, as Telas do Cinema e da TV

Em 1959, *Dona Xepa* estreia no cinema, sob a direção de Darcy Evangelista, que concebera a cenografia do sucesso teatral. O que já seria, na verdade, uma das últimas incursões de Alda Garrido no campo do audiovisual. Incursões que possuem aspectos muito peculiares e específicos.

Em 1956, Alda Garrido estreia na televisão, sob a direção de Victor Berbara, na TV-Rio. A semanal *Revista do Rádio*, que mantinha seções dedicadas ao teatro, ao cinema e à TV, antecipava:

> Alda no canal 13 – Está praticamente assentada a estreia de Alda Garrido na TV-Rio. Com a sua companhia e sob a direção de Vitor Berbara, a criadora de *Dona Xepa* levará aos teventes todas as peças que criou em anos seguidos de temporadas no Rival. Assim, reveremos *Madame Sans Gêne*, *Mulher de Briga*, *Mamãe Adorável*, *Uma Certa Viúva*, e outras peças famosas que [sic] a cidade assistiu e que fizeram rir a milhares e milhares de espectadores. Uma boa aquisição do Canal 13.[1]

Na semana seguinte, a revista, ao anunciar a ida de outro grande ator do Teatro para as telas de televisão, informa:

> Também Jaime Costa na TV-Rio – A TV-Rio parece que cada vez mais se inclina para os espetáculos de teleteatro. Assim, depois de contratar

1 *Revista do Rádio*, a. 9, n. 338, p. 29.

> Alda Garrido – já se sabe até que a peça de estreia da famosa caricata será *Gostar... e Fechar os Olhos* – anuncia agora entendimentos com Jaime Costa. Se os entendimentos se concretizarem, teremos uma vez por semana Jaime Costa repetindo antigos êxitos. Já se diz até que a peça de estreia será *Carlota Joaquina*.[2]

Veja-se que os atores não iam sozinhos para a televisão, mas levavam consigo o seu teatro, guardando-se certas especificidades técnicas do veículo. Como confirma Victor Berbara em entrevista gentilmente concedida para este trabalho: "naquela época, você não tinha filmes na televisão; você tinha peças de teatro completas, primeiro ato, segundo ato, terceiro ato". E não quaisquer peças, mas aquelas que tinham alcançado grande sucesso nos palcos. O *Teatro de Variedades Moinho de Ouro*, que, segundo Berbara, "procurava os artistas que estavam em evidência", apresentava um espetáculo por semana: "Alda Garrido todas as segundas-feiras, na TV-Rio, reedita um dos seus antigos sucessos no teatro Rival." – era o que noticiava a *Revista do Rádio* em 31 de março[3].

Como o *videotape* só chegou ao Brasil em 1960, eram todas apresentadas ao vivo e, consequentemente, não há registro visual desse teleteatro. Victor Berbara explica a rotina:

> Então funcionava da seguinte maneira: o programa ia ao ar no domingo à noite, na TV-Rio, às 8h00 da noite, ia até dez e meia, quinze para as onze, uma coisa assim[4]. Ao vivo. Aí, segunda-feira eu começava – eu já tinha pensado no espetáculo seguinte, mas eu começava a trabalhar nele só na segunda-feira.
>
> Um por semana, não tinha conversa. Eu tinha um elenco grande, eu alternava o elenco, via quem pegava melhor, quem não pegava, que amarrava... Nessa época, por exemplo, a Teresinha Amayo trabalhava comigo, é viva até hoje; o Adryano Reis fez *Romeu e Julieta* comigo; a Teresinha Dutra; enfim, e escalava. E terça começava a

2 *Revista do Rádio*, a. 9, n. 339, p. 15.

3 *Revista do Rádio*, a. 9, n. 342, p. 14.

4 Segundo a *Revista do Rádio*, a exibição era às segundas.

> ensaiar. Era terça, quarta, quinta, sexta. Sábado, à meia-noite, tinha o ensaio de câmera, que era uma coisa que você fazia na TV-Rio, para você ver os movimentos. Por que à meia-noite? Porque tinha que esperar a emissora sair do ar, porque só tinha três câmeras. Então ela saía do ar, às vezes não era meia-noite, era meia-noite e meia, o que fosse, aí pegava as três câmeras, botava no estúdio e fazia ensaio para os câmeras verem o movimento entre elas. Naquela época tinha umas torturas de cabos de *plug* que enrolavam, cabos de câmeras, tinha um cara que só fazia desenrolar... Então quando você planificava o uso das câmeras – você tinha que planificar o movimento dos cabos, senão era uma salada e a gente tinha que evitar isso.

A rigidez de marcação, que todo o equipamento televisivo exigia, dificultou a adaptação de Alda Garrido ao novo veículo, como a própria atriz reconheceu anos mais tarde em entrevista à jornalista Vera Rachel: "Depois que Alda se retirou do teatro, reviveu na televisão algumas das peças mais famosas de suas temporadas no Rival, mas as limitações impostas pela direção a desanimaram."[5] Victor Berbara se recorda bem disso, e conta toda a intensa "novela" que foi a estreia da atriz na TV:

> O que eu me recordo, é que a primeira da duas peças foi uma relação complicadérrima, porque eu tentava colocar o mínimo de disciplina no trabalho dela, e era muito difícil. Então foi a primeira, que foi aos trancos e barrancos... Na quinta[-feira], depois do terceiro ensaio, eu cheguei a pensar em desistir! Foi quando ela mandou o marido dela falar comigo, seu Américo, uma espécie de assistente dela. Eu acho que antes de ator, ele era contrarregra... acho que sim. Ele era uma figura muito insignificante! Muito insignificante! Aliás, esses maridos são todos muito insignificantes... E tal, veio dizer que ela... não dava. Eu sempre fui isso, você vai ver no meu livro, eu sempre fui muito durão; não tinha muita conversa, não! Eu digo:
>
> "– Olha, seu Américo, eu não quero nem continuar."

5 *Revista Manchete*, n. 797.

Eu tinha um plano B, porque ali você tinha que ser… eu dirigia doze, treze programas por semana! Não tinha muito tempo de papo. E as pessoas tinham que ser rápidas. Eu tinha plano B, tinha um outro espetáculo mais ou menos alinhavado, que eu podia… com duas pessoas, que eu podia botar no ar rapidinho, sem grandes problemas. Porque eu vi que a Alda ia me dar problema… Eu é que a procurei! E ela topou; fez um pouco de doce, mas topou. Porque na vida dela, ela nunca tinha feito televisão. Eu tive que convencê-la, e tal, falei:

– A senhora tem que se sujeitar… à disciplina, texto, cena e tal…

Bom, no que ele me disse que ela estava querendo sair fora, eu disse:

– Olha, *sopa no mel*, seu Américo.

Não é bem *sopa no mel*, tem um ditado que você diz…, como se fosse:

– Ótimo! Era tudo o que eu queria! O senhor agradeça a ela…

Ele é que veio falar comigo! Com um papo… que começou dizendo: ou o senhor deixa ela solta, faz o que ela quer, ou ela não pode, não sei quê. Não tinha como! O palco era dela, não tinha horário. Ali, não! Ali você tinha as marcações que os câmeras tinham que seguir. Muitos dos [atores] que representariam não eram os que tinham feito com ela. Então essa história de caco, ficar falando meia hora, depois pegar… não tinha condição, não era assim. Tanto que uma outra grande atriz da época nunca trabalhou comigo: a Dercy Gonçalves. Nunca. Nem eu tentei! Mas a Alda, eu achava que tinha virtudes artísticas muito grandes, não desfazendo da Dercy. Eu achava que eu podia domesticar a Alda. De fato, eu acabei domesticando. Bom, aí eu disse:

– Olha, sinto muito, mas não dá. E eu estou achando ótimo ela desistir…

Bom, aí, você sabe uma pessoa quando desaba? Porque o Américo estava vendo que ela podia ter uma carreira na televisão, mas eu acho que ela nunca teve… nunca teve. Foi aquilo ali o princípio e o fim. Bom, aí:

– Ah, não, mas então a gente conversa, ela não está querendo impor nada.

– Nem eu. Se ela não se sente bem… isso aqui é *business*, é negócio. Tem um patrocinador, tem que botar os comerciais, tem uma emissora de televisão que não pode extrapolar o horário…

Eu tinha um acordo com a TV-Rio, porque depois começava um programa de luta livre, que se chamava *TV-Rio – Ringue*. Que era o Léo Batista que apresentava, que está até hoje aí! E eles tinham um acordo comigo, de deixar passar dez minutos, mas não mais! Era uma época heroica! Aí eu disse:

– Não tem problema. Termina. Nem o senhor me deve nada, nem ela me deve nada, nem eu devo nada a ela, e terminamos amigos.

Quando ele viu a minha reação, ele… obviamente não era isso que ela queria. Estava esperando: – Não!… e tal. E o seu Américo:

– Posso telefonar para ela? – eu disse:

– Pode.

Ele:

– Olha, Alda, o homem disse que você pode parar.

Me lembro da frase "o homem disse que você pode parar, que, por ele, tudo bem". Eu tenho a impressão de que ela deu um esporro nele no telefone, porque ele começou a gaguejar:

– Não, eu não falei nada. Falei o que você mandou falar.

Lá pelas tantas, eu vi ele muito sem jeito, e disse:

– Seu Américo, deixa eu falar com ela.

E disse para ela:

– Sra. Alda, a senhora em televisão… não lhe faz a mínima diferença, foi uma invenção minha. A senhora é uma grande atriz de Teatro, tem uma espontaneidade que é a sua marca registrada, só que não funciona na televisão… O seu marido veio aqui com uma missão, dada pela senhora, e que eu liberei. Não precisa ninguém ficar sacrificado, a senhora não se sente bem. Quero lhe dizer que nem eu. E nem os seus colegas.

Tinha dois ou três que eram do elenco dela, mas o resto não era. Eram pessoas que, por isso ou por aquilo, entraram. Ela:

– Ah, não, mas eu quero experimentar. E fica o dito pelo não dito. Eu disse:

– A senhora tem certeza, D. Alda? Tem certeza?

Ela:

– Ah, eu quero tentar. Quero tentar.

Eu:

– Então a senhora vem para o ensaio às duas da tarde.

E assim Alda Garrido iniciou sua curta e entrecortada aventura na televisão. Nessa primeira série de apresentações não foram apenas as duas peças de que se recorda Victor Berbara. No dia 19 de maio, a *Revista do Rádio* lançou a nota: "Está chegando ao fim a temporada de Alda Garrido na TV-Rio, o que é uma pena. No entanto, desde já está acertado que a excelente comediante voltará ao vídeo logo após sua temporada teatral." E, em destaque, publicou uma foto de Alda Garrido, cuja legenda comentava: "Alda Garrido: ganhou 30 mil cruzeiros mensais na TV-Rio. U'a média de 7 mil por programa. Deverá retornar em breve, ao canal 13."[6] Foram exibidas, portanto, quatro peças.

O *Teatro de Variedades Moinho de Ouro* seguiu na programação, e a *Revista do Rádio* comentava: "Vitor Berbara está fazendo do seu *Teatro de Variedades* um dos pontos altos da TV-Rio."[7] Mas a rotina de ensaios e apresentações, como se pôde observar, era mesmo incompatível com uma temporada teatral, sendo possível apenas para os atores que não estavam em cartaz. E Alda Garrido, além de não se sentir à vontade para representar com as restrições impostas pelas câmeras, já programara novas estreias no Teatro Rival: "*Mulher de Verdade* é o original de Daniel Rocha que servirá para a estreia de Alda Garrido no Teatro Rival e que marcará o início da temporada do corrente ano."[8] Diferentemente de Sergio Britto e Fernanda Montenegro, que investiram na carreira televisiva – como forma, inclusive, de financiar sua carreira teatral –, dedicando-se ao *Grande Teatro* da TV Tupi, que estava no ar também desde aquele ano de 1956, e que era amplamente comentado.

6 *Revista do Rádio*, a. 9, n. 349, p. 14 e15. Como parâmetro, tem-se que o valor de cada exemplar da revista custava Cr$ 5,00 – cinco cruzeiros.

7 *Revista do Rádio*, a. 10, n. 389, p. 56.

8 Ibidem, p. 21.

Na *Revista do Rádio*, as notas eram frequentes: "Sergio Britto se impondo com o seu *Grande Teatro* na TV Tupi. Gente moça e de valor. E os grandes olhos de Fernanda Montenegro (*De Braços Dados*) mereciam um poema e lembram a Falconetti de *A Paixão de Joana d'Arc*"[9]. No final do ano, "Sergio Britto e seu conjunto tomaram conta do horário das segundas-feiras. O seu *Grande Teatro* é de fato grande, embora não seja impecável."[10] Os dois teleteatros – o *Teatro de Variedades Moinho de Ouro* e o *Grande Teatro* –, porém, tinham perfis bastante diversos.

Embora Maria Cristina Brandão considere-o um "paradigma teleteatral do Rio"[11], entre outros motivos por seu reconhecimento por parte do público e por seu prestígio na imprensa, Victor Berbara demarca claramente as diferenças de "paradigmas" ou, antes, de princípios:

> Então, o meu objetivo era um teatro de *vaudeville*. Era, vamos dizer, um teatro digerível e digestivo. Na mesma época, o Sergio Britto, a Fernanda Montenegro e o Ítalo Rossi criaram o *Grande Teatro Tupi*, que era um teatro muito pretensioso, no sentido bom da palavra. *Cult*, peças importantes... E a crítica, na ocasião endeusou aquele teatro, que era nas segundas-feiras. E olhou para nós como o primo pobre do negócio. Só que a brutal diferença do nosso *Teatro de Variedades Moinho de Ouro* – não lembro de fato os índices – mas, enquanto dava quarenta de Ibope aos domingos, o *Grande Teatro* dava cinco às segundas! Mas a mídia... Tanto o Sergio, quanto a Fernanda, quanto o Ítalo, particularmente o Sergio e a Fernanda, manobravam muito bem com a mídia. Tinha o Adolfo Celi que dirigia, tinha o Geraldo Matheus, que também dirigia. Então eles manobravam mesmo. E até hoje! Você vê que o Sergio até hoje está lá. Então, era *cult* para a mídia, a mídia adorava; já o nosso... "ah, não, tal, é digestivo, é comercial..." Mas era esse o objetivo! O *Grande Teatro Tupi* não tinha

9 *Revista do Rádio*, n. 371, p. 38. *De Braços Dados* é uma peça de Armando Mook, na qual Fernanda Montenegro estreava. Há ainda referência a Renée Jeanne Falconetti, atriz que interpretou a personagem-título de *La Passion de Jeanne d'Arc*, filme mudo francês de 1928, dirigido por Carl Theodor Dreyer.

10 *Revista do Rádio*, n. 376, p. 38.

11 M.C. Brandão, *O Grande Teatro Tupi do Rio de Janeiro*.

> patrocinador, era uma coisa, assim, promocional da Tupi – tanto quanto eu me lembre. Os patrocinadores eram episódicos. O *Teatro de Variedades Moinho de Ouro* tinha um contrato, tinha um patrocínio do Café Moinho de Ouro, que na época era o café que vendia mais, o mais importante, e tinha que ter resultado de Ibope, senão *dançava*. Então nós fazíamos realmente peças muito digestivas, onde entrou a Alda Garrido.

Ao que parece, no tema da televisão, talvez haja também um espaço para novas discussões acerca da velha dupla popular-erudito, a favor de uma visão mais plural de paradigmas. Ou de princípios.

Anos mais tarde, outro programa, nos mesmos moldes do *Teatro de Variedades Moinho de Ouro*, trouxe novamente Alda Garrido para as telas dos televisores: o *Teatro de Comédias Imperatriz das Sedas*, dirigido por Maurício Sherman, na TV Tupi. Com patrocínio da casa de tecidos que lhe dava nome, o programa de teleteatro transmitia as peças do Rival no fim das temporadas. Daniel Filho – ator, diretor e produtor de TV e cinema – declara:

> Além disso, trabalhei, diante das câmeras, com praticamente todos os grandes atores da época – Dulcina [de Morais], Procópio [Ferreira], Jaime Costa, Alda Garrido, Eva Todor, e muitos outros – principalmente porque Maurício Sherman teve a ideia de convidar as companhias de teatro da época, que trabalhavam em sistema de repertório, para se apresentarem na televisão.[12]

Em seu depoimento para o *website Memória Globo*, Daniel Filho conta mais detalhes:

> No *Grande Teatro Tupi*, eles selecionavam peças e montavam grandes cenários. Normalmente, as peças eram montadas, como no *Teatro de Comédia*, como uma peça teatral. [...] Eu tive, nessa época, uma

12 Daniel Filho, *O Circo Eletrônico*, p. 20.

Fig. 32: Foto datada de 27 de maio de 1956 da atriz com Victor Berbara, diretor e produtor teatral. Acervo: Arquivo Nacional (Fundo: *Correio da Manhã*).

> grande oportunidade: no *Teatro de Comédia*, o Sherman começou a contratar companhias de teatro que tinham aquele repertório. Eram companhias que contavam com nomes como Dulcina de Morais, Jayme Costa, Procópio Ferreira, Eva Todor, Alda Garrido. Então, elas vinham com todo o repertório da Alda Garrido, a cada semana com uma peça que a Alda Garrido tinha montado em 1938, em 1940, como *Madame Saint Gène* [sic]. Junto com Alda Garrido, entrava o elenco da televisão, e eu tive a oportunidade de trabalhar com todos esses atores. Trabalhei com Alda Garrido em *Madame Saint Gène* [sic] e em *Dona Xepa*; com Jayme Costa em *Papai Le Bonare*, *A Morte de um Caixeiro Viajante*; com Procópio Ferreira em *Deus lhe Pague*. Isso me dá uma idade que eu não tenho. Quando eu digo que trabalhei com Alda Garrido em *Madame Saint Gène* [sic], dizem: "Meu Deus do céu, como?" Na televisão. Porque a televisão permitiu isso tudo: era o espetáculo de sábado, ou o espetáculo de domingo, ou era no *Grande Teatro Tupi*. [sic]

E o jornalista Artur Xexéo completa, com a perspectiva do telespectador:

> Lembro-me especialmente do *Teatro de Comédias da Imperatriz das Sedas*, atração de sábado à noite na TV Tupi. O patrocinador, como o próprio nome indica, era uma loja de tecidos. O programa apresentava comédias teatrais em três atos. Entre um ato e outro, exibiam-se os anúncios que demoravam o tempo exato para mudanças de cenário e trocas de figurinos. Quando estas mudanças eram complexas, dava tempo de o espectador conhecer toda a linha de tecidos da loja, pelo menos duas vezes.[13]

A TV, iniciante que era, importava seu pessoal do rádio e do teatro, e ainda não pudera firmar procedimentos artísticos específicos, seja na direção, seja na atuação, que lhe conferissem uma linguagem própria. Mas, no caso do teleteatro, era o próprio conceito do programa que

13 A. Xexéo, Aproveite Para Mudar o Canal, *O Globo*, 14 dez. 2003, p. 8.

consistia em levar, por assim dizer, o teatro para as telas – para além da mera contratação de seus atores. Um elenco de base, razoavelmente estável, que começava a se formar para a atuação sistemática na TV, apoiava as estrelas do teatro e integrantes de suas respectivas companhias nas apresentações de seus grandes sucessos teatrais.

A prática de transportar o teatro para a TV, Maurício Sherman a mantém, de certo modo, até hoje. Ativo olheiro da TV no teatro, Sherman costuma frequentar os espetáculos dos novos comediantes, que se multiplicam no Rio de Janeiro atual, para levar ao *Zorra Total* – programa humorístico da TV Globo que dirige há mais de dez anos –, não apenas o ator: se agora já não leva todo o espetáculo, transporta o ator de grandes sucessos teatrais populares, juntamente com a personagem e seu respectivo bordão. Assim aconteceu com Katiuscia Canoro (e sua personagem Lady Kate, do espetáculo *De Graça, Mas Tem Que Pagar* – bordão "Tô pagano!"), com Rodrigo Fagundes (e sua personagem Patrick, do espetáculo *Surto* – bordão "Olha a faca!"), com Samantha Schmütz (e sua personagem Juninho Play, dos espetáculos *Surto* e *Curtas* – bordão "E eu, fico como?"), entre muitos outros. Percebe-se, inclusive, uma certa despreocupação de adaptação das formas de atuação na transposição para a TV, o que gera, frequentemente, a impressão de que os atores de *Zorra Total* gritam, ao invés de falar.

Alda Garrido teria recebido ainda um convite para fazer *Pigmaleão 70*, novela de Vicente Sesso, baseada em peça de Bernard Shaw, dirigida por Régis Cardoso e exibida pela TV Globo em 1970. Mas não chegou a acordo financeiro[14].

A partir de todas essas informações, conclui-se, portanto, que Alda Garrido não estabeleceu efetivamente uma carreira na TV, tendo apenas passado por ela, de modo episódico, em razão de seu sucesso no teatro, e sem, efetivamente, "fazer televisão", já que o que fez, afinal de contas, foi teatro. É importante registrar, ainda, que o alcance de suas apresentações era mínimo, não só por conta das poucas vezes em

14 P. Moraes, "A Volta" de Alda Garrido para o "Palco das Recordações", *Gazeta de Teresópolis*, 30 abr. 1998.

que participou de programas de teleteatro – e da impossibilidade de reprisá-los, por serem ao vivo –, como também por causa da pequena proporção de televisores nas residências:

> Quantos aparelhos existem no Rio? – O prestigioso Ibope (Instituto Brasileiro de Opinião Pública e Estatística) vem de realizar preciosa pesquisa, em terras cariocas, a propósito de televisão. Assim é que, segundo revelações do Ibope, ficamos sabendo que existem, no Rio, 95.254 televisores. Com a devida vênia, vamos informar ainda que esse total representa 16,2% do total de residências existentes em nossa cidade, o que vem demonstrar a certeza de que TV já é um veículo decisivo na promoção de vendas, especialmente para os artigos destinados à classe média.[15]

Mesmo considerando-se que, nessa época, não era incomum vizinhos partilharem das sessões de televisão, qualquer sucesso teatral mediano da atriz atingia um número maior de espectadores.

E o Circo Chegou, *Dona Xepa*: Cinema é a Maior Diversão

Se a TV não deixou registros visuais que permitissem ao espectador de hoje ver Alda Garrido atuar, os dois filmes cinematográficos que protagonizou possibilitam observá-la.

"Meldy Filmes – Os produtores não tiveram outro fim senão o de divertir". Assim abrem-se os créditos de *E o Circo Chegou*, filme em preto e branco de 1940, dirigido por Luiz de Barros. Alda Garrido estreia no cinema já como primeiro nome, que aparece em destaque, em tela exclusiva; a seguir, sucedem-se os nomes dos demais atores do elenco. São muitos os nomes do teatro nacional, na direção e no

15 *Revista do Rádio*, a. 10, n. 420, p. 57.

elenco: Juvenal Fontes, Celeste Aída, Manuelino Teixeira, Américo Garrido e Abel Pêra, entre eles.

De humor bastante ingênuo, com marcações e interpretações que hoje nos parecem "teatrais", o filme desenrola-se num encadeamento artificial das cenas[16]. Note-se que o uso do termo "teatral" para qualificar atuações no cinema, e também na TV, tem, hoje no Brasil, conotação pejorativa, indicando uma artificialidade que é o oposto do que preconizam esses veículos. Na TV e no cinema, pretende-se uma naturalidade – diferente do naturalismo – obtida por uma almejada "não representação". O sentido que dou ao termo aqui também indica artifício – sem intenção valorativa –, no sentido de construção, a que nos desacostumamos a ver no cinema e que causa estranhamento. Acrescente-se ainda que tal artificialidade é seguramente menos intensa do que se via no teatro.

No enredo, o circo do francês Mellinger chega a uma cidadezinha pequena e tranquila. O dono do circo precisa pedir autorização para instalar sua lona nas terras de Fredegoso, típico coronel do interior, que vive às turras com o vigário da localidade. Já que o vigário é contra, o Coronel Fredegoso, dono do bordão "quem é o chefe político aqui?", será a favor do circo. Como Mellinger é francês, o padre é português e o coronel é caipira, as primeiras cenas fazem uso da dificuldade de comunicação, pela diferença das línguas, como recurso de comicidade, num diálogo de mal-entendidos[17].

Os artistas do circo hospedam-se então no Hotel-Pensão Bem-te-vi, de Dona Miloca, personagem de Alda Garrido, matuta extrovertida, de voz aguda e esganiçada. Miloca, que até então não sabia se devotava seu coração ao turco do armarinho ou ao gerente da pensão, encanta-se com o palhaço do circo, que começa a namorar Rosinha, filha do Coronel, para desespero de Miloca. A trama principal é entremeada

16 A fita VHS disponível na Fundação Cinemateca Brasileira, em São Paulo, tem trechos truncados, com partes que parecem mesmo estar na sequência errada. Como o filme foi restaurado, não é possível saber se o problema é da montagem original ou da telecinagem.

17 Esse recurso também é utilizado em *Quem Paga é o Coronel*, de Freire Jr., em diálogo cômico entre a criada e o inglês Mister Jasper.

pelas cenas do Guarda e do único preso da cidade, que pode sair da cadeia quando quer, porque volta sozinho...

O espetáculo do circo, apresentado dentro do filme, inclui um completo número musical de samba – prática comum no cinema nacional da época –, e ocupa grande parte da fita. A sambista Loló, interpretada por Celeste Aída, é a personagem por quem o coronel se encanta e que o engana. De engano também é a situação armada por Miloca, para que Rosinha veja o Palhaço em seus braços. Intrigas que logo se desfazem, levando o filme para seu desfecho repentino, em final feliz: o circo vai partir, Rosinha fica com o palhaço, Miloca resolve casar-se com Joaquim, o gerente da pensão, e o coronel volta a jogar com o vigário.

Em *E o Circo Chegou*, Alda Garrido faz uso da prosódia caipira, localizando sua verve cômica na voz, usada em falsete, no registro agudo, como já se observara nas gravações fonográficas – seu corpo, em gestos contidos, participa minimamente.

Para quem assiste a Alda Garrido pela primeira vez em *E o Circo Chegou*, não resta a menor dúvida de que o registro de voz da atriz é agudo, tamanha a naturalidade com que o mantém do princípio ao fim da fita. E vê-se que seu domínio do instrumento vocal é grande, quando em *Dona Xepa* ouvimos quão grave pode ser sua emissão.

Em *Dona Xepa*, filme dirigido por Darcy Evangelista e baseado no texto de Pedro Bloch, em versão bastante ampliada com novas cenas e novas personagens, Alda Garrido interpreta novamente a personagem-título, o tipo popular urbano, que fala gritando, barraqueira nos dois sentidos: feirante e briguenta, que "não leva desaforo para casa". Para criar a personagem, extravagante na grosseria e sem-cerimônia, a atriz utiliza o linguajar dos iletrados – falando "crasse" no lugar de "classe" –, e, sempre ao lado de Zezé Macedo, que interpreta a personagem Camila, repete seu bordão ao longo do filme:

> DONA XEPA: – Fala, Camila!
> (*Camila ameaça falar, mas logo Xepa interrompe.*)
> – Deixa que eu falo!

Gestos largos, de mulher sem travas, e voz empostada compõem a personagem, com o corpo funcionando muito próximo da naturalidade cotidiana.

Assim como em *E o Circo Chegou*, em que há um número musical de samba durante a apresentação do circo, em *Dona Xepa* há vários números musicais, um tanto artificialmente inseridos, mas que, em princípio, integram-se à dramaturgia: numa festa (aniversário da afilhada de Dona Xepa), há um número musical com uma dupla de meninos (Dupla Chuvisco, de cavaquinho e pandeiro), em que Camila (Zezé Macedo) e Coralino (Colé) dançam. Na sequência, Coralino, a pedidos, canta um samba sobre o "aparelho" (o invento de Édison, filho de Dona Xepa, interpretado por Herval Rossano): "Tem aparelho pronto, mas só falta funcionar". Dona Xepa não titubeia: acerta-lhe uma torta na cara. Entre outros números.

Nas cenas de intenção dramática, a atriz, para os padrões atuais, carrega nas tintas, guardando para a moral da história seu mais grave diapasão, em pesado tom de discurso.

Na filmografia de Alda Garrido, consta ainda o título *Cômicos...+ Cômicos...*, de 1971. A atriz, contudo, não teve participação direta nessa produção, que além do próprio argumento, apresenta trechos de filmes antigos que mostram alguns cômicos famosos brasileiros. Entre esses filmes está *E o Circo Chegou*, e é assim que Alda Garrido aparece em *Cômicos...+ Cômicos...*

É curioso observar como, no teatro, a atuação de Alda Garrido foi qualificada muitas vezes segundo referências cinematográficas, e, na TV e no cinema, o que se vê é uma atuação que poderia ser chamada de teatral. Então, considerem-se, primeiramente, os artistas de cinema com os quais foi comparada: Charles Chaplin e Buster Keaton, por exemplo, atores criadores de partituras corporais precisas, de gestual extracotidiano, a serviço de uma comicidade que é uma sofisticada construção. Considere-se, também, a seguinte observação de Victor Berbara:

> Era um Mack Sennett do cinema, um Buster Keaton... Ela, às vezes, não tinha que fazer nada, bastava falar, ou bastava olhar... já fazia

> a graça. Porque você adivinhava o que ela ia dizer, e que ela nunca dizia! Era esse tipo de comediante, que hoje você não tem mais. Hoje não existe mais, hoje acabou. Eu devo dizer até, que por culpa dos diretores [*risos*], que botavam tanto limite... Por quê? Porque o teatro passou a ser também muito certinho; o cinema, idem; a televisão, idem... Então você não tem mais aqueles artistas...

E leve-se em conta, ainda, uma entrevista do ator Jorge Maya ao jornal *O Globo*, que talvez traduza bem o processo de criação do ator cômico brasileiro, desvinculado de uma escola formal e filiado à "escola do palco". Considerado pelo jornalista Leonardo Lichote um dos destaques da temporada teatral de 2010 nos palcos do Rio de Janeiro por sua personagem – o mordomo Jacó – em *A Gaiola das Loucas*[18], o ator declara: "Montei a personagem meio que brincando, nos ensaios. Não peguei trejeitos ou expressões de ninguém – conta Maya. – Fui buscando o tom pelos risos dos colegas."[19] E, adiante, o ator, que viveu o sambista Candeia no musical biográfico *É Samba na Veia, É Candeia*, avalia:

> A comédia é mais difícil. Às vezes, no drama, a própria situação já te conduz para a emoção. Na comédia não tem isso, o *timing* tem que ser preciso. É necessária uma concentração muito grande para fazer no ponto, porque, se abusar, desanda – diz o ator. – Fiz muito musical, essa experiência vai dando esse domínio do tempo exato.[20]

Para além de uma identificação direta entre os modos de atuação de quaisquer dos atores citados e o da atriz Alda Garrido, ou mesmo de supostas filiações de escolas de interpretação, ou ainda de atributos imprecisos como naturalidade e espontaneidade, o que se pode, talvez, inferir é que Alda Garrido era uma atriz compositora de suas cenas,

18 Versão brasileira do musical da Broadway inspirado na peça *La Cage aux folles*, do francês Jean Poiret, que estreou no Rio de Janeiro em março de 2010, estrelado por Miguel Falabella e Diogo Vilela.

19 L. Lichote, Muito Bem Servido pelo Mordomo: Em "A Gaiola das Loucas", Jorge Maya Brilha na Pele do Espalhafatoso Jacó, *O Globo*, 9 abr. 2010, p. 1.

20 Ibidem.

criadora e regente da articulação espaço-tempo que compunha as suas ações. No dizer do autor Daniel Rocha, que a percebia como sendo ela mesma o espetáculo, "a força histriônica indomável de Alda Garrido marca, influencia, domina e absorve todo o espetáculo, numa inconsciente afirmação dos legítimos direitos de seu gênio improvisador"[21]. Isso porque

> Alda Garrido, com a maravilhosa intuição de seu gênio criador é mais que a intérprete submissa da personagem imaginada pelo autor. É a própria plateia em cena, interferindo com a sua mímica, com a sua inimitável gesticulação, com a prodigiosa verve de seus ditos felizes e oportunos, pressentindo, por um curioso fenômeno intuitivo de comunicação direta, o que o público, em determinado instante, gostaria de dizer, de observar, de criticar, se lhe fosse permitido intervir como noutros tempos, ou como ainda hoje o faz em muitos picadeiros de circos.[22]

Era, por assim dizer, uma atriz autoral.

21 "Alda Garrido": A Atriz-Espetáculo, *Revista de Teatro da Sbat*, n. 291.
22 Ibidem.

6. O Final

É o que é. É o que há. A vida tem seu lado de triste.
Você quer um cigarro? A vida...

João Guimarães Rosa, Os Chapéus Transeuntes, *Estas Estórias*.

Depois de tantos anos de intensa atividade, de uma vida inteira de verdadeira dedicação e devoção às artes da cena, Alda Garrido encontra sua morte no teatro antes mesmo de deixar a própria vida. Com uma carreira televisiva que não deixou rastro, e com uma carreira cinematográfica que não chegou a gravar sua imagem de modo significativo na memória do cinema brasileiro, Alda Garrido, embora mantivesse a aura de grande atriz, famosa e bem-sucedida, passou seus últimos anos afastada do teatro, consumindo-se, aos poucos, por uma doença que lhe arrasaria os pulmões, doença cujo nome não se pronunciava. E, na qualidade de atriz de teatro, marcada, portanto, pela efemeridade de sua arte, podia, talvez, acompanhar a sua própria memória no teatro nacional começando a se esgarçar.

Uma Atriz Sem Rival

Balanços de vida. Um olhar para trás que procura encontrar um sentido coerente de todo o percurso. É o que fornecem algumas entrevistas que Alda Garrido concedeu à imprensa, que revelam também algo do seu temperamento. Nessas entrevistas a atriz conta histórias – muitas vezes discrepantes – sobre o seu início na carreira teatral, sobre seu casamento com Américo Garrido, sobre sua trajetória no teatro. Não funcionam como fonte inteiramente confiável de informações – em uma delas, como já foi mencionado anteriormente, Alda diz ter nascido em 1908, por exemplo. Isso não significa, contudo, que se trate de pura mentira como coloca Monteiro Lobato na fala da famosa boneca de pano em *Memórias da Emília*[1].

Toda memória "transmuta a experiência, destila o passado mais do que simplesmente o reflete", afirma David Lowenthal, e só pode ser checada contra outras recordações do passado, nunca contra o passado em si[2]. Porém, nenhuma memória é totalmente ilusória: "Na verdade, uma recordação falsa firmemente acreditada torna-se um fato de direito"[3]. Num processo de simplificação e recomposição que é dado pelo afeto, a memória reelabora constantemente as recordações ao longo do tempo, modificando-as na medida em que novas experiências são vividas.

> A função principal da memória não é preservar o passado, e sim adaptá-lo para enriquecer e manipular o presente. Mais do que simplesmente reter experiências passadas, a memória nos ajuda a

1 "Bem sei – disse a boneca. – Bem sei que tudo na vida não passa de mentiras, e sei também que é nas memórias que os homens mentem mais. Quem escreve memórias arruma as coisas de jeito que o leitor fique fazendo uma alta ideia do escrevedor. Mas para isso ele não pode dizer a verdade, porque senão o leitor fica vendo que era um homem igual aos outros. Logo, tem de mentir com muita manha, para dar ideia de que está falando a verdade pura." M. Lobato, *Memórias da Emília*, p. 7.

2 D. Lowenthal, *The Past is a Foreign Country*, p. 204. (Tradução minha.) São muitos os estudos de memória na bibliografia universal, e alguns deles foram fundamentais para este trabalho. Mas a obra de Lowenthal, que trata dos temas da memória, da história e da relíquia, funcionou como norte teórico, de modo especial.

3 Ibidem, p. 200.

> compreendê-las. Memórias não são reflexões prontas do passado, mas reconstruções seletivas baseadas em ações e percepções subsequentes e nos códigos sempre em mutação por meio dos quais delineamos, classificamos e simbolizamos o mundo à nossa volta.[4]

Assim, temos que a memória é menos um registro que uma construção, ou antes, uma reconstrução incessante. Assim, o mosaico que as várias versões da história de Alda Garrido compõem, narradas por ela mesma, dizem mais a seu respeito do que qualquer tentativa de dissolvê-las numa única e unívoca "história verdadeira".

Duas entrevistas são especialmente ricas, por terem sido realizadas mais no final da vida de Alda Garrido, nas vizinhanças de seus setenta anos de idade: uma para o *Jornal do Commercio*, em 1964, feita por Maria Olívia Rodrigues, e outra para a *Revista Manchete*, em 1967, feita por Vera Rachel. Mas também a entrevista concedida à *Gazeta de Notícias*, em 1953, em pleno auge de *Dona Xepa* no Rival, contribui com a retrospectiva, apesar de não estar tão ao final do caminho.

Os jornalistas destacam, conforme suas impressões, o temperamento da atriz. Para o repórter da *Gazeta de Notícias*:

> Uma boa artista de teatro é a que sabe divertir e educar o povo. Entre nossas melhores atrizes, Alda Garrido distingue-se, de modo incontestável, por seu raro temperamento artístico, e por sua inimitável e expressiva maneira de representar e fazer graça.
>
> Alda Garrido é tão simples, tão afetuosa na intimidade, gosta de conversar tanto, que quase não nos sobrou tempo para esta entrevista.[5]

Já Maria Olívia Rodrigues nota: "E ela continua a falar, acompanhando com gestos e expressões fisionômicas vivas, sua narração, levantando-se e sentando-se conforme a situação que vai descrever."[6] O que também chama a atenção de Vera Rachel:

4 Ibidem, p. 210.
5 A.C., Ouvindo as Artistas de Teatro, *Gazeta de Notícias*, 24 maio 1953.
6 M. O. Rodrigues, Alda Quer Ser Ainda Uma Vez Dona Xepa, *Jornal do Commercio*, 22 nov. 1964.

> Agitada, mudando de uma cadeira para outra enquanto fala, completando as suas frases vivas e picantes com uma gesticulação expressiva, Alda Garrido em nada lembra a figura de mãe humilde, profundamente humana, que a consagrou como atriz em peças como *Dona Xepa*, depois de passar pelas burletas e revistas do Teatro Recreio.[7]

São recorrentes as menções à sua generosidade. A preocupação com os idosos, e também com as crianças desfavorecidas, estava sempre presente no discurso de Alda Garrido:

> – Que faria se fosse milionária?
> – Se eu fosse milionária, eu mandaria construir uma grande casa para que as crianças pobres tivessem um verdadeiro lar. Franquia-la-ia a todas as senhoras, para que estas se afeiçoassem às crianças, e até pudessem adotá-las. Edificaria, ao mesmo tempo, um asilo para os velhos sem que os velhos tivessem a impressão de asilo, mas de que estivessem em sua própria casa.[8]

Mas também em suas ações. Como destacava a matéria de Augusto Maurício, que exaltava o "belo gesto, que calou fundo no espírito do público de teatro, aumentando ainda mais a admiração e a estima pela sua grande atriz", no ano em que montou *Chuvisco*:

> Alda Garrido podia ter terminado a sua passagem pelo Rival como todos a terminam em outros teatros: com o último espetáculo, igual a todos os que o precederam. Seria normal, usual, e ela continuaria grande, aplaudida, festejada, vitoriosa sempre no gênero que escolheu para sua glória.
>
> Entretanto, não quis que assim fosse, neste ano, em que realizou uma de suas mais brilhantes temporadas. Lembrou-se dos seus colegas, artistas, que brilharam também no passado, divertindo – como agora ela o faz – plateias inteiras; pensou nos velhinhos recolhidos

7 V. Rachel, O Que Eles (Elas) Fazem Hoje: Alda Garrido, Um Sucesso em Cada Lembrança, *Revista Manchete*, n. 797.

8 A.C., Ouvindo as Artistas de Teatro, op. cit.

ao Retiro dos Artistas, instituição da classe que é o abrigo da gente do palco que envelhece sem família, sem o carinho do lar. Foi, então, que o seu coração pulsou mais forte, e a impeliu para o gesto que teve, digno de uma grande artista: doar toda a renda da bilheteria do Rival, de terça-feira última, da noite da sua despedida do público do Rio neste ano, à Casa dos Artistas. Era uma lembrança, uma ajuda, ou melhor, um testemunho mudo, mas vivo e eloquente, de apreço e interesse pelos seus colegas, já afastados da cena, porque o acúmulo dos anos ou a enfermidade não lhes permite prosseguir na ribalta onde sempre viveram, conquistaram aplausos, e onde, talvez, desejassem morrer.

Assim, Alda Garrido, atendendo aos impulsos de seu coração, provando mais uma vez, implicitamente, ao público, que o sentimento que tanta vez apresentou em cena era mesmo sincero, resolveu oferecer ao Sindicato de sua classe o produto da noite derradeira de trabalho neste ano. Além da representação da comédia *D. Brasília Vai Casar*, que permaneceu em cartaz durante largo tempo, organizou um "fim de festa", em que tomaram parte, entre outros elementos de mérito reconhecido, João Vilaret, tão querido sempre da nossa gente, Celme Silva e Estelita Bell que, assim, prestaram seu concurso ao êxito do espetáculo de Alda Garrido.

[...] Gesto como o de Alda Garrido devia encontrar imitadores; devia marcar o início de uma praxe a ser adotada por todas as organizações teatrais – contribuir com a receita de um dia de sua temporada, no Rio ou em outra cidade, em benefício do Retiro dos Artistas.

Alda Garrido deve hoje sentir-se profundamente feliz. Sim, porque quem pratica o bem é tão feliz quanto quem o recebe. E as bênçãos dos velhos recolhidos ao Retiro, pela sua espontaneidade – porque brotam, alegres, de seus corações, darão à Alda o júbilo íntimo que qualquer um sente quando a consciência o convence de que praticou uma bela ação.[9]

9 A. Maurício, Muito Bem, Alda! *Jornal do Brasil*, 6 set. 1957.

E, claro, histórias engraçadas e mirabolantes não podiam faltar em suas entrevistas:

> Alda Garrido, que vivia para "divertir" o público, gostava de se divertir também, quando podia. Certa vez, quando passeava em São Lourenço, soube da notícia da vinda do Circo Maia. Resolveu procurar o diretor do circo e pedir emprego como atriz. Para isso, despenteou-se bem, vestiu-se pobremente e foi ao circo. O diretor, ante o pedido de Alda, perguntou-lhe se ela sabia o que era representar, ministrando-lhe em seguida uma prolongada aula de interpretação circense. Ela ouvia atenta e insistia para que fosse integrada ao elenco, dizendo que seria capaz de fugir de casa para acompanhar o circo. Nesse momento surgiu um seu amigo, que não entendendo o que ela fazia ali tão mal vestida e tão despenteada, desmascarou a brincadeira toda. O dono do circo desmanchou-se em desculpas e elogios. Na mesma noite, a artista que já era famosa na época, foi homenageada pelos integrantes do Circo Maia.[10]

Uma visão em retrospecto permeia os depoimentos. Ainda em 1953, respondendo sobre a peça em que estreou na carreira, Alda comenta:

> Na comédia de Freire Júnior – *Quem Paga é o Coronel*, na Companhia Américo Garrido, no Carlos Gomes, num papel de ingênua. Depois nas comédias: *Garota dos Bombons*, de Gastão Tojeiro; e fiz a *Mlle. Cinema*, caricatura de um tipo de Benjamim Costallat, na peça *Ilha dos Amores*, de Freire Júnior; e *Luar de Paquetá*, do mesmo escritor. Mais tarde, trabalhei em Companhias de Revista, porém compreendi que meu ambiente é o da comédia. Formei conjunto, e excursionei por São Paulo, Rio Grande do Sul, Bahia e Pernambuco, e, agora, me sinto felicíssima na criação do tipo de *Dona Xepa*.[11]

Note-se que Alda Garrido chama de comédias as burletas em que brilhou, e recusa ainda o *emploi* de característica que a notabilizou.

10 M. O. Rodrigues, Alda Quer Ser Ainda..., op. cit.
11 A.C., Ouvindo as Artistas de Teatro, op. cit.

Em 1964, porém, traça o percurso de outro modo, e dá uma explicação prática para sua migração para a comédia:

> Na minha família não havia artistas, eu fui a primeira a me aventurar nos palcos. Comecei aos quatorze anos, fazendo "pontas" em peças folclóricas, em festas caipiras. Passei depois para a burleta, a revista e por fim a comédia. Gosto de todos esses gêneros, mas fixei-me na comédia, pois a revista era muito dispendiosa e minha companhia não podia arcar por muito tempo com as despesas exigidas para a organização de bons espetáculos, o que, aliás, acontecia com todas as outras companhias.[12]

Nesse ano de 1964, Alda já estava afastada dos palcos, mas mantinha a esperança de retornar, alimentada pelos seus sucessos passados:

> Lavadeira, criada, mãe, mulher de briga e biruta – tudo isso Alda Garrido já foi no palco. E, segundo afirma, esses papéis, sempre os desempenhou com amor e por vocação, sentindo a alegria e o sofrimento de cada personagem como se tudo fosse realidade.
>
> Agora Alda Garrido é apenas uma artista que, depois de uma longa carreira nos palcos brasileiros e estrangeiros, descansa. E nessa pausa, ela medita sobre seu passado no teatro e faz planos para o futuro. Entre os sonhos, Alda projeta um rodízio nos teatros para que não faltem mais casas de espetáculo para ela e tantos artistas que desejam trabalhar, e sorri intimamente quando se imagina representando outra vez as peças *Dona Xepa* e *Madame Sans Gêne*.[13]

E explica a chama eternamente acesa:

> O teatro é uma coisa que se faz por absoluta necessidade, por imperativo consciente ou inconsciente, às vezes muito difícil de explicar.

12 M. O. Rodrigues, Alda Quer Ser Ainda..., op. cit.
13 Ibidem.

> Comigo sempre foi assim. Eu precisava representar. Aceitava todo e qualquer papel que me caísse às mãos, preferindo, contudo, os que fossem alegres, mas contivessem sentimentos reais e verdades humanas – que fizessem rir e chorar. Não gosto de chanchadas. Sempre vivi as personagens, sofrendo se elas eram sofredoras, vibrando de alegria intimamente se eram alegres.
>
> Tive sucesso – prossegue Alda – felizmente; porém, um artista tem, pela própria natureza do seu trabalho, fases difíceis em que ele pensa até em abandonar a carreira. Acontece, no entanto, que a pessoa que pisa o palco uma vez, não pode mais abandoná-lo. É até uma questão de contágio: aquele que é atingido pelo micróbio da arte de representar fica "perturbado" para o resto da vida e só há um remédio para essa "doença" – o próprio palco. Mas o pior é saber que há os que nunca têm oportunidade de mostrar seu talento e outros que não encontram no público a recepção que merecem, e além desses problemas há o lado econômico da questão, sempre cruciante para toda a classe teatral.[14]

Desde que se afastara do Rival, em 1958, para filmar *Dona Xepa*, Alda Garrido não dispunha mais de teatro fixo para ocupar de modo estável. Atuou pela última vez em 1963, na peça *Dona Brizolina*, de Américo Garrido, como contratada de Fernando D'Ávila, no Teatro Jardel[15]. E foi à falta de teatros que atribuiu seu afastamento:

> Sempre vivi de teatro, essa foi minha única profissão, nunca tendo feito outra coisa a não ser representar e dirigir companhias teatrais. No princípio da minha carreira, não encontrei oposição da família para que seguisse a vida artística. A única advertência que meus pais fizeram foi a de que, se eu desejava ser atriz, deveria me casar com um ator, o que cumpri à risca mais tarde. Mas, se não encontrei essa barreira familiar aos meus impulsos para o palco, encontrei outras dificuldades que ao invés de diminuírem com o tempo, aumentaram.

14 Ibidem.
15 *Jornal do Brasil*, 9 dez. 1970.

> Não se trata de sucesso – adianta ela – esse sempre foi o mesmo em todo o Brasil e até fora dele. Trata-se das dificuldades inerentes à profissão em nosso país. Antes era difícil encontrar número suficiente de artistas para a montagem das peças, agora verifica-se o inverso: há muito artista, muita gente querendo formar companhia, sem conseguir, contudo, dinheiro e casa de espetáculo.
>
> Hoje em dia – vai ela falando – tudo está caro e a montagem de uma peça exige somas fabulosas para se inverter num espetáculo, redundando, então, em oneração do público, que se vê obrigado a fugir dos teatros. E diz ainda: Por isso, vivo sonhando com rodízios nos teatros, que permitissem a muitas companhias, ao menos durante uma temporada em cada ano. Eu, atualmente, sou uma entre tantos artistas, que desejaria estar trabalhando, só não o fazendo, por não encontrar casa disponível.[16]

A sua angústia maior, pode-se entrever, é não estar em cena. A questão financeira não é mencionada como fator de preocupação decorrente de sua aposentadoria compulsória, que, aliás, parece não ter interferido em sua rotina:

> DO QUE GOSTA
>
> Sem dúvida alguma, do que Alda Garrido mais gosta na vida é de representar, o que faz com a maior segurança – explica – sem medo algum de público e desligando-se totalmente do que a rodeia. Só toma conhecimento da plateia quando finda o espetáculo. Gosta de viajar, de objetos antigos, de passar horas a fio revendo fotografias de peças nas quais trabalhou, relembrar velhos companheiros da vida teatral e ajudar artistas novos a se firmarem no teatro. Não gosta de datas e não decora nomes de ruas, mas sabe que existe uma rua com seu nome na cidade de São Lourenço.
>
> O QUE TEM
>
> Segundo suas palavras, tem um grande desejo de reorganizar sua companhia e reencenar *Dona Xepa* e *Madame Sans Gêne*. E enquanto

16 Ibidem.

> não concretiza esse sonho, passeia, vê os amigos representando, vai à sauna e volta para casa para fazer mais planos...[17]

E três anos depois, ainda afastada, sua vida confortável era a mesma – o que só vem corroborar a hipótese de que acumulou fortuna – agora, porém, menos aflita pela volta aos palcos, talvez:

> Hoje em dia, é uma espectadora, como ela mesma se define. Não perde peça alguma e, mesmo chocada com os palavrões que se tornaram uma constante dos textos atuais, vai ao teatro assistir a todos os gêneros de peças, curiosa por saber o que acontece nos palcos de que até há pouco era uma das participantes. [...]
>
> Num depósito que ela não sabe bem onde fica, estão guardados todos os cenários de suas peças. Alda ainda sabe de cor as falas das dezenas de comédias de que participou, mas prefere continuar na vida descansada dos últimos anos, com banhos de mar diários, saunas frequentes, fins de semana na casa de Teresópolis e as idas semanais à feira – a fonte onde sempre recolheu material para a composição dos seus tipos tão humanos. A volta ao teatro só a animaria se fosse possível remontar os seus grandes sucessos no Teatro da Praça [atual Teatro Gláucio Gill, em Copacabana], bem perto do seu apartamento na Mascarenhas de Morais.
>
> – Voltar? Só mesmo se me dessem por uns seis meses o Teatro da Praça, bem aqui do lado, a um quarteirão da minha casa.[18]

Se, por um lado, as variantes da história narradas pela atriz para a imprensa traduzem as sucessivas reelaborações de memória feitas ao longo da vida, em que reconstrói para si sua própria imagem, por outro, evidentemente, Alda Garrido, que sempre soube tirar partido dos meios de comunicação, faz uso do poderoso canal que são as publicações jornalísticas, para imprimir a imagem que deseja ver associada a si, isto é, para construir a sua figura pública de atriz.

17 Ibidem.
18 V. Rachel, O Que Eles (Elas) Fazem Hoje..., op. cit.

Seu traquejo com a imprensa revelou-se desde cedo, como é possível perceber no texto transcrito abaixo, que Mário Nunes incluiu em seção constituída das "crônicas humorístico-causticantes publicadas em *O Malho* e reunidas em 1928 em volume de nome *Pateada*"[19]. O texto mostra como Alda Garrido conseguia transformar uma entrevista que consistiu em uma única resposta lacônica em uma matéria de uma página sobre ela:

> O reaparecimento de Alda Garrido ao público da Praça dos Caboclos, foi o sensacional acontecimento deste começo de ano.
>
> A direção de *O Malho* mobilizou todo o pessoal da seção de teatros para tratar do assunto, recomendando que se não deixasse de ouvir a "estrela", diante de novo da *torrinha* do São José, depois de alguns anos de ausência.
>
> Jornalistas modernos que somos abandonamos a ideia de ouvir a artista, que não seria original, e tratamos de ouvir a torrinha, a emoção que ela terá sentido ao rever, no palco do popular teatro da Empresa Pascoal Segreto, a esgrouvinhada atriz. [...] para ouvir a torrinha do São José, basta ficar na sala de espera, no café ao lado, na Minhota, no Criterium, no meio da praça, na Travessa da Barreira, ou até mesmo no raio que a parta.
>
> São gritos, uivos, silvos, gargalhadas, roncos, patadas ruidosas, qualquer coisa, assim, como uma assembleia geral da Casa dos Artistas.
>
> A popularidade do artista, ali, está na razão direta da gritaria e na inversa das palmas que recebe, que estas só as bate a *claque*. Foi, pois, da sala de espera, que ouvimos a torrinha, podendo assegurar que grande e profunda foi sua emoção, tal foi o berreiro com que recebeu a Alda, não deixando, do instante em que ela entrou em cena em diante, ninguém ouvir mais uma só palavra de *Teia de Aranha*, a peça que Freire Júnior escreveu para a estreia da Mistinguete brasileira (o que foi um enorme serviço prestado ao público, afirmou-nos, confidencialmente, o Sr. René de Castro).

19 Na seção "Bom e Mau Humor", ver M. Nunes, *40 Anos de Teatro*.

A emoção maior, porém, foi do bilheteiro, que chegou a pensar que o juiz Melo Matos havia proibido a entrada de todos, maiores e menores, no teatro: nunca vira tanta gente junta! Lamentou tivessem caído em desuso as máquinas registradoras do Manoel Bernardino...

Estavam já impressas estas linhas quando a direção de *O Malho* verificou que suas ordens não tinham sido cumpridas. Fiel ao seu programa de dar a máxima liberdade aos seus redatores, pôs o pessoal todo na rua, e incumbiu o nosso antigo companheiro Mari Noni de ir ouvir a distinta atriz Sra. Alda Garrido, acerca das emoções sentidas na noite do seu feliz reaparecimento ao enorme público dos seus admiradores, no São José.

Alda Garrido, a quem pedíramos lugar e hora para uma entrevista, preferiu receber-nos em seu camarim, entre uma sessão e outra, não nos tendo franqueado sua casa – explicou depois com graça e gentileza infinitas – porque os jornalistas são muito abusados, verdadeiros piratas. Dissemos à adorável "vedetta" o que desejávamos. Há muitos anos não representava na Praça Tiradentes, devia ter sentido uma grata emoção diante do público que a elevara com os seus aplausos, sua admiração... *O Malho* gostaria de dar publicidade a suas palavras, a respeito das impressões recebidas, naquela noite.

Alda Garrido assentiu, com um gesto de cabeça. Calamo-nos, à espera do que ela ia dizer. Alda refletiu por um momento, depois, como quem encontra a fórmula desejada, exclamou satisfeita:

– Olhe, diga... diga... que eu senti uma coisa!

– Uma coisa?

– Sim, uma coisa, senti uma coisa...

– Mais nada?

– Mais nada!

E aí está. Alda Garrido sentiu uma coisa. E depois disso não sentiu mais nada![20]

20 M. Nunes, O Primeiro Grande Acontecimento do Ano, op. cit., v. 3, p. 115-116.

O deboche está presente na narração do jornalista tanto quanto na atitude da atriz, que, em princípio, mostra-se desinteressada na matéria que será escrita, assim como nos representantes da imprensa. Mas trata-se, na verdade, de um jogo muito bem articulado por Alda Garrido, que desde o início de sua carreira soube servir-se dos meios de comunicação em prol da construção de sua imagem, administrando as simpatias que seu carisma conquistava e as antipatias que o teatro de que era representante passou a suscitar nas gerações de jornalistas modernos.

Alda Garrido sempre dispôs de grande, e permanentemente renovado, espaço nos variados periódicos – espaço ocupado pelas matérias e críticas de seus espetáculos, bem como pelas notas sobre seu cotidiano de personalidade célebre, mas também pelas fotos que Alda Garrido cuidadosamente produzia para sua divulgação. Tal espaço mostra, sem dúvida, que a atriz desfrutava de grande prestígio na qualidade de figura pública. Mas, numa via de mão dupla, ao mesmo tempo que sinalizava seu reconhecimento, a veiculação de sua imagem também reforçava a sua notoriedade, funcionando como um instrumento de ampliação de sua "cotação" no mercado teatral. Evidentemente esse processo só se manteve por tanto tempo porque, em cena, efetivamente, Alda Garrido era bem-sucedida e correspondia à expectativa do seu público. Mas a atriz sabia bem do poder da mídia, e nunca se furtou a prestar entrevistas ou a fazer chegar suas fotos aos destinos importantes. Participou atenta e ativamente da prática corrente entre os artistas de sua geração de oferecer fotos autografadas aos periódicos[21], conferindo à

21 Como a que ofereceu à revista *Carioca*, fig. 12, supra, p. 143 Esta foto contém a dedicatória: "Para a 'Carioca' [Revista *Carioca*], homenagem de Alda Garrido. 16 jun. 41" (Fotógrafo: Leite, São Paulo) A revista publicou cópia da foto, sem o autógrafo, no n. 299, juntamente com outras fotos da atriz, a propósito de uma matéria que continha "um pouco da vida da popular estrela regional do Brasil – um irreverente *portrait-charge* de Ary Pavão e Guevara – fatos de ontem e de hoje. Reportagem de Julio Pires. Especialmente para a Carioca". O mote da matéria era: "Alda vai reaparecer nesta semana em *Brasil Pandeiro*, de Luiz Peixoto e Freire Jr., no João Caetano" (a. 4, 28 jun. 1941, p. 37 e 62). O arquivo fotográfico do jornal *Correio da Manhã* depositado no Arquivo Nacional possui cópia da mesma foto, que mostra a legenda "revista (quadro)".

fotografia um valor próprio de objeto, para além da ideia simplista de entendê-la como mero veículo da imagem que referencia[22].

O que se transmite nas entrevistas de Alda Garrido, portanto, não se resume a memórias pessoais somente; trata-se, por assim dizer, da veiculação dos desejos de Alda, ou da Alda de seu desejo: uma história da atriz processada e reprocessada ao longo dos tempos por ela mesma, menos preocupada com datas, como afirma a própria Alda Garrido, e mais interessada em compor um todo coerente e adequado à sua visão de mundo, de vida, de teatro, no momento em que a conta. Uma certa "ganância de coerência e necessidade", de que fala Pierre Bourdieu em seu "La Ilusión Biográfica", que decorre da ideia de que a vida constitui um todo, um conjunto coerente e orientado, cuja ordem cronológica seria também uma ordem lógica, uma sucessão de etapas de um desenvolvimento necessário, de que se poderia extrair um sentido, uma razão de ser, a culminar em uma meta localizada no seu termo[23]. Coerência que está precisamente na *leitura* dos acontecimentos, e não nos acontecimentos "em si". A propósito, a estruturação deste trabalho em capítulos que acompanham a ordem cronológica foi montada, evidentemente, não como progressão, como se os acontecimentos se processassem em direção a uma culminação, ou obedecessem a uma lógica organizativa, ou organicista, e de encadeamento linear e causal. Tal disposição é entendida, outrossim, como uma *superposição* de Aldas, em que estilhaços das mais antigas mal entreveem-se nas posteriores. A despeito de lá estarem. De todas as várias possibilidades de estruturação, esta foi a escolhida por favorecer o fluxo da narrativa histórico-biográfica, permitindo que as diversas discussões que dela adviessem se desenvolvessem nos respectivos pontos que as suscitaram, incluindo as respectivas conclusões.

Foi pelo interesse do teatro que se procurou trabalhar aqui. E em sua especificidade, e não como "representação" ou "reflexo" de estruturas

22 Sobre os estudos de iconografia teatral, ver o importante trabalho de M.F.V. Chiaradia, *Iconografia Teatral*. Ver também M.H. Werneck; M.J. Brilhante (orgs.), *Texto e Imagem*.

23 P. Bourdieu, *La Ilusión Biográfica*, *Historia y Fuente Oral*, n. 2, p. 27-28.

sociais, o que o eliminaria como fator real da história[24]. Pois, como diz Lowenthal, "assim como a memória valida a identidade pessoal, a história perpetua a autoconsciência coletiva. [...] De fato, o empreendimento da história é crucial para a preservação social"[25]. E foi nesse movimento de "autoconhecimento" do nosso teatro e "instinto" de preservação da nossa história dos palcos que procurou investir esta empreitada. Preservação no sentido mais dinâmico que se possa conceber o termo, já que a própria história é histórica, isto é, inscrita no tempo.

Maria Fofoca: A Alda Não Voltou

Oh espantosa vida. Coisa vulgar é a morte.

João Guimarães Rosa, Os Chapéus Transeuntes, *Estas Estórias*, p. 70.

Em 1970, Alda Garrido preparava a sua volta. A peça que a levaria novamente aos palcos era *Maria Fofoca*, original de Américo Garrido, que teria direção de Rodolfo Arena, e que estava em fase adiantada de ensaios, com fotos de divulgação já lançadas na imprensa. Segundo a atriz, tratava-se "de um espetáculo para rir. Só isso. Sem nenhuma pretensão de fazer pensar. Faço o papel de uma mulher meio biruta que veio de Campo Grande para o *society*, porque o marido virou deputado"[26].

Mas não deu tempo. Em dezembro daquele ano, os jornais davam conta de que um "colapso", ou um "ataque", vitimara a atriz. Somente

24 Por analogia, segundo M. de Certeau, *A Escrita da História*, p. 125, a análise sociológica "torna *impensável* a *especificidade* das organizações ideológicas ou religiosas. Transforma-as em 'representações' ou 'reflexos' de estruturas sociais. Dito de outra maneira, ela as elimina como fatores reais da história: estes são acréscimos e efeitos secundários, preciosos apenas enquanto permitem ver, por transparência, aquilo que os provocou".

25 D. Lowenthal, op. cit., p. 213.

26 P. de Moraes, "A Volta" de Alda Garrido para o "Palco das Recordações", *Gazeta de Teresópolis*, 30 abr. 1998.

Fig. 33: Alda Garrido, Claudia Martins, Lourdes Santana – *Maria Fofoca*, 13 jun. 1970.
Acervo: Arquivo Nacional (Fundo: *Correio da Manhã*)

um jornal mencionou uma "enfermidade que se prolongou por muitos meses"[27]. Tratava-se de um câncer pulmonar que levou Alda Garrido à morte em 8 de dezembro de 1970.

Poucas pessoas estiveram no velório e no enterro. Presentes estavam apenas seus amigos mais próximos, seus familiares, e alguns representantes de entidades. E também os residentes da Casa dos Artistas, a quem ajudava[28]. Ficaram para o enterro os atores Eva Todor, Labanca, Floriano Faissal, Oswaldo Loureiro; os escritores Pedro Bloch, Henrique Pongetti e Lucia Benedetti, sua vizinha de 25 anos; o diretor e crítico Paschoal Carlos Magno; o diretor de fotografia Helio Silva, entre outros. Américo Garrido não aguentou, passou mal no velório e não acompanhou o sepultamento, foi para o apartamento de Copacabana. O Serviço Nacional do Teatro, a Casa dos Artistas e o Governador Negrão de Lima enviaram representantes ao cemitério[29]. Pedro Bloch, em seu discurso na cerimônia do sepultamento da atriz, declarou: "Era uma mulher de uma autenticidade sem fronteiras. Dizia o que pensava e sentia. Pessoa de uma bondade envergonhada, não divulgava o bem que fazia. Como atriz, foi a que mais fez rir no Brasil, um humor sadio e construtivo. Seu teatro marcou época e foi um dos maiores gênios da comunicação que já tivemos."[30]

Ao longo dos dias subsequentes, imensas matérias em todos os jornais, e também em revistas, comentavam o passamento da famosa atriz, ao mesmo tempo que procuravam traçar seu histórico e registrar sua contribuição para o teatro brasileiro. Eurico Silva, na seção "Destaque" da *Revista de Teatro da Sbat*, dedicada a Alda Garrido naquele final de 1970, sentenciou:

> Muito já se disse e muito mais se dirá, ainda, sobre Alda Garrido. E continuarão as comparações. "Em *Madame Sans Gêne* ela foi maior que

27 *O Globo*, 10 dez. 1970.
28 *Última Hora*, 10 dez. 1970.
29 *O Globo*, 10 dez. 1970.
30 Ibidem.

Mistinguett; em *Dona Xepa* suplantou Maria Matos; para os argentinos ela era igual a Olinda Bozan..."

Não. Alda Garrido não era maior, nem superior, nem igual a ninguém. Era única.

Seu gênio criador, seu talento instintivo, sua comunicação com os espectadores eram privilégios seus. Um sorriso de Alda glorificava uma atitude ou destruía uma perversidade. Antes da palavra condenatória, vinha o sorriso cortante, penetrante... Antes do louvor a um bom procedimento vinha o sorriso aprovatório, cheio de sol inundando de luz o caminho por onde as palavras chegariam ao seu fim. Com o sorriso ela preparava a gargalhada, a sátira... Com o sorriso ela enfeitava o perdão. Como artista e como figura humana Alda Garrido foi simplesmente espontânea e sincera. O espaço que Alda Garrido deixou vazio no teatro brasileiro só poderá ser preenchido por outra Alda Garrido.

Continua e continuará sendo comparada a muitas outras atrizes. Mas Alda Garrido não se ajusta a nenhuma comparação. E pode ser definida numa pequena frase: – A atriz brasileira mais brasileira de todas as atrizes brasileiras. [sic][31]

E assim, baixaram-se as luzes em resistência, o pano desceu. Silêncio. Na memória, porém, ecoem-se as gargalhadas!

31 E. Silva, "Alda Garrido", *Revista de Teatro da Sbat*, n. 378, p. 3.

Virtualidades do Fim

E o senhor depois vai não contrariar comigo que, do que se vive e que se vê, a gente toma a proveitosa lição não é corrido, mas do salteado.

João Guimarães Rosa, A Estória do Homem do Pinguelo, *Estas Estórias*.

o que merece especulada atenção do observador, da vida de cada um, não é o seguimento encadeado de seu fio e fluxo, em que apenas muito de raro se entremostra algum aparente nexo lógico ou qualquer desperfeita coerência; mas sim as bruscas alterações ou mutações – estas, pelo menos, ao que têm de parecer, amarradinhas sempre ao invisível, ao mistério.

João Guimarães Rosa, A Estória do Homem do Pinguelo, *Estas Estórias*, p. 158.

Daniel Rocha afirmava que, quando se estudasse seriamente o desenvolvimento do teatro brasileiro do século xx, "o fenômeno Alda Garrido" haveria de "ocupar longamente a atenção dos estudiosos". Para o autor, "a atriz-espetáculo" seria fator exponencial da popularização do teatro declamado no Brasil[1]. Este estudo apenas levanta algumas pontinhas de fios da meada, que ficarão, a partir de agora, à espera de serem deslindados para tecer novos textos. Tanto sobre a trajetória da atriz, propriamente – já que talvez muito

1 D. Rocha, "Alda Garrido": A Atriz-Espetáculo, *Revista de Teatro da Sbat*, n. 291.

mais tenha ficado de fora do que poderia efetivamente constar deste trabalho, como, por exemplo, as excursões nos estados brasileiros e a temporada na Argentina, a vida libertária e a relação com os políticos e o poder – mas também sobre todas as questões que o estudo de uma atriz como Alda Garrido gera para as reflexões acerca do teatro praticado no país e sobre o ator brasileiro. Cada capítulo aqui, ou mesmo cada passagem, é uma construção feita de claros e escuros, em que os focos pontuais se montam entre a deliberação e a possibilidade, uma perfeita incompletude, que carrega em cada falha a sugestão de um novo estudo, de porte certamente muito superior ao deste que aqui se apresenta.

Como um hipertexto prenhe de remissões a serem escritas, este trabalho funciona mais como um inventário da imensa quantidade de estudos que dele podem advir.

Anexos

Cronologia

Para a construção desta cronologia, tomaram-se por base documentos pessoais, periódicos (jornais e revistas) e livros; entre estes últimos, destaca-se notadamente *40 Anos de Teatro*, de Mário Nunes, mas também *Viva o Rebolado! Vida e Morte do Teatro de Revista Brasileiro*, de Salvyano de Paiva.

1895 ▷ Na cidade de São Paulo, na Rua Tamandaré, n. 82, no dia 17 de agosto, nasce Alda, filha de João Serapião Palm e Amancia Moreira Palm, e irmã gêmea de Aldina (que provavelmente faleceu ainda bebê).

c. 1910 ▷ Alda decide tornar-se atriz.

1916 ▷ Com cerca de vinte anos, casa-se com Américo Garrido, e forma com o marido a dupla Os Garridos, apresentando duetos caipiras até 1920, no interior de São Paulo e pelos estados brasileiros. Os números integravam espetáculos que incluíam outros artistas convidados pela dupla, que empresava a companhia.

▷ Neste ano, Alda e Américo, que estavam no Rio de Janeiro, exibiram-se no Pavilhão Floriano (circo), armado na rua São Francisco Xavier n. 404, cujo diretor era o famoso campeão de luta greco-romana José Floriano Peixoto, o Zeca Floriano.

1921 ▷ 28 de março: Alda e Américo participam do festival em comemoração pelo oitavo ano da revista *Theatro & Sport*, no Teatro República.

▷ 2 de abril: Alda Garrido é capa de *Theatro & Sport*.

1922 ▷ Companhia Garrido, depois de excursionar pelos Estados:

▷ 7 de março: *A Entrevista*, comédia de Manuel do Campo, no Cine-Teatro Brasil, à rua Haddock Lobo.

▷ 14 de março: *A Cabocla de Caxangá*, de Gastão Tojeiro, no Cine-Teatro Brasil.

▷ 15 de março: *Propriedade de Família*, no Cine-Teatro Brasil.

▷ Antes do final de março, a companhia seguiu para Petrópolis, onde fez temporada no Capitólio.

▷ Voltou ao Rio, indo ocupar o Cine-Teatro Centenário, na Praça 11 de Junho (conhecida hoje como Praça Onze), com o seguinte elenco: Alda Garrido, Angélica Silveira, Pepa Ruiz, Georgina Teixeira; e Américo Garrido, Pinto de Morais, Alves Moreira, Manoelino Teixeira, João Celestino, Luiz Bastos, Pedro Celestino. Direção musical: Maestro Arquimedes de Oliveira.

▷ 19 de maio: *A Mulata do Cinema*, burleta de Gastão Tojeiro. Música de Freire Jr., no Cine-Teatro Centenário.

▷ A empresa do Cine-Teatro América, da Praça Saens Peña, contrata o casal para estar à frente de uma companhia que ali atuaria, tendo-os como principais figuras. No Teatro América:

▷ *O Homem da Light*, de Freire Jr. (este aparecia nos anúncios como maestro Dr. Freire Jr., valorizando seus conhecimentos musicais e o título de odontólogo) – firmaram-se como bons atores.

▷ Alda e Américo lideravam o conjunto, cujos atores principais eram Estephânia Louro e João de Deus.

▷ Novembro: *A Cabocla de Caxangá*, de Gastão Tojeiro.

▷ 6 de dezembro de 1922: *Luar de Paquetá*, de Freire Jr.

1923 ▷ 9 de março a 31 de dezembro: Companhia Alda Garrido no Teatro Carlos Gomes.

▷ 9 de março: *Quem Paga É o Coronel*, burleta de Freire Jr.

▷ 24 de abril: *O Embaixador*, de Armando Gonzaga (escrita especialmente para a companhia).

▷ 3 de maio: *Luar de Paquetá*.

▷ 14 de junho: Alda festejou o centenário. Ofereceu a Freire Jr. aparelho de chá trabalhado em prata.

▷ 6 de julho: festeja a 150ª representação de *Luar de Paquetá*.

▷ 13 de julho: *Maria Sabida*, de Vítor Pujol. Música de Assis Pacheco.

▷ 10 de agosto: *O Homem da Light*, de Freire Jr.

▷ 31 de agosto: *A Francesinha do Bataclan*, de Gastão Tojeiro. Música de Raul Martins.

▷ 13 de outubro: completou cem representações de *A Francesinha do Bataclan*.

▷ 17 de outubro: *A Rainha da Beleza*, de Freire Jr.

▷ 8 de novembro: *Zé Mocotó*, dos Irmãos Quintiliano. Música de Eduardo Souto.

▷ 15 de novembro: *Luar de Paquetá*

▷ 23 de novembro: *A Morena Salomé*, de F. Corrêa da Silva. Música de Freire Jr.

▷ 1º de dezembro: *Luar de Paquetá*

▷ 4 de dezembro: *A Pequena da Marmita*, de Freire Jr.

▷ 18 de dezembro: *A Casinha Pequenina*, de Alda Garrido. Música de Freire Jr.

1924 ▷ Alda Garrido: prolongamento da temporada de 1923, no Teatro Carlos Gomes, até 17 de fevereiro, a esse teatro voltando em 17 de outubro.

▷ 1º de janeiro de 1924: *A Casinha Pequenina*, de Alda Garrido.

▷ 16 de janeiro de 1924: *Noite de Luar*, de J. Miranda. Música de J. Freitas.

▷ 31 de janeiro: *A Garota dos Bombons*, de Gastão Tojeiro.

▷ 16 de fevereiro: *Quem Paga É o Coronel*, de Freire Jr.

▷ 17 de fevereiro: *Luar de Paquetá*, de Freire Jr., em despedida.

▷ Foi colocada, no jardim, placa comemorativa da temporada da companhia.

▷ Voltou a ocupar o Carlos Gomes, nos últimos três meses do ano.

▷ 17 de outubro: *Ilha dos Amores*, burleta de Freire Jr.

▷ 14 de novembro: *Sol de Verão*, de C. Pires e J. Santos.

▷ 21 de novembro: *Quem Paga É o Coronel*, reapresentação.

▷ 26 de novembro: *Luar de Paquetá*, reapresentação.

▷ 28 de novembro: *Zozó Cortou os Cabelos*, de Gastão Tojeiro.

▷ 18 a 31 de dezembro: *Esposas Ingênuas*, de Alda Garrido e C. Fontela. Música de Hans Dienhammer.

1925

▷ Alda Garrido, segue no Teatro Carlos Gomes, de 1º de janeiro a 29 de julho, e em seguida vai trabalhar em Niterói. De volta foi ocupar o Rialto e o República, de 11 a 17 de dezembro.

▷ 1º de janeiro: *Esposas Ingênuas*, de Alda Garrido

▷ 2 de janeiro: *Chuva de Noivas*, burleta de Corrêa Varela. Música de Adalberto de Carvalho.

▷ 13 de janeiro: *A Pequena da Marmita*, reapresentação .

▷ 17 de janeiro: *A Costureirinha da Rua 7*, burleta de Corrêa da Silva.

▷ 11 de fevereiro: *Vamos Lá*, revista-burleta de Freire Jr.

▷ 21 de março: *A Princesinha do Bataclan*

▷ 25 de março: *A Mulata do Cinema*

▷ 1º de abril: *A Tal do Telefone*, burleta de Gastão Tojeiro.

▷ 9 e 10 de abril: *Mártir do Calvário.*

▷ 11 de abril: *A Tal do Telefone*

▷ 24 de abril: *Os Fiteiros*, burleta de Júlio Roma. Música de Bento Mossurunga.

▷ 1º de maio: *A Garota dos Bombons.*

▷ 8 de maio: *Comidas, Seu Tibúrcio*, burleta de R. Coutinho e S. Concertino. Música de Sofonias Dornelas.

▷ 14 de maio: desligou-se da companhia o ator-ensaiador Pinto de Morais; foi substituído por Otávio Rangel.

▷ 5 de junho: *No Colégio da Marocas*, burleta de Vitor Pujol. Música de Sá Pereira.

▷ 20 de junho: *A Ilha dos Amores.*

▷ 25 de junho: *A Costureirinha da Rua 7.*

▷ 28 de junho: despediu-se, foi trabalhar em Niterói. De volta foi ocupar o Rialto.

▷ 11 a 17 de dezembro: no República.

1926

▷ Alda Garrido é contratada pela Empresa Pascoal Segreto, na pessoa de Domingos Segreto.

▷ 7 de abril: *Pirão de Areia*, de Marques Porto. Música de Assis Pacheco e Julio Cristóbal.

▷ 20 de abril: Alda e Américo Garrido desligam-se da companhia.

▷ 2 de maio: *Cala a Boca, Etelvina!*, burleta de Armando Gonzaga, versos de Rubem Gill e música de Freire Jr. Encheu-se a plateia, nas duas sessões. Foi aplaudida a transformação da popular comédia em burleta. Alda deu vivo colorido à protagonista.

▷ 28 de maio: *A Pupila de Meu Tio*, comédia de Antonio Guimarães.

▷ 10 de junho: *Flor do Lodo*, burleta de Freire Jr.

▷ 22 a 27 de junho: *Cala a Boca, Etelvina!*

▷ Alda, Américo e outros integrantes saem da companhia.

▷ 3 de julho: *Cala a Boca, Etelvina!*

1927 ▷ Teatro Glória, de 20 de junho a 25 de setembro; e Rialto, 21 de novembro a primeiros dias de dezembro.

▷ 20 de junho: *Quem Paga É o Coronel* e *A Pequena da Marmita*.

▷ 25 de junho: *Visita de Cerimônia*

▷ 11 e 18 de julho: *Cala a Boca, Etelvina!*

▷ 27 de julho: *Nhá Severina*

▷ 2 de agosto: *Herança do Epaminondas*, do Conde Abranches.

▷ 4 de agosto: *Zoé Cortou o Cabelo*.

▷ 6 de agosto: *Estourou a Bomba*.

▷ 15 de agosto: *A Mulher do Dr. Azevedo*, de Miguel Santos.

▷ 22 de agosto: *A Viúva dos 500*.

▷ 29 de agosto: *Comidas, Seu Tibúrcio*, burleta.

▷ 5 de setembro: *José Seixas & Cia.*, de Gastão Tojeiro.

▷ 14 de setembro: *Luar de Paquetá*.

▷ 19 de setembro: *A Mulher de Meu Marido*.

▷ Despediu-se no dia 25. Depois foi ocupar o Rialto.

▷ 21 de novembro: *A Francesinha*, de Gastão Tojeiro.

▷ 28 de novembro e 1º de dezembro: *O Pai de Todos*, de Acácio Silvestre.

▷ Em poucos dias, dissolveu-se a companhia.

1928 ▷ 2 de janeiro de 1928: na Zig-Zag, pequena companhia de revistas que Eduardo Vieira dirige (formada sob direção de Pinto Filho, direção artística de Eduardo Vieira) lançou a *revuette* de Freire Jr., *Teia de Aranha*, no Teatro São José, enorme sucesso e temporada prorrogada.

▷ 5 de julho: Alda Garrido estreia na Companhia Nacional de Revistas, do empresário Antonio Neves, no Teatro Recreio, com *Cadê as Notas?*, de Luiz Peixoto e Marques Porto. Música de Assis Pacheco, Mário Silva e B. Vivas.

▷ 20 de julho: no Recreio, Alda Garrido é escolhida como a nova "Rainha do Teatro".

▷ 17 de agosto: *As Manhãs do Galeão*, de Freire Jr.

▷ 7 de setembro: *Cadê as Notas?*

▷ 13 de setembro: *Cachorro Quente*, Antonio Quintiliano. Música de Júlio Cristóbal, Sá Pereira, J.B. da Silva (Sinhô).

▷ 5 de outubro: *Capital Federal*.

▷ 26 de outubro: *É da Fuzarca*, Carlos Bittencourt e Cardoso Menezes.

▷ 16 de novembro: *Palácio das Águias*, Geysa Bôscoli e Luiz Carlos Júnior. Música de Júlio Cristóbal.

1929 ▷ 2 de abril a 26 de maio: a Companhia Alda Garrido ocupa o Teatro Carlos Gomes. Elenco: Alda Garrido, Adriana Noronha, Olga Louro, Estefânia Louro, Célia Zenatti, Augusto Aníbal, Álvaro Fonseca, João Lino, Américo Garrido, Pascoal Américo.

▷ 1º de março: *A Dorinha É da Fuzarca*, de Gastão Tojeiro. Música de Antônio Lago, Sofonias Dornelas, J. Freitas, Sinhô, João da Gente.

▷ 15 de março: *Nhá Severina*, Antônio Guimarães. Música de Henrique Vogeler, Sá Pereira e Martinez Grau.

▷ Na Semana Santa, apresenta *O Mártir do Calvário*, de Eduardo Garrido, 28 (quinta) e 29 (sexta) de março, no Teatro Carlos Gomes.

▷ 4 de abril: *Eu Quero Uma Mulher Bem Nua...*, de Freire Jr. e João da Graça.

▷ 30 de abril: *Seu Julinho Vem...*, de Freire Jr. Francisco Alves estreia na companhia.

▷ 24 de maio: *Luar de Paquetá*; *Quem Paga É o Coronel*, reapresentações.

▷ 26 de maio: despede-se e vai trabalhar no Cine Teatro Imperial, em Niterói.

c. 1930 ▷ Desquita-se de Américo Garrido.

▷ Companhia Alda Garrido ocupa o Teatro Casino (situado no Passeio Público), de 12 de junho a 3 de julho.

▷ 12 de junho: *A Moça Que Vende Discos*, de Gastão Tojeiro.

▷ 19 de junho: participa de festival no Teatro Lírico, realizado pela "folclorista" Carmem Miranda, já grandemente popular, com acompanhamento da Orquestra Vitor, violonistas Rogério Guimarães, Josué de Barros e Jacy Pereira. Tomaram parte: Procópio, Hortência, Palitos, Estevão Amarante, Alda Garrido, Roulien, Álvaro Moreyra, Sílvio Vieira, Gastão Formenti, Patrício Teixeira, Tamar Moema, Olegário Mariano, Breno Ferreira.

▷ 20 de junho: *Casa de Caboclo*, de Freire Jr.

▷ 1º de julho: *A Pequena de Icaraí*, de Freire Jr.

▷ Ficou em cena até dia 3 de julho. A companhia foi, então, apresentar uma série de espetáculos em Niterói.

▷ Forma nova companhia do Trianon: Alda Garrido, Amália Capitani, Augusta Guimarães, Noêmia Santos, Jorge Diniz, Augusto Aníbal, Edmundo Maia, João de Deus, Américo Garrido.

▷ 19 de dezembro: *A Cocota Revoltou-se*, de Gastão Tojeiro.

▷ 26 de dezembro: *Uma Mulher Complicada*, de Paul Gavault e Berr. Tradução de Miguel Santos.

1931 ▷ Alda Garrido: temporada no Teatro Trianon vinda de 1930 e seguindo até 15 de janeiro.

▷ 1º de Janeiro: *Uma Mulher Complicada*.

▷ 2 de janeiro: *A Viúva do Senador*, de Alda Garrido.

▷ 7 de janeiro: *Hotel dos Amores*, de Miguel Santos

▷ 14 de janeiro: *A Totoca Revoltou-se*, com que se despediu no dia 15.

1932 ▷ Alda é citada por Mário Nunes entre as figuras máximas na revista.

▷ Os cinemas Eldorado e Odeon apresentavam números de palco. No primeiro, Alda Garrido com Américo, De Chocolate, Alfredo de Albuquerque.

▷ Alda entra na Neves & cia, depois que esta é remodelada, em setembro.

▷ 5 de outubro: *O Armistício*, de Marques Porto, Ari Barroso, Carlos Cavaco, no Teatro Recreio, com a Neves & cia.

▷ 17 de novembro: *De Vento em Popa...*, de Velho Sobrinho, Gastão Penalva e Mário Belmonte.

▷ Em dezembro, a companhia sofre nova remodelação, e Alda já não aparece no elenco.

1933

▷ Alda Garrido entra na Companhia de Revistas Parisienses da empresa Luiz Galvão, direção de Luiz de Barros, que se instalou no Rialto remodelado.

▷ 15 de setembro: *Mossoró, Minha Nega*, de Marques Porto, Ari Barroso no Rialto, com a Companhia de Revistas Parisienses.

▷ 29 de setembro: *Cavando Ouro*, de Gilberto de Andrade e Raimundo Magalhães Jr.

▷ 12 de outubro: *Luar de Paquetá*.

▷ 20 de outubro: *Galeria Cruzeiro*, de Vitor Costa.

▷ 7 de novembro: *Mimi Gandaia*.

▷ Dissolve-se a Companhia de Revistas Parisienses.

1934

▷ *Cavando Ouro*, de Magalhães Jr. e Gilberto de Andrade, no Rialto, com a Companhia Alda Garrido.

▷ 5 de outubro, Alda Garrido estreia no Rio-Teatro (segundo nome da boate Meu Brasil), onde permanece durante todo o mês. A tentativa de boate-teatro, na rua Álvaro Alvim, não vai adiante.

▷ 5 de outubro: *A Pequena das Amostras*, de Gastão Tojeiro, no Rio-Teatro, Companhia Alda Garrido.

▷ 10 de outubro: *Vote em Mim, D. Xandoca*, de Gastão Tojeiro, reapresentação.

▷ 17 de outubro: *Minha Casa É um Paraíso*, de Luiz Iglézias.

▷ Dezembro: Alda Garrido entra na companhia de revistas formada por Freire Jr. e Luiz Iglézias para o Teatro Recreio.

1935

▷ Dezembro de 1934: Alda Garrido entra na companhia de revistas formada por Freire Jr. e Luiz Iglézias para o Teatro Recreio, em que estrelava Araci Cortes. Em fevereiro Araci afasta-se, é substituída por Isabelita Ruiz e, em março, Alda passa a encabeçar o elenco.

▷ 21 de março: *Eva Querida*, de Freire Jr. e Miguel Santos, Companhia de Revistas do Recreio.

▷ 20 de abril: *Parei Contigo!*, de César Ladeira.

▷ 24 de maio: *Da Favela ao Catete*, de Freire Jr.

▷ 28 de junho: *Cidade Maravilhosa*. Reapresentação.

▷ 26 de julho: *Cadeia da Sorte*, de N. Tangerini e A. Cabral.

▷ 16 de agosto: *Do Norte ao Sul*, de Iglézias e Freire Jr.

▷ 6 de setembro: *Bailarina do Cassino*, de Freire Jr.

▷ 27 de setembro: *Na Hora H*, de Carlos Bittencourt.

▷ 25 de outubro: *O Gordo e o Magro*, de José Lira.

▷ 14 de novembro: *Coração do Brasil*, de Freire Jr.

▷ 22 de novembro: *Eva Querida*. Reapresentação.

▷ 29 de novembro: *O.K.*, de César Ladeira

▷ Em 7 de dezembro a empresa festejou o primeiro aniversário de sua fundação; a 17 despediu-se. Foi realizar temporada em São Paulo.

1936 ▷ Em outubro, Companhia Alda Garrido em São Paulo.

1937 ▷ No Teatro Carlos Gomes.

▷ 2 a 18 de abril: com *Vai Correr*, revista de Gastão Tojeiro.

▷ Estreia em 30 de abril *Quem Vem Lá?*, que, segundo Salvyano Paiva, superlotou o Teatro Carlos Gomes por dois meses.

▷ 15 a 22 de julho: *Ramo de Oliveira*, de Luiz Peixoto e Gilberto de Andrade, rendeu somente uma semana.

▷ *Batendo Papo*, de Luiz Peixoto, J. Maia e Marques Jr. Música de vários compositores. Também obteve curta temporada.

1938 ▷ Janeiro: no Teatro Carlos Gomes, com a revista *Olá, Seu Nicolau!*, de J. Maia e Marques Jr. Música original e compilada por Ercole Varetto, Benedito Lacerda, Kid Pepe e outros. 21 dias de casas repletas, com duas sessões por noite, vesperais aos sábados e domingos. Dirigido por A. Vasques.

▷ 28 de janeiro a 10 de fevereiro: a revista seguinte, *Orgia*, de Luiz Peixoto e Gilberto Andrade, não foi bem.

▷ Seguem-se outros insucessos.

▷ 19 de agosto: recupera-se com *Diamante Negro*, de Freire Jr. e J. Cabral.

▷ 9 de setembro: estreia *O Marreco Vem Aí*, de Alda Garrido, Humberto Cunha e Milton Amaral. Fica em cartaz por trinta dias.

▷ Outubro: *É pra Nós*, de Alda Garrido e Milton Amaral, marca a despedida do Carlos Gomes.

▷ É lançado *Caipira em Hollywood*, de Capitão Furtado, pela Odeon, cateretê gravado em dupla com Alda Garrido.

1939 ▷ 27 de outubro: *Em Ponto de Bala!*, de Luiz Peixoto e Ary Barroso, no Teatro Recreio.

▷ 29 de dezembro: o empresário Walter Pinto faz com que, no espetáculo *Tem Marmelada*, de Carlos Bittencourt e Cardoso de Meneses, Alda Garrido e Araci Cortes dividam o palco pela primeira e última vez, no Teatro Recreio.

1940 ▷ *Tem Marmelada* fechou para o carnaval.

▷ Alda faz sua estreia no cinema com *E o Circo Chegou*, dirigido por Luiz de Barros.

1941 ▷ 27 de junho a 13 de agosto: *Brasil Pandeiro*, de Freire Jr. e Luiz Peixoto. Música de Assis Valente, no Teatro João Caetano.

▷ 14 de agosto a 17 de setembro: *Silêncio, Rio!*, de Freire Jr. Novo grande sucesso com lotações esgotadas no Teatro João Caetano.

▷ 18 de setembro a 15 de outubro: *Boa Vizinhança*, de Rubem Gill e Alfredo Breda, no Teatro João Caetano. Mais um triunfo de crítica e público.

▷ 16 a 26 de outubro: *Chave de Ouro*, de Freire Jr., não teve o mesmo sucesso das demais deste ano de muitas glórias.

1944 ▷ Déa e Cazaré apresentam Alda Garrido em *Gato por Lebre*, na Cinelândia, Rio de Janeiro.

▷ Alda Garrido apresenta-se no cassino de Poços de Caldas (MG), onde conhece o proprietário do Teatro Rival (RJ), Vivaldo Leite Ribeiro, que a convidou para nele trabalhar. Alda aceitou.

1945 ▷ 15 de março a 24 de abril: *De Pernas Pro Ar*, de Renato Murce, na Companhia de Revistas Jararaca & Ratinho, no Teatro João Caetano.

▷ 26 de abril a 1º de julho: *Que Rei Sou Eu?*, de Luiz Iglézias e Freire Jr., na Companhia de Revistas Jararaca & Ratinho, no Teatro João Caetano. Mais de 150 reapresentações em dois meses e meio. Depois dessa temporada, Alda sai da companhia.

1946 ▷ *Rosa das Sete Saias*, comédia em 3 atos de Anselmo Domingos, no Teatro Rival. Direção artística: Alda Garrido.

1947 ▷ *Gostar... e Fechar os Olhos*, de Pedro E. Pico, no Teatro Rival.

1949 ▷ *Luar de Paquetá* e *O Barreto É Candidato*, adaptação de José Vanderley e Roberto Ruiz, no Teatro Rival:

1950 ▷ *Dona Brizolina; Miquelina; Se o Guilherme Fosse Vivo*, de Carlos Llopis; *Os Filhos do Biruta; Gostar... e Fechar os Olhos*. Todas no Teatro Rival:

1951 ▷ *Chiruca*.

1952 ▷ *Madame Sans Gêne*, com a qual ganhou "a medalha de ouro de 1952" como "Melhor Atriz do Ano".

▷ A comédia *Mamãe Dormiu na Rua* é reapresentada antes de seguir para São Paulo.

1953 ▷ Estreia *Dona Xepa*, de Pedro Bloch, no Teatro Rival. Consagração, permanece dois anos em cartaz e é encenada mais de quinhentas vezes.

▷ Realiza temporada de um mês em Lisboa, Portugal, com os espetáculos *Dona Xepa, Se o Guilherme Fosse Vivo, Madame Sans Gêne, Toma, Que o Filho É Teu...* e *Tia Faustina*.

▷ Recebe o Prêmio Municipal de Teatro, 50 mil cruzeiros entregues pela Prefeitura do Distrito Federal, de acordo com projeto de Magalhães Jr.: "Melhor Atriz de Comédia", por *Dona Xepa*.

1954 ▷ Reestreia *Dona Xepa* no Rival.

▷ *Da Favela ao Catete* e *Madame Sans Gêne*.

1955 ▷ *Dona Xepa* é listada no *New York Times* como um dos dez maiores sucessos mundiais do ano anterior.

▷ Participa de *Poeira de Estrelas*, evento da Fundação Brasileira de Teatro (FBT), de Dulcina de Morais, em 24 de outubro, no Teatro Municipal do Rio de Janeiro, do qual participaram os principais nomes do teatro de então.

▷ *Mulher de Briga*, de Pedro Bloch.

1956 ▷ Faz teleteatro de comédia, sob direção de Victor Berbara, no programa *Teatro de Variedades Moinho de Ouro*, da TV-Rio.

1957 ▷ *Mulher de Verdade*, de Daniel Rocha, no Teatro Rival, com aCompanhia Alda Garrido.

▷ 29 de março a 11 de julho: *Chuvisco*, de Alda Garrido (paródia de *Chuva* de Somerset Maugham), no Teatro Rival, com a Companhia Alda Garrido.

▷ 12 de julho de 1957: estreia *Dona Brasília Vai Casar*, no Teatro Rival, com a Companhia Alda Garrido.

1958 ▷ Ano em que filma *Dona Xepa*, de Darcy Evangelista.

1959 ▷ Estreia do filme *Dona Xepa*, que protagoniza.

1960 ▷ Em televisão, na extinta TV Tupi, fez teleteatro de comédia, no programa *Teatro de Comédias Imperatriz das Sedas*.

1963 ▷ *Dona Brizolina*, contratada por Fernando D'Ávila, no Teatro Jardel.

1970 ▷ Prepara sua volta, com a peça *Maria Fofoca*, de Alda Garrido, que seria dirigida por Rodolfo Arena, mas morre antes da estreia, em decorrência de um câncer pulmonar, em 8 de dezembro de 1970, no Rio de Janeiro, aos 75 anos de idade.

▷ 9 de dezembro: enterro no Cemitério São João Batista, quadra 13, jazigo perpétuo da família de Américo Garrido.

1971 ▷ Lançamento do filme *Cômicos... + Cômicos...*, que apresenta trechos de filmes antigos de alguns dos cômicos mais famosos do Brasil. Filmes como *Acabaram-se os Otários*; *Alô, Alô Carnaval*; *E o Circo Chegou*; *Berlim da Batucada*; *Malandros em Quarta Dimensão*; *A Dupla do Barulho*; *Rico Ri à Toa*; *Chico Fumaça*; *Pega Ladrão*; *Dona Violante Miranda*. Nome de Alda Garrido consta no cartaz por conta de sua participação em *E o Circo Chegou*.

Trabalhos Artísticos de Alda Garrido

(Listagem parcial com dados apenas de temporadas cariocas)

Peças em Que Atuou

	PEÇA	COMPANHIA	TEATRO / DATA DE ESTREIA
1.	*A Cabocla de Caxangá*, de Gastão Tojeiro	Os Garridos	Cine-Teatro Brasil, 14 mar. 1922 Cine-Teatro América, nov. 1922
2.	*A Casinha Pequenina*, de Alda Garrido. Música de Freire Jr.	Alda Garrido	Teatro Carlos Gomes, 18 dez. 1923 e 1º jan. 1924
3.	*A Cocota Revoltou-se*, comédia de Gastão Tojeiro	Alda Garrido	Teatro Trianon, 19 dez. 1930
4.	*A Costureirinha da Rua 7*, burleta de Corrêa da Silva	Alda Garrido	Teatro Carlos Gomes, 17 jan. 1925 e 25 jun. 1925
5.	*A Dorinha É da Fuzarca*, de Gastão Tojeiro. Música de Antônio Lago, Sofonias Dornelas, J. Freitas, Sinhô, João da Gente	Alda Garrido	Teatro Carlos Gomes, 1º mar. 1929
6.	*A Entrevista*, comédia de Manuel do Campo	Os Garridos	Cine-Teatro Brasil, 7 mar. 1922
7.	*A Francesinha*, de Gastão Tojeiro	Alda Garrido	Teatro Rialto, 21 nov. 1927
8.	*A Francesinha do Bataclan*, de Gastão Tojeiro. Música de Raul Martins	Alda Garrido	Teatro Carlos Gomes, 31 ago. 1923, mais de cem apresentações
9.	*A Garota dos Bombons*, de Gastão Tojeiro	Alda Garrido	Teatro Carlos Gomes, 31 jan. 1924 e 1º maio 1925
10.	*A Moça Que Vende Discos*, de Gastão Tojeiro	Alda Garrido	Teatro Casino, 12 jun. 1930
11.	*A Morena Salomé*, de F. Corrêa da Silva. Música de Freire Jr.	Alda Garrido	Teatro Carlos Gomes, 23 nov. 1923
12.	*A Mulata do Cinema*, burleta de Gastão Tojeiro. Música de Freire Jr.	Os Garridos	Cine-Teatro Centenário, 19 maio 1922 Teatro Carlos Gomes, 25 mar. 1925
13.	*A Mulher do Dr. Azevedo*, de Miguel Santos	Alda Garrido	Teatro Glória, 15 ago. 1927
14.	*A Mulher de Meu Marido*	Alda Garrido	Teatro Glória, 19 set. 1927
15.	*A Pequena da Marmita*, de Freire Jr.	Alda Garrido	Teatro Carlos Gomes, 4 dez. 1923 e 13 jan. 1925 Teatro Glória, 20 jun. 1927
16.	*A Pequena das Amostras*, de Gastão Tojeiro	Alda Garrido	Boate Rio-Teatro, 5 out. 1934
17.	*A Pequena de Icaraí*, de Freire Jr.	Alda Garrido	Teatro Casino, 1º jul. 1930
18.	*A Princesinha do Bataclan*	Alda Garrido	Teatro Carlos Gomes, 21 mar. 1925

	PEÇA	COMPANHIA	TEATRO / DATA DE ESTREIA
19.	*A Pupila de Meu Tio*, comédia de Antonio Guimarães	Empresa de Manoel Pinto	Cine Ideal, 28 maio 1926
20.	*A Rainha da Beleza*, de Freire Jr.	Alda Garrido	Teatro Carlos Gomes, 17 out. 1923
21.	*A Totoca Revoltou-se*	Alda Garrido	Teatro Trianon, 14 jan. 1931
22.	*A Viúva do Senador*, de Alda Garrido	Alda Garrido	Teatro Trianon, 2 jan. 1931
23.	*A Viúva dos 500*	Alda Garrido	Teatro Glória, 22 ago. 1927
24.	*As Manhãs do Galeão*, de Freire Jr.	Companhia Nacional de Revistas	Teatro Recreio, 17 ago. 1928
25.	*Bailarina do Cassino*, de Freire Jr.	Companhia de Revistas do Recreio	Teatro Recreio, 6 set. 1935
26.	*Batendo Papo*, de Luiz Peixoto, J. Maia e Marques Jr. Música de vários compositores		Teatro Carlos Gomes, 1937
27.	*Boa Vizinhança*, de Rubem Gill e Alfredo Breda		Teatro João Caetano, 18 set.-15 out. 1941
28.	*Brasil Pandeiro*, de Freire Jr. e Luiz Peixoto. Música de Assis Valente		Teatro João Caetano, 27 jun.-13 ago. 1941
29.	*Cachorro Quente*, de Antonio Quintiliano. Música de Júlio Cristóbal, Sá Pereira, J.B. da Silva (Sinhô)	Companhia Nacional de Revistas	Teatro Recreio, 13 set. 1928
30.	*Cadê as Notas?*, de Luiz Peixoto e Marques Porto. Música de Assis Pacheco, Mário Silva e B. Vivas	Companhia Nacional de Revistas	Teatro Recreio, 5 jul. 1928 Teatro Recreio, 7 set. 1928
31.	*Cadeia da Sorte*, de N. Tangerini e A. Cabral	Companhia de Revistas do Recreio	Teatro Recreio, 26 jul. 1935
32.	*Cala a Boca, Etelvina!*, burleta de Armando Gonzaga, versos de Rubem Gill. Música de Freire Jr.	Empresa de Manoel Pinto Alda Garrido	Cine Ideal, 2 maio 1926 e 22-27 jun. 1926 Teatro Rialto, 3 jul. 1926 Teatro Glória, 11 e 18 jul. 1927
33.	*Capital Federal*	Companhia Nacional de Revistas	Teatro Recreio, 5 out. 1928
34.	*Casa de Caboclo*, de Freire Jr.	Alda Garrido	Teatro Casino, 20 jun. 1930
35.	*Cavando Ouro*, de Magalhães Jr. e Gilberto de Andrade	Companhia de Revistas Parisienses Alda Garrido	Teatro Rialto, 29 set. 1933 Teatro Rialto, 1934
36.	*Chave de Ouro*, de Freire Jr.		Teatro João Caetano, 16-26 out. 1941

	PEÇA	COMPANHIA	TEATRO / DATA DE ESTREIA
37.	*Chiruca*	Alda Garrido	Teatro Rival, 1951
38.	*Chuva de Noivas*, burleta de Corrêa Varela. Música de Adalberto de Carvalho	Alda Garrido	Teatro Carlos Gomes, 2 jan. 1925
39.	*Chuvisco*, de Alda Garrido	Alda Garrido	Teatro Rival, 29 mar.-11 jul. 1957
40.	*Cidade Maravilhosa*	Companhia de Revistas do Recreio	Teatro Recreio, 28 jun. 1935
41.	*Comidas, Seu Tibúrcio*, burleta de R. Coutinho e S. Concertino. Música de Sofonias Dornelas	Alda Garrido	Teatro Carlos Gomes, 8 maio 1925 Teatro Glória, 29 ago. 1927
42.	*Coração do Brasil*, de Freire Jr.	Companhia de Revistas do Recreio	Teatro Recreio, 14 nov. 1935
43.	*Da Favela ao Catete*, de Freire Jr.	Companhia de Revistas do Recreio	Teatro Recreio, 24 maio 1935
44.	*De Pernas pro Ar*, revista de Renato Murce	Companhia de Revistas Jararaca & Ratinho	Teatro João Caetano, 15 mar.-24 abr. 1945
45.	*De Vento em Popa...*, de Velho Sobrinho, Gastão Penalva e Mário Belmonte	Neves & cia.	Teatro Recreio, 17 nov. 1932
46.	*Diamante Negro*, de Freire Jr. e J. Cabral		Teatro Carlos Gomes, 19 ago. 1938
47.	*Do Norte ao Sul*, de Luiz Iglézias e Freire Jr.	Companhia de Revistas do Recreio	Teatro Recreio, 16 ago. 1935
48.	*Dona Brasília Vai Casar*	Alda Garrido	Teatro Rival, 12 jul. 1957
49.	*Dona Brizolina*	Alda Garrido	Teatro Rival Teatro Jardel, 1963
50.	*Dona Xepa*, de Pedro Bloch	Alda Garrido	Teatro Rival, 1953 e 1954
51.	*A Tal do Telefone*, burleta de Gastão Tojeiro	Alda Garrido	Teatro Carlos Gomes, 1º abr. 1925 e 11 abr. 1925
52.	*É da Fuzarca*, Carlos Bittencourt e Cardoso Menezes	Companhia Nacional de Revistas	Teatro Recreio, 26 out. 1928
53.	*É Pra Nós*, revista de Alda Garrido e Milton Amaral		Teatro Carlos Gomes, outubro de 1938
54.	*Em Ponto de Bala!*, de Luiz Peixoto e Ary Barroso		Teatro Recreio, 27 out. 1939
55.	*Esposas Ingênuas*, de Alda Garrido e C. Fontela. Música de Hans Dienhammer	Alda Garrido	Teatro Carlos Gomes, 18 dez. 1924-1º jan. 1925
56.	*Estourou a Bomba*	Alda Garrido	Teatro Glória, 6 ago. 1927

	PEÇA	COMPANHIA	TEATRO / DATA DE ESTREIA
57.	*Eu Quero Uma Mulher Bem Nua...*, de Freire Jr. e João da Graça	Alda Garrido	Teatro Carlos Gomes, 4 abr. 1929
58.	*Eva Querida*, de Freire Jr. e Miguel Santos	Companhia de Revistas do Recreio	Teatro Recreio, 21 mar. 1935 Teatro Recreio, 22 nov. 1935
59.	*Flor do Lodo*, burleta de Freire Jr.	Empresa de Manoel Pinto	Cine Ideal, 10 jun. 1926
60.	*Galeria Cruzeiro*, de Vitor Costa	Companhia de Revistas Parisienses	Teatro Rialto, 20 out. 1933
61.	*Gato por Lebre*		1944
62.	*Gostar e... Fechar os Olhos*, de Pedro E. Pico	Alda Garrido	Teatro Rival, jul. 1947
63.	*Herança do Epaminondas*, de Conde Abranches	Alda Garrido	Teatro Glória, 2 ago. 1927
64.	*Hotel dos Amores*, de Miguel Santos	Alda Garrido	Teatro Trianon, 7 jan. 1931
65.	*Ilha dos Amores*, burleta de Freire Jr.	Alda Garrido	Teatro Carlos Gomes, 17 out. 1924 Teatro Carlos Gomes, 20 jun. 1925
66.	*José Seixas & Cia.*, de Gastão Tojeiro	Alda Garrido	Teatro Glória, 5 set. 1927
67.	*Luar de Paquetá*, de Freire Jr.	Os Garridos	Cine-Teatro América, 6 dez. 1922
		Alda Garrido	Teatro Carlos Gomes, 3 maio 1923; 15 nov. 1923; 1º dez. 1923; 17 fev. 1924; e 26 nov. 1924 Teatro Glória, 14 set. 1927
		Companhia de Revistas Parisienses	Teatro Rialto, 12 out. 1933
		Alda Garrido	Teatro Carlos Gomes, 24 maio 1929
68.	*Madame Sans Gêne*	Alda Garrido	Teatro Rival, 1952
69.	*Mamãe Dormiu na Rua*	Alda Garrido	Teatro Rival, 2 set. 1952
70.	*Maria Gasogênio*, de Freire Jr. Música de J. Cabral	Walter Pinto	Teatro João Caetano
71.	*Maria Sabida*, de Vítor Pujol. Música de Assis Pacheco	Alda Garrido	Teatro Carlos Gomes, 13 jul. 1923
72.	*Mimi Gandaia*	Companhia de Revistas Parisienses	Teatro Rialto, 7 nov. 1933
73.	*Minha Casa É um Paraíso*, de Luiz Iglézias	Alda Garrido	Boate Rio-Teatro, 17 out. 1934
74.	*Miquelina*	Alda Garrido	Teatro Rival
75.	*Mossoró, Minha Nega*, de Marques Porto, Ari Barroso	Companhia de Revistas Parisienses	Teatro Rialto, 15 set. 1933

	PEÇA	COMPANHIA	TEATRO / DATA DE ESTREIA
76.	*Mulher de Briga*, de Pedro Bloch	Alda Garrido	Teatro Rival, 1954
77.	*Mulher de Verdade*, de Daniel Rocha	Alda Garrido	Teatro Rival, 1957
78.	*Na Hora H*, de Carlos Bittencourt	Companhia de Revistas do Recreio	Teatro Recreio, 27 set. 1935
79.	*Nhá Severina*, de Antônio Guimarães. Música de Henrique Vogeler, Sá Pereira e Martinez Grau	Alda Garrido	Teatro Glória, 27 jul. 1927 Teatro Carlos Gomes, 15 mar. 1929
80.	*No Colégio da Marocas*, burleta de Vitor Pujol. Música de Sá Pereira	Alda Garrido	Teatro Carlos Gomes, 5 jun. 1925
81.	*Noite de Luar*, de J. Miranda. Música de J. Freitas	Alda Garrido	Teatro Carlos Gomes, 16 jan. 1924
82.	*O Armistício*, de Marques Porto, Ari Barroso, Carlos Cavaco	Neves & cia.	Teatro Recreio, 5 out. 1932
83.	*O Embaixador*, de Armando Gonzaga (escrita especialmente para a companhia)	Alda Garrido	Teatro Carlos Gomes, 24 abr. 1923
84.	*O Gordo e o Magro*, de José Lira	Companhia de Revistas do Recreio	Teatro Recreio, 25 out. 1935
85.	*O Homem da Light*, de Freire Jr.	Os Garridos Alda Garrido	Cine-Teatro América, out. 1922 Teatro Carlos Gomes, 10 ago. 1923
86.	*O Marreco Vem Aí*, revista de Alda Garrido, Humberto Cunha e Milton Amaral		Teatro Carlos Gomes, 9 set. 1938
87.	*O Mártir do Calvário*, de Eduardo Garrido	Alda Garrido	Teatro Carlos Gomes, 9-10 abr. 1925 Teatro Carlos Gomes, 28-29 mar. 1929, quinta e sexta-feira Santa
88.	*O Pai de Todos*, de Acácio Silvestre	Alda Garrido	Teatro Rialto, 28 nov. 1º dez. 1927
89.	*O.K.*, de César Ladeira	Companhia de Revistas do Recreio	Teatro Recreio, 29 nov. 1935
90.	*Olá, Seu Nicolau!*, revista de J. Maia e Marques Jr. Música original e compilada por Ercole Varetto, Benedito Lacerda, Kid Pepe e outros. Direção de A. Vasques.		Teatro Carlos Gomes, jan. 1938
91	*Orgia*, revista de Luiz Peixoto e Gilberto Andrade		Teatro Carlos Gomes, 28 jan.-10 fev. 1938

	PEÇA	COMPANHIA	TEATRO / DATA DE ESTREIA
92.	*Os Filhos do Biruta*	Alda Garrido	Teatro Rival
93.	*Os Fiteiros*, burleta de Júlio Roma. Música de Bento Mossurunga	Alda Garrido	Teatro Carlos Gomes, 24 abr. 1925
94.	*Palácio das Águias*, Geysa Bôscoli e Luiz Carlos Júnior. Música de Júlio Cristóbal	Companhia Nacional de Revistas	Teatro Recreio, 16 nov. 1928
95.	*Parei Contigo!*, de César Ladeira	Companhia de Revistas do Recreio	Teatro Recreio , 20 abr. 1935
96.	*Pirão de Areia*, de Marques Porto. Música de Assis Pacheco e Júlio Cristóbal	Empresa Pascoal Segreto	Teatro São José, 7 abr. 1926
97.	*Propriedade de Família*	Os Garridos	Cine-Teatro Brasil, 15 mar. 1922
98	*Que Rei Sou Eu?*, de Luiz Iglézias e Freire Jr.	Companhia de Revistas Jararaca & Ratinho	Teatro João Caetano, 26 abr. a 1º jul. 1945
99.	*Quem Paga É o Coronel*, burleta de Freire Jr.	Alda Garrido	Teatro Carlos Gomes, 9 mar. 1923 Teatro Carlos Gomes, 16 fev. 1924 Teatro Carlos Gomes, 21 nov. 1924 Teatro Glória, 20 jun. 1927 Teatro Carlos Gomes, 24 maio 1929
100.	*Quem Vem Lá?*		Teatro Carlos Gomes, 30 abr. 1937
101.	*Ramo de Oliveira*, de Luiz Peixoto e Gilberto de Andrade		Teatro Carlos Gomes, 15-22 jul. 1937
102.	*Rosa das Sete Saias*, comédia de Anselmo Domingos	Alda Garrido	Teatro Rival, 1946
103.	*Se o Guilherme Fosse Vivo*, de Carlos Llopis	Alda Garrido	Teatro Rival, 17 jun. 1950
104.	*Seu Julinho Vem...*, de Freire Jr.	Alda Garrido	Teatro Carlos Gomes, 30 abr. 1929
105.	*Silêncio, Rio!*, de Freire Jr.		Teatro João Caetano, 14 ago.-17 set. 1941
106.	*Sol de Verão*, de C. Pires e J. Santos	Alda Garrido	Teatro Carlos Gomes, 14 nov. 1924
107.	*Teia de Aranha*, *revuette* de Freire Jr.	Zig-Zag, de Pinto Filho, dir. art.: Eduardo Vieira	Teatro São José, 2 jan. 1928
108.	*Tem Marmelada*, de Carlos Bittencourt e Cardoso de Meneses	Walter Pinto	Teatro Recreio, 29 dez. 1939
109.	*Uma Mulher Complicada*, comédia de Paul Gavault e Berr. Tradução de Miguel Santos	Alda Garrido	Teatro Trianon, 26 dez. 1930; 1º jan. 1931
110.	*Vai Correr*, de Gastão Tojeiro (revista)		Teatro Carlos Gomes, 2-18 abr. 1937

	PEÇA	COMPANHIA	TEATRO / DATA DE ESTREIA
111.	*Vamos Lá*, revista-burleta de Freire Jr.	Alda Garrido	Teatro Carlos Gomes, 11 fev. 1925
112.	*Visita de Cerimônia*	Alda Garrido	Teatro Glória, 25 jun. 1927
113.	*Vote em Mim, D. Xandoca*, de Gastão Tojeiro	Alda Garrido	Boate Rio-Teatro, 10 out. 1934
114.	*Zé Mocotó*, dos Irmãos Quintiliano. Música de Eduardo Souto	Alda Garrido	Teatro Carlos Gomes, 8 nov. 1923
115.	*Zoé Cortou o Cabelo*	Alda Garrido	Teatro Glória, 4 ago. 1927
116.	*Zozó Cortou os Cabelos*, de Gastão Tojeiro	Alda Garrido	Teatro Carlos Gomes, 28 nov. 1924

OBS: Cine-Teatro América, Praça Saens Peña; Cine-Teatro Brasil, rua Haddock Lobo, Tijuca; Cine-Teatro Centenário, Praça 11 de Junho

Dramaturgia: Peças de Autoria de Alda Garrido

A Casinha Pequenina, de Alda Garrido. Música de Freire Jr.
A Gilda do Barreto
A Viúva do Senador
Chuvisco
É pra Nós, revista de Alda Garrido e Milton Amaral (1938)
Esposas Ingênuas, de Alda Garrido e C. Fontela. Música de Hans Dienhammer
Manifestação a Chica da Rendada (quadro de revista)
O Marreco Vem Aí, revista de Alda Garrido, Humberto Cunha e Milton Amaral (1938).

Filmografia

Cômicos...+ Cômicos... (1971) – lançamento póstumo do filme que apresenta reprodução de cena de *E o Circo Chegou*.

Dona Xepa (1959) – Direção de Darcy Evangelista. Elenco: Alda Garrido (Dona Xepa), Colé (Coralino), Zezé Macedo (Camila), Herval Rossano (Édison), Nino Nello (Angelo), Cillo Costa (Manfredo), Glória Cometh (Hilda), Arnaldo Montel (Gomina), Willy Keller (Professor), Aguinaldo Rocha (Roque), Francisco Dantas (Professor de francês), Patrícia Laura (Dilce), Peracio (Cara de cão), Benito Rodrigues (Lima), Zé Bacurau (Maravilha), Nelly Costa (Marina), Elizabeth Horn (Diva), Paulo Copacabana (Atleta), Rodolfo Carvalho (Cabeleireiro), Maria Amado (Clotilde), Francisco Martorelli, Zizinha Macedo (Xepeira), Miguel Carrano (Ramiro), Alfredo Bessa (Cozinheiro), Zilma Fechó (Manicure), Nair Amorim (Guiomar), Ventura Ferreira (Gonçalves), Edmé Cavalcanti (Bilheteira), Alberido Garrido,

A. Bellucci (Dupla Chuvisco) – participação especial: Odete Lara (Rosália), Agostinho dos Santos, Fernando Pereira (José). Fonte: Fundação Cinemateca Brasileira.

E o Circo Chegou, (também nomeado *Uma Aventura no Circo*) – Direção de Luiz de Barros (1940). Elenco: Alda Garrido (Miloca), Juvenal Fontes (Cel. Fredegoso), Ana de Alencar (Rosinha, filha do Cel. Fredegoso), Celeste Aída (Loló, cantora do circo), Georgina Teixeira (Professora), Linda Rodrigues, Renée Marie, Marise, Arnaldo Amaral (Niki, o palhaço), Manuelino Teixeira (Turco), Estevão Mattos, Abel Pêra (Joaquim), Herivelton Martins (Moleque), João Baldi (Mr. Mellinger), Carlos Barbosa (Vigário), João de Deus (Farmacêutico), N. de Oliveira, Matinhos Polidoro, Tiririca, Américo Garrido (que aparece grafado errado como Azevedo Garrido), Les Olympiques, Bandeira, Mendes, Remo e outros. Fonte: Fundação Cinemateca Brasileira.

Discografia

(Fonte: *Discografia Brasileira: 78 rpm, 1902-1964*)

Intérprete

A Juriti. Gênero: c. sertanejo (cateretê); s/ autor; intérpretes: Os Garridos; gravadora: Odeon; número do disco: 121672; rotações: disco 78 rpm; lado: único; data de gravação / data de lançamento: 1915-1921.

Caipira em Hollywood. Gênero: moda de viola; número da matriz: 5793; autores: Capitão Furtado (Ariovaldo Pires) e Alda Garrido; intérpretes: Capitão Furtado e Alda Garrido; gravadora: Odeon; número do disco: 11.601; lado: A; data de gravação: 5 abr. 1938; data de lançamento: maio 1938.

Mimosas Margaridas. Gênero: marcha rancho; autor: Freire Jr.; intérpretes: Os Garridos; gravadora: Odeon; número do disco: 122854; rotações: disco 78 rpm; lado: único; data de gravação / data de lançamento: 1921-1926.

Quadrilha Encrencada. Gênero: cômico; s/ autor; intérpretes: Os Garridos; gravadora: Odeon; número do disco: 121670; s/d.

Rude Franqueza. Gênero: modinha (canção) (versão de *Franqueza rude*); autores: Caramuru e Alda Garrido; intérprete: Alda Garrido; gravadora: Odeon; número do disco: 121697; rotações: disco 78 rpm; lado: indefinido; data de gravação / data de lançamento: 1915-1921.

Senvergonhice; lado: A; *Trem de Ferro*; lado: B; s/ autores; intérprete: Alda Garrido; gravadora: Parlophon; número do disco: 13.401; s/d.

Sô Caminhero. Gênero: t. sertanejo (cateretê); s/ autor; intérprete: Alda Garrido; gravadora: Odeon; número do disco: 121673; rotações: disco 78 rpm; lado: único; data de gravação / data de lançamento: 1915-1921.

Você me Amarra Tanto. Gênero: c. carnavalesco; s/ autor; intérpretes: Os Garridos; gravadora: Odeon; número do disco: 121671; s/d.

Autora

Nas Cadeiras da Baiana. Gênero: samba; autores: Alda Garrido e Portelo Juno; intérpretes: Carmen Miranda e Nuno Roland; gravadora: Odeon; número do disco: 11602; rotações: disco 78 rpm; lado: A; data de gravação / data de lançamento: 1938.

Outros

Franqueza Rude. Autor: Caramuru. Intérprete: Mário Pinheiro. Disponível em: <http://cifrantiga2.blogspot.com.br/2008/02/franqueza-rude.html>.

Programas de TV

Teatro de Variedades Moinho de Ouro, TV Rio, direção de Victor Berbara.
Teatro de Comédias Imperatriz das Sedas, TV Tupi.

Referências Bibliográficas

Livros, Dissertações e Teses

ALMEIDA PRADO, Décio de. *O Teatro Brasileiro Moderno: 1930-1980*. 3 ed. São Paulo: Perspectiva, 2009.

______. *História Concisa do Teatro Brasileiro: 1570-1908*. São Paulo: Edusp, 2003.

______. "Alda Garrido". *Apresentação do Teatro Brasileiro Moderno: Crítica Teatral (1947-1955)*. São Paulo: Perspectiva, 2001.

______. *Seres, Coisas, Lugares: Do Teatro ao Futebol*. São Paulo: Cia das Letras, 1997.

______. *João Caetano: O Ator, o Empresário, o Repertório*. São Paulo: Perspectiva/Editora da Universidade de São Paulo, 1972.

______. Evolução da Literatura Dramática. In: COUTINHO, Afrânio (org.). *A Literatura no Brasil*. Rio de Janeiro: Sul Americana, 1971.

ARANHA, José da Silva. *Teatrologia*. Rio de Janeiro: O Construtor S.A., 1949.

ARÊAS, Vilma Sant'Anna. *Na Tapera de Santa Cruz: Uma Leitura de Martins Pena*. São Paulo: Martins Fontes, 1987.

BOLOGNESI, Mário Fernando. *Palhaços*. São Paulo: Editora da Unesp, 2003.

BERGSON, Henri. *O Riso*. São Paulo: Martins Fontes, 2001.

BERTHOLD, Margot. *História Mundial do Teatro*. 5 ed. São Paulo: Perspectiva, 2011.

BITTENCOURT, Adalzira. "Alda Garrido". *A Mulher Paulista na História*. Rio de Janeiro: Livros de Portugal, 1954.

BRANDÃO, Maria Cristina, *O Grande Teatro Tupi do Rio de Janeiro: O Teleteatro e Suas Múltiplas Faces*. Juiz de Fora: Editora da UFJF/TV Panorama, 2005.

BRANDÃO, Tania. Característico (ator). In: GUINSBURG, J.; FARIA, João Roberto; LIMA, Mariangela Alves de (org.). *Dicionário do Teatro Brasileiro: Temas, Formas e Conceitos*. São Paulo: Perspectiva/Sesc-SP, 2006.

______. *A Máquina de Repetir e a Fábrica de Estrelas: Teatro dos Sete*. Rio de Janeiro: 7 Letras, 2002.

______. É da Pontinha! In: RUIZ, Roberto. *Teatro de Revista no Brasil*. Introdução de Tania Brandão. Pesquisa de Tania Brandão e Roberto Ruiz. Rio de Janeiro: Inacen, 1988.

CAMPOS, Haroldo de. Apresentação. In: ANDRADE, Oswald de. *Trechos Escolhidos*. Seleção de H. de Campos. Rio de Janeiro: Agir, 1967.

CÂNDIDO, Antônio. *Os Parceiros do Rio Bonito: Estudo Sobre o Caipira Paulista e a Transformação Dos Seus Meios de Vida*. São Paulo: Duas Cidades/Editora 34, 2001.

CHIARADIA, Maria Filomena Vilela. *Iconografia Teatral: Estudo da Imagem de Cena nos Arquivos Fotográficos de Walter Pinto (Brasil) e Eugénio Salvador (Portugal)*. Rio de Janeiro: Funarte, 2011.

COSTA, Jeanette Ferreira da. *Da Comédia Caipira à Comédia-Filme: Oduvaldo Vianna, um Renovador do Teatro Brasileiro*. Dissertação de Mestrado. Rio de Janeiro, UniRio, 1999.

COUTINHO, Afrânio. O Regionalismo na Prosa de Ficção. In: *Introdução à Literatura no Brasil*. 7. ed. Rio de Janeiro: Distribuidora de Livros Escolares, 1975.

DANIEL FILHO. *O Circo Eletrônico: Fazendo TV no Brasil*. Entrevistas a Sérgio Luz e Luiz Carlos Maciel. Rio de Janeiro: Jorge Zahar, 2001.

DE CERTEAU, Michel. *A Escrita da História*. 2 ed. Rio de Janeiro: Forense Universitária, 2006.

DUBY, Georges. *Guilherme Marechal ou O Melhor Cavaleiro do Mundo*. Rio de Janeiro: Graal, 1987.

FARIA, João Roberto. *Ideias Teatrais: O Século XIX no Brasil*. São Paulo: Perspectiva / Fapesp, 2001.

FERNANDES, Nanci. Ator (Teatro do). In: GUINSBURG, J.; FARIA, João Roberto; LIMA, Mariangela Alves de (orgs.). *Dicionário do Teatro Brasileiro: Temas, Formas e Conceitos*. São Paulo: Perspectiva / Sesc-SP, 2006.

FERREIRA, Procópio. *O Ator Vasques*. Rio de Janeiro: Serviço Nacional de Teatro, 1979.

______. *Como se Faz Rir e o Que Penso... Quando Não Tenho em Que Pensar*. Prefácio de Menotti del Picchia. São Paulo: Folco Masucci, 1967.

FERRETE, J. L. *Capitão Furtado: Viola Caipira ou Sertaneja?* Rio de Janeiro: Funarte / Divisão de Música Popular do Instituto Nacional de Música, 1985.

GALANTE DE SOUSA, José. *O Teatro no Brasil*. Rio de Janeiro: MEC / INL, 1960. 2v.

GUINSBURG, J.; FARIA, João Roberto; LIMA, Mariangela Alves de (orgs.). *Dicionário do Teatro Brasileiro: Temas, Formas e Conceitos*. São Paulo: Perspectiva / Sesc-SP, 2006.

HUTCHEON, Linda. *Uma Teoria da Paródia: Ensinamentos das Formas de Arte do Século XX*. Lisboa: Edições 70, 1989.

LOBATO, Monteiro. *Memórias da Emília*. 42. ed. São Paulo: Brasiliense, 2002.

LOWENTHAL, David. *The Past is a Foreign Country*. Cambridge: Cambridge University Press, 1985.

MAGALDI, Sábato. *Panorama do Teatro Brasileiro*. 5 ed. São Paulo: Global, 2001.

MAGALHÃES, Paulo de. *Como se Ensaia Uma Peça: Aula de Técnica Teatral*. Rio de Janeiro: SNT / MEC, 1958.

MAGALHÃES JR., Raimundo. *As Mil e Uma Vidas de Leopoldo Fróes*. Rio de Janeiro: Civilização Brasileira, 1966.

MARINIS, Marco de. Aristotele teorico dello spettacolo. In: *Teoria e Storia della Messinscena nel Teatro Antigo*. Atti del Convegno Internazionale. Torino, Aprile, 1989. Centro Regionali Universitario per il Teatro del Piemonte. Edizione Costa e Nolan, 1991.

MAUSS, Marcel. Essai sur le don: Forme et raison de l'échange dans les sociétés archaïques. *Sociologie et anthropologie*. 7. ed. Paris: PUF, 1997.

MERLEAU-PONTY, Maurice. De Mauss a Claude Lévi-Strauss. *Textos Selecionados*. São Paulo: Abril Cultural, 1975. Coleção Os Pensadores.

METZLER, Marta. *O Teatro da Natureza: História e Ideias*. São Paulo: Perspectiva, 2006.

NEPOMUCENO, Rosa. *Música Caipira: Da Roça ao Rodeio*. São Paulo: Editora 34, 1999.

NIETZSCHE, Friedrich Wilhelm. *Segunda Consideração Intempestiva: Da Utilidade e Desvantagem da História Para a Vida*. Rio de Janeiro: Relume Dumará, 2003.

______. *Genealogia da Moral*. São Paulo: Cia das Letras, 1998.

NUNES, Mário. *40 Anos de Teatro*. Rio de Janeiro: Serviço Nacional de Teatro, 1956, 4. v.

PAIVA, Salvyano Cavalcanti de. *Viva o Rebolado! Vida e Morte do Teatro de Revista Brasileiro*. Rio de Janeiro: Nova Fronteira, 1991.

PAVIS, Patrice. *Dicionário de Teatro*. 3. ed. São Paulo: Perspectiva, 2011.

PROPP, Vladímir. *Comicidade e Riso*. Tradução: Aurora Fornoni Bernardini e Homero Freitas de Andrade. São Paulo: Ática, 1992.

RABETTI, Maria de Lourdes (Beti Rabetti). *Teatro e Comicidades 2: Modos de Produção do Teatro Ligeiro Carioca*. Rio de Janeiro: 7 Letras, 2007.

RAMOS, Fernão Pessoa; MIRANDA, Luiz Felipe A. de (orgs.). *Enciclopédia do Cinema Brasileiro*. São Paulo: Senac, 2000.

REBELLO, Luiz Francisco. *História do Teatro de Revista em Portugal*. Lisboa: Dom Quixote, 1984. V. I.

RUIZ, Roberto. *Hoje Tem Espetáculo? As Origens do Circo no Brasil*. Rio de Janeiro: Inacen, 1987.

______. *Teatro de Revista no Brasil*. Introdução de Tania Brandão. Pesquisa de Tania Brandão e Roberto Ruiz. Rio de Janeiro: Inacen, 1988.

______. *Araci Cortes: Linda Flor*. Rio de Janeiro: Funarte / Divisão de Música Popular do INM, 1984.

SANT'ANNA, Affonso Romano de. *Paródia, Paráfrase & Cia*. 4. ed. São Paulo: Ática, 1991.

SANTOS, Alcino; BARBALHO, Grácio; SEVERIANO, Jairo; AZEVEDO, M. A. de (Nirez). *Discografia Brasileira: 78 rpm, 1902-1964*. Rio de Janeiro: Funarte, 1982. 5v.

SANTOS, Elizete Ignácio dos. *Música Caipira e Música Sertaneja: Classificações e Discursos Sobre Autenticidades na Perspectiva de Críticos e Artistas*. Dissertação de Mestrado, Rio de Janeiro, UFRJ, 2005.

SAPIR, Edward. Cultura "Autêntica" e "Espúria". In: PIERSON, Donald (org.). *Estudos de Organização Social: Leituras de Sociologia e Antropologia Social*. São Paulo: Martins, 1949. V. 2

SILVA, Daniel Marques da. *Precisa Arte e Engenho Até...: Um Estudo Sobre a Composição do Personagem-Tipo Através das Burletas de Luiz Peixoto*. Dissertação de Mestrado em Teatro (Estudos do Espetáculo), Rio de Janeiro, UniRio, 1998.

SILVA, Erminia. *Circo-Teatro: Benjamin de Oliveira e a Teatralidade Circense no Brasil*. São Paulo: Altana, 2007.

______. *O Circo: Sua Arte e Seus Saberes: O Circo no Brasil do Final do Século XIX a Meados do XX*. Dissertação de Mestrado em História, Departamento de História do Instituto de Filosofia e Ciências Humanas, Campinas, Unicamp, 1996.

SÜSSEKIND, Flora. *As Revistas de Ano e a Invenção do Rio de Janeiro*. Rio de Janeiro: Nova Fronteira / Casa de Rui Barbosa, 1986.

TINHORÃO, José Ramos. Música Sertaneja é Esse Negócio. *Cultura Popular: Temas e Questões*. São Paulo: Editora 34, 2001.

______. *Pequena História da Música Popular*. São Paulo: Círculo do Livro, s / d.

TORRES, Antônio. *O Circo no Brasil*. Rio de Janeiro / São Paulo: Funarte / Atração, 1998.

TRILLING, Lionel. *Sincerity and Authenticity*. Cambridge: Harvard University Press, 1973.

VENEZIANO, Neyde. *O Teatro de Revista no Brasil: Dramaturgia e Convenções*. Campinas: Pontes / Editora da Unicamp, 1991.

VIOTTI, Sérgio. *Dulcina e o Teatro de Seu Tempo*. Rio de Janeiro: Lacerda, 2000.

WERNECK, Maria Helena; BRILHANTE, Maria João (Orgs.). *Texto e Imagem: Estudos de Teatro*. Rio de Janeiro: 7 Letras, 2009.

Periódicos

Revistas

A CENA MUDA, v. 33, n. 36, 2 set. 1953;

A CENA MUDA, v. 34, n. 2, 13 jan. 1954.

A RUA, 26 abr. 1923. (Coluna "Scenas e Telas", crítica de *O Embaixador*).

BOURDIEU, Pierre. La Ilusión Biográfica. *Historia y Fuente Oral*, n. 2, 1989. (Publicado originalmente em *Actes de la recherche en sciences sociales*, n. 62-63, jun. 1986)

BRANDÃO, Tania. Teatro Brasileiro no Século XX: Origens e Descobertas, Vertiginosas Oscilações. *Revista do Iphan*, n. 29, 2000. Especial 500 anos.

CAMPOS, Haroldo de. Ocidente/Oriente: Uma Conversa com Haroldo de Campos. *ZUNÁI: Revista de Poesia & Debates*. Entrevista a Maria Esther Maciel. Disponível em: <http://www.revista-zunai.com/entrevistas/haroldo_de_campos.htm>. Acesso em: 8 out. 2014.

GÓIS JR., Edivaldo. Higienismo e Positivismo no Brasil: Unidos e Separados nas Campanhas Sanitárias (1900-1930). *Dialogia*, v. 2, out. 2003.

NAVES, Rodrigo. "Almeida Júnior": O Sol no Meio do Caminho. *Novos Estudos*, Cebrap, n. 73, nov. 2005.

O SÉCULO ILUSTRADO, Lisboa, a. 16, n. 826, 31 out. 1953. Acervo: MNT – Museu Nacional do Teatro

RACHEL, Vera. O Que Eles (Elas) Fazem Hoje: Alda Garrido, Um Sucesso em Cada Lembrança. *Revista Manchete*, n. 797, 29 jul. 1967.

RAMOS, Luiz Fernando. Da Pateada à Apatia. *O Percevejo: Revista de Teatro, Crítica e Estética*. Rio de Janeiro: UniRio, DTT/PPGT, a. 2, n. 2, 1994.

REVISTA DE TEATRO DA SBAT, n. 378, nov.-dez. 1970.

REVISTA DO RÁDIO, a. 9-10, n. 334-420, 1956-1957.

REVISTA MANCHETE, n. 797, 29 jul. 1967.

ROCHA, Daniel. "Alda Garrido": A Atriz-Espetáculo. *Revista de Teatro da Sbat*, n. 291, maio-jun. 1956.

SERÔDIO, Maria Helena. Reframing The Feminine in The Theatre Today. *Critical Stages: The IACT Webjournal/Scènes critiques: Revue web de l'AICT*, n. 3, automn 2010, IACT-AICT (International Association of Theatre Critics – Association Internationale des Critiques de Théâtre). Disponível em: <http://archive.criticalstages.org/criticalstages3/plugin/print/?id=70>. Acesso em: 3 out. 2014.

SILVA, Eurico. "Alda Garrido". *Revista de Teatro da Sbat*, n. 378, nov.-dez. 1970. Seção Destaque, capa.

THEATRO & SPORT, Rio de Janeiro, a. 3-7, n. 64-307, jan. 1916-dez. 1920.

THEATRO & SPORT, Rio de Janeiro, a. 8, n. 333 e 334, mar.-abr. 1921.

Jornais

A.C. Ouvindo as Artistas de Teatro. *Gazeta de Notícias*, 24 maio 1953.

BARBOSA, Orestes (sob pseudônimo Biógrafo). "Alda Garrido". *A Folha*, Rio de Janeiro, 12 abr. 1921. Fisionomias Teatrais.

_____. "Américo Garrido". *A Folha*, Rio de Janeiro, 4 abr. 1921.

CORREIO DA MANHÃ. Rio de Janeiro, mar.-jul. 1957.

CORREIO DA MANHÃ. Rio de Janeiro, 28 dez. 1939-3 jan. 1940.

DIÁRIO DA NOITE. Rio de Janeiro, 1945.

DIÁRIO DA NOITE. Rio de Janeiro, mar.-jun. 1957.

DIÁRIO DE NOTÍCIAS. Lisboa, jan.-nov. 1953.

DIÁRIO DE SANTOS. Santos, a. 38-44, jan. 1910-jun. 1916.

EFEGÊ, Jota. A Velha Escola de Alda Garrido. *Jornal do Brasil*. Rio de Janeiro, 13 dez. 1970. Caderno B.

FONSECA, Rodrigo. Que Piada! Transitando Bem Entre a TV e o Cinema, Steve Carell Firma o Seu Nome Como um dos Grandes da Nova Geração de Humoristas. *O Globo*. Rio de Janeiro, 5 abr. 2010. Segundo Caderno.

JORNAL DO BRASIL. Rio de Janeiro, 3 a 19 jan. 1916. Palcos e Salões.

JORNAL DO BRASIL. Rio de Janeiro, 13 a 17 mar. 1953.

JORNAL DO BRASIL. Rio de Janeiro, 2 abr. 1957.

JORNAL DO COMMERCIO. 26 abr. 1923, Theatros e Música. (Crítica de *O Embaixador*)

JORNAL DOS SPORTS. Rio de Janeiro, 03 abr. 1954.

LICHOTE, Leonardo. Muito Bem Servido Pelo Mordomo: Em "A Gaiola das Loucas", Jorge Maya Brilha na Pele do Espalhafatoso Jacó. *O Globo*. Rio de Janeiro, 9 abr. 2010, Segundo Caderno.

MAURÍCIO, Augusto. Muito Bem, Alda! *Jornal do Brasil*, Rio de Janeiro, 06 set. 1957. 1º Caderno.

MORAES, Pimenta de. "A Volta" de Alda Garrido para o "Palco das Recordações". *Gazeta de Teresópolis*. Teresópolis, 30 abr. 1998.

O GLOBO. Rio de Janeiro, mar./maio 1957.

O SÉCULO. Lisboa, jan./nov. 1953.

RODRIGUES, Maria Olívia. Alda Quer Ser Ainda Uma Vez Dona Xepa. *Jornal do Commercio*, 22 nov. 1964.

THE NEW YORK TIMES. New York, 20 fev. 1955.

XEXÉO, Artur. Aproveite Para Mudar o Canal. *O Globo*, 14 dez. 2003. Segundo Caderno.

Internet

ACADEMIA BRASILEIRA DE LETRAS. Disponível em: <www.academia.org.br>. Acesso em: 15 ago. 2014.

BIBLIOTECA DIGITAL DAS ARTES DO ESPETÁCULO, do Museu Lasar Segall. IPHAN-MinC. Disponível em: <http://www.bjksdigital.museusegall.org.br>. Acesso em: 25 ago 2014.

BIBLIOTECA NACIONAL DE PORTUGAL. Disponível em: < http://www.bnportugal.pt/>. Acesso em: 26 ago. 2014.

DICIONÁRIO CRAVO ALBIN DA MÚSICA POPULAR BRASILEIRA ON LINE, Disponível em: <http://www.dicionariompb.com.br>. Acesso em: 15 ago. 2014.

DULCINA DE MORAIS, *Enciclopédia Itaú Cultural*, Disponível em: <http://www.itaucultural.org.br/aplicexternas/enciclopedia_teatro/index.cfm?fuseaction=personalidades_biografia&cd_verbete=866>. Acesso em: 15 ago 2014.

ENCICLOPÉDIA ITAÚ CULTURAL. Disponível em: <http://www.itaucultural.org.br/aplicexternas/enciclopedia_teatro/index.cfm>. Acesso em: 15 ago. 2014.

FUNDAÇÃO CINEMATECA BRASILEIRA. Disponível em: <http://www.cinemateca.gov.br>. Acesso em: 19 set. 2014.

GUIA VIRTUAL DE ITAJUBÁ. Disponível em: <www.oguiadeitajuba.com.br>. Acesso em: 15 ago. 2014.

MPB CIFRANTIGA. Disponível em: <http://cifrantiga3.blogspot.com>. Acesso em: 15 ago. 2014.

NEWS ARCHIVE. Disponível em: <http://www.jb.com.br/paginas/news-archive/>. Acesso em: 25 ago. 2014.

PINDORAMA CIRCUS. Disponível em: <www.pindoramacircus.com.br>. Acesso em: 15 ago. 2014.

TEATRO AVENIDA. *CETbase Teatro*. Disponível em: <http://ww3.fl.ul.pt/CETbase/reports/client/Report.htm?ObjType=Espaco&ObjId=174>. Acesso em: 07 out. 2014.

TEATROS DO CENTRO HISTÓRICO DO RIO DE JANEIRO. *Centro Técnico de Artes Cênicas*. Disponível em: <http://www.ctac.gov.br/centrohistorico/TeatroXPeriodo.asp?cod=94&cdP=5>. Acesso em: 15 ago. 2014.

THE PALM FAMILY HISTORY. *Ancestry.com*. Disponível em: <http://www.ancestry.com/name-origin?surname=palm>. Acesso em: 15 ago. 2014.

JOÃOZINHO DA GOMEIA. *Wikipedia*, Disponível em: <http://pt.wikipedia.org/wiki/Jo%C3%A3ozinho_da_Gom%C3%A9ia>. Acesso em: 15 ago. 2014.

MEMÓRIA GLOBO. Disponível em: <http://memoriaglobo.globo.com/Memoriaglobo/0,27723,GYPO-5271-239078,00.html>. Acesso em: 30 set. 2014.

Peças Teatrais

BLOCH, Pedro. "Dona Xepa". *Revista de Teatro da Sbat*, a. 37, n. 303, maio-jun. 1958. Coletânea Teatral, Caderno 49.

COLTON, John; RANDOLPH, Clemence. *Chuva*. (Baseada no conto de Somerset Maugham.) Tradução: Genolino Amado. [S/l: s/n]. (Exemplar datilografado, acervo digital da Sbat, Sociedade Brasileira de Autores, que, quando da sua fundação, chamava-se Sociedade Brasileira de Autores Teatrais)

FREIRE JR. *Luar de Paquetá*. Rio de Janeiro: Sbat, 1952. (Acervo digital Sbat)

______. *Quem Paga É o Coronel: Burleta em 3 Atos*. (Original, poema e música de Freire Jr.) [S/l, s/d.]. (Exemplar datilografado, acervo digital da Sbat)

GARRIDO, Alda. *Chuvisco: Paródia em 3 Atos*. Rio de Janeiro, 1957. (Exemplar datilografado, acervo digital da Sbat)

GONZAGA, Armando. *O Embaixador: Comédia Musicada em 3 Atos*. Rio de Janeiro, s/d. (Exemplar manuscrito, acervo digital da Sbat)

Acervo

CEDOC/FUNARTE-RJ

CHUVA: Dossiê Peças Teatrais.

ALDA GARRIDO. *Dossiê Fotográfico*.

ALDA GARRIDO. *Dossiê Personalidades*.

COMPANHIA ALDA GARRIDO. *Dossiê Companhias Teatrais*.

DONA XEPA. *Dossiê Peças Teatrais*.

ARQUIVO NACIONAL DA TORRE DO TOMBO, LISVOA, PORTUGAL

FUNDO DO SNI – SERVIÇO NACIONAL DE INFORMAÇÃO – DE PORTUGAL, SEÇÃO: INSPEÇÃO DOS ESPETÁCULOS, SERVIÇOS DE FISCALIZAÇÃO

TEATRO NA PERSPECTIVA

O Sentido e a Máscara
Gerd A. Bornheim (D008)
A Tragédia Grega
Albin Lesky (D032)
Maiakóvski e o Teatro de Vanguarda
Angelo Maria Ripellino (D042)
O Teatro e sua Realidade
Bernard Dort (D127)
Semiologia do Teatro
J. Guinsburg, J. T. Coelho Netto e Reni C. Cardoso (orgs.) (D138)
Teatro Moderno
Anatol Rosenfeld (D153)
O Teatro Ontem e Hoje
Célia Berrettini (D166)
Oficina: Do Teatro ao Te-Ato
Armando Sérgio da Silva (D175)
O Mito e o Herói no Moderno Teatro Brasileiro
Anatol Rosenfeld (D179)
Natureza e Sentido da Improvisação Teatral
Sandra Chacra (D183)
Jogos Teatrais
Ingrid D. Koudela (D189)
Stanislávski e o Teatro de Arte de Moscou
J. Guinsburg (D192)
O Teatro Épico
Anatol Rosenfeld (D193)
Exercício Findo
Décio de Almeida Prado (D199)
O Teatro Brasileiro Moderno
Décio de Almeida Prado (D211)
Qorpo-Santo: Surrealismo ou Absurdo?
Eudinyr Fraga (D212)
Performance como Linguagem
Renato Cohen (D219)
Grupo Macunaíma: Carnavalização e Mito
David George (D230)
Bunraku: Um Teatro de Bonecos
Sakae M. Giroux e Tae Suzuki (D241)
No Reino da Desigualdade
Maria Lúcia de Souza B. Pupo (D244)
A Arte do Ator
Richard Boleslavski (D246)
Um Vôo Brechtiano
Ingrid D. Koudela (D248)
Prismas do Teatro
Anatol Rosenfeld (D256)
Teatro de Anchieta a Alencar
Décio de Almeida Prado (D261)
A Cena em Sombras
Leda Maria Martins (D267)
Texto e Jogo
Ingrid D. Koudela (D271)
O Drama Romântico Brasileiro
Décio de Almeida Prado (D273)
Para Trás e Para Frente
David Ball (D278)
Brecht na Pós-Modernidade
Ingrid D. Koudela (D281)
O Teatro É Necessário?
Denis Guénoun (D298)
O Teatro do Corpo Manifesto: Teatro Físico
Lúcia Romano (D301)
O Melodrama
Jean-Marie Thomasseau (D303)
Teatro com Meninos e Meninas de Rua
Marcia Pompeo Nogueira (D312)

O Pós-Dramático: Um conceito Operativo?
J. Guinsburg e Sílvia Fernandes (orgs.) (D314)
Contar Histórias com o Jogo Teatral
Alessandra Ancona de Faria (D323)
Teatro no Brasil
Ruggero Jacobbi (D327)
40 Questões Para um Papel
Jurij Alschitz (D328)
Teatro Brasileiro: Ideias de uma História
J. Guinsburg e Rosangela Patriota (D329)
Dramaturgia: A Construção da Personagem
Renata Pallottini (D330)
Caminhante, Não Há Caminho. Só Rastros
Ana Cristina Colla (D331)
Ensaios de Atuação
Renato Ferracini (D332)
A Vertical do Papel
Jurij Alschitz (D333)
Máscara e Personagem: O Judeu no Teatro Brasileiro
Maria Augusta de Toledo Bergerman (D334)
Teatro em Crise
Anatol Rosenfeld (D336)
João Caetano
Décio de Almeida Prado (E011)
Mestres do Teatro I
John Gassner (E036)
Mestres do Teatro II
John Gassner (E048)
Artaud e o Teatro
Alain Virmaux (E058)
Improvisação para o Teatro
Viola Spolin (E062)
Jogo, Teatro & Pensamento
Richard Courtney (E076)
Teatro: Leste & Oeste
Leonard C. Pronko (E080)
Uma Atriz: Cacilda Becker
Nanci Fernandes e Maria T. Vargas (orgs.) (E086)
TBC: Crônica de um Sonho
Alberto Guzik (E090)
Os Processos Criativos de Robert Wilson
Luiz Roberto Galizia (E091)
Nelson Rodrigues: Dramaturgia e Encenações
Sábato Magaldi (E098)
José de Alencar e o Teatro
João Roberto Faria (E100)
Sobre o Trabalho do Ator
M. Meiches e S. Fernandes (E103)
Arthur de Azevedo: A Palavra e o Riso
Antonio Martins (E107)
O Texto no Teatro
Sábato Magaldi (E111)
Teatro da Militância
Silvana Garcia (E113)
Brecht: Um Jogo de Aprendizagem
Ingrid D. Koudela (E117)
O Ator no Século XX
Odette Aslan (E119)
Zeami: Cena e Pensamento Nô
Sakae M. Giroux (E122)
Um Teatro da Mulher
Elza Cunha de Vincenzo (E127)
Concerto Barroco às Óperas do Judeu
Francisco Maciel Silveira (E131)
Os Teatros Bunraku e Kabuki: Uma Visada Barroca
Darci Kusano (E133)
O Teatro Realista no Brasil: 1855-1865
João Roberto Faria (E136)
Antunes Filho e a Dimensão Utópica
Sebastião Milaré (E140)
O Truque e a Alma
Angelo Maria Ripellino (E145)
A Procura da Lucidez em Artaud
Vera Lúcia Felício (E148)
Memória e Invenção: Gerald Thomas em Cena
Sílvia Fernandes (E149)
O Inspetor Geral *de Gógol/Meyerhold*
Arlete Cavaliere (E151)
O Teatro de Heiner Müller
Ruth C. de O. Röhl (E152)
Falando de Shakespeare
Barbara Heliodora (E155)
Moderna Dramaturgia Brasileira
Sábato Magaldi (E159)
Work in Progress na Cena Contemporânea
Renato Cohen (E162)
Stanislávski, Meierhold e Cia
J. Guinsburg (E170)

Apresentação do Teatro Brasileiro Moderno
Décio de Almeida Prado (E172)
Da Cena em Cena
J. Guinsburg (E175)
O Ator Compositor
Matteo Bonfitto (E177)
Ruggero Jacobbi
Berenice Raulino (E182)
Papel do Corpo no Corpo do Ator
Sônia Machado Azevedo (E184)
O Teatro em Progresso
Décio de Almeida Prado (E185)
Édipo em Tebas
Bernard Knox (E186)
Depois do Espetáculo
Sábato Magaldi (E192)
Em Busca da Brasilidade
Claudia Braga (E194)
A Análise dos Espetáculos
Patrice Pavis (E196)
As Máscaras Mutáveis do Buda Dourado
Mark Olsen (E207)
Crítica da Razão Teatral
Alessandra Vannucci (E211)
Caos e Dramaturgia
Rubens Rewald (E213)
Para Ler o Teatro
Anne Ubersfeld (E217)
Entre o Mediterrâneo e o Atlântico
Maria Lúcia de Souza B. Pupo (E220)
Yukio Mishima: O Homem de Teatro e de Cinema
Darci Kusano (E225)
O Teatro da Natureza
Marta Metzler (E226)
Margem e Centro
Ana Lúcia V. de Andrade (E227)
Ibsen e o Novo Sujeito da Modernidade
Tereza Menezes (E229)
Teatro Sempre
Sábato Magaldi (E232)
O Ator como Xamã
Gilberto Icle (E233)
A Terra de Cinzas e Diamantes
Eugenio Barba (E235)
A Ostra e a Pérola
Adriana Dantas de Mariz (E237)
A Crítica de um Teatro Crítico
Rosangela Patriota (E240)
O Teatro no Cruzamento de Culturas
Patrice Pavis (E247)
Eisenstein Ultrateatral: Movimento Expressivo e Montagem de Atrações na Teoria do Espetáculo de Serguei Eisenstein
Vanessa Teixeira de Oliveira (E249)
Teatro em Foco
Sábato Magaldi (E252)
A Arte do Ator entre os Séculos XVI e XVIII
Ana Portich (E254)
O Teatro no Século XVIII
Renata S. Junqueira e Maria Gloria C. Mazzi (orgs.) (E256)
A Gargalhada de Ulisses
Cleise Furtado Mendes (E258)
Dramaturgia da Memória no Teatro-Dança
Lícia Maria Morais Sánchez (E259)
A Cena em Ensaios
Béatrice Picon-Vallin (E260)
Teatro da Morte
Tadeusz Kantor (E262)
Escritura Política no Texto Teatral
Hans-Thies Lehmann (E263)
Na Cena do Dr. Dapertutto
Maria Thais (E267)
A Cinética do Invisível
Matteo Bonfitto (E268)
Luigi Pirandello: Um Teatro para Marta Abba
Martha Ribeiro (E275)
Teatralidades Contemporâneas
Sílvia Fernandes (E277)
Conversas sobre a Formação do Ator
Jacques Lassalle e Jean-Loup Rivière (E278)
A Encenação Contemporânea
Patrice Pavis (E279)
As Redes dos Oprimidos
Tristan Castro-Pozo (E283)

O Espaço da Tragédia
Gilson Motta (E290)
A Cena Contaminada
José Tonezzi (E291)
A Gênese da Vertigem
Antonio Araújo (E294)
A Fragmentação da Personagem no Texto Teatral
Maria Lúcia Levy Candeias (E297)
Alquimistas do Palco: Os Laboratórios Teatrais na Europa
Mirella Schino (E299)
Palavras Praticadas: O Percurso Artístico de Jerzy Grotowski, 1959-1974
Tatiana Motta Lima (E300)
Persona Performática: Alteridade e Experiência na Obra de Renato Cohen
Ana Goldenstein Carvalhaes (E301)
Como Parar de Atuar
Harold Guskin (E303)
Metalinguagem e Teatro: A Obra de Jorge Andrade
Catarina Sant Anna (E304)
Enasios de um Percusro
Esther Priszkulnik (E306)
Função Estética da Luz
Roberto Gill Camargo (E307)
Poética de "Sem Lugar"
Gisela Dória (E311)
Entre o Ator e o Performer
Matteo Bonfitto (E316)
A Missão Italiana: Histórias de uma Geração de Diretores Italianos no Brasil
Alessandra Vannucci (E318)
Além dos Limites: Teoria e Prática do Teatro
Josette Féral (E319)
Ritmo e Dinâmica no Espetáculo Teatral
Jacyan Castilho (E320)
A Voz Articulada Pelo Coração
Meran Vargens (E321)
Beckett e a Implosão da Cena
Luiz Marfuz (E322)
Teorias da Recepção
Claudio Cajaiba (E323)
A Dança e Agit-Prop
Eugenia Casini Ropa (E329)
Teatro Hip-Hop
Roberta Estrela D'Alva (E333)
Do Grotesco e do Sublime
Victor Hugo (EL05)
O Cenário no Avesso
Sábato Magaldi (EL10)
A Linguagem de Beckett
Célia Berrettini (EL23)
Idéia do Teatro
José Ortega y Gasset (EL25)
O Romance Experimental e o Naturalismo no Teatro
Emile Zola (EL35)
Duas Farsas: O Embrião do Teatro de Molière
Célia Berrettini (EL36)
Marta, A Árvore e o Relógio
Jorge Andrade (T001)
O Dibuk
Sch. An-Ski (T005)
Leone de'Sommi: Um Judeu no Teatro da Renascença Italiana
J. Guinsburg (org.) (T008)
Urgência e Ruptura
Consuelo de Castro (T010)
Pirandello do Teatro no Teatro
J. Guinsburg (org.) (T011)
Canetti: O Teatro Terrível
Elias Canetti (T014)
Idéias Teatrais: O Século XIX no Brasil
João Roberto Faria (T015)
Heiner Müller: O Espanto no Teatro
Ingrid D. Koudela (org.) (T016)
Büchner: Na Pena e na Cena
J. Guinsburg e Ingrid Dormien Koudela (orgs.) (T017)
Teatro Completo
Renata Pallottini (T018)
Barbara Heliodora: Escritos sobre Teatro
Claudia Braga (org.) (T020)
Machado de Assis: Do Teatro
João Roberto Faria (org.) (T023)
Luís Alberto de Abreu: Um Teatro de Pesquisa
Adélia Nicolete (org.) (T025)
Teatro Espanhol do Século de Ouro
J. Guinsburg e N. Cunha (orgs.) (T026)
Tatiana Belinky: Uma Janela para o Mundo
Maria Lúcia de S. B. Pupo (org.) (T28)
Um Encenador de si Mesmo: Gerald Thomas
J. Guinsburg e Sílvia Fernandes (S021)

Três Tragédias Gregas
Guilherme de Almeida e Trajano Vieira (S022)
Édipo Rei de Sófocles
Trajano Vieira (S031)
As Bacantes de Eurípides
Trajano Vieira (S036)
Édipo em Colono de Sófocles
Trajano Vieira (S041)
Agamêmnon de Ésquilo
Trajano Vieira (S046)
Antígone de Sófocles
Trajano Vieira (S049)
Lisístrata e Tesmoforiantes
Trajano Vieira (S052)
Os Persas de Ésquilo
Trajano Vieira (S55)
Teatro e Sociedade: Shakespeare
Guy Boquet (K015)
O Cotidiano de uma Lenda: Cartas do Teatro de Arte de Moscou
Cristiane L. Takeda (PERS)
Eis Antonin Artaud
Florence de Mèredieu (PERS)
Eleonora Duse: Vida e Obra
Giovanni Pontiero (PERS)
Linguagem e Vida
Antonin Artaud (PERS)
Ninguém se Livra de seus Fantasmas
Nydia Licia (PERS)
Sábato Magaldi e as Heresias do Teatro
Maria de Fátima da Silva Assunção (PERS)
Vsévolod Meierhold: Ou a Invenção da Cena
Gérard Abensour (PERS)
Alda Garrido: As Mil Faces de uma Atriz Popular Brasileira
Marta Metzler (PERS)
Nissim Castiel: Do Teatro da Vida Para o Teatro da Escola
Debora Hummel e Luciano Castiel (orgs.) (MP01)
O Grande Diário do Pequeno Ator
Debora Hummel e Silvia de Paula (orgs.) (MP02)
Um Olhar Através de... Máscaras
Renata Kamla (MP03)
Br-3
Teatro da Vertigem (LSC)
Com os Séculos nos Olhos
Fernando Marques (LSC)
Dicionário de Teatro
Patrice Pavis (LSC)
Dicionário do Teatro Brasileiro: Temas, Formas e Conceitos
J. Guinsburg, João Roberto Faria e Mariangela Alves de Lima (coords.) (LSC)
História do Teatro Brasileiro, v. 1: Das Origens ao Teatro Profissional da Primeira Metade do Século XX
João Roberto Faria (DIR.) (LSC)
História do Teatro Brasileiro, v. 2: Do Modernismo às Tendências Contemporâneas
João Roberto Faria (DIR.) (LSC)
História Mundial do Teatro
Margot Berthold (LSC)
O Jogo Teatral no Livro do Diretor
Viola Spolin (LSC)
Jogos Teatrais: O Fichário de Viola Spolin
Viola Spolin (LSC)
Jogos Teatrais na Sala de Aula
Viola Spolin (LSC)
Meierhold
Béatrice Picon-Valin (PERS)
Queimar a Casa: Origens de um Diretor
Eugenio Barba (LSC)
Rastros: Treinamento e História de Uma Atriz do Odin Teatret
Roberta Carreri (LSC)
Teatro Laboratório de Jerzy Grotowsky
Ludwik Flaszen e Carla Pollastrelli (cur.) (LSC)
Últimos: Comédia Musical em Dois Atos
Fernando Marques (LSC)
Uma Empresa e seus Segredos: Companhia Maria Della Costa
Tania Brandão (LSC)
Zé
Fernando Marques (LSC)

Este livro foi impresso na cidade de São Paulo,
nas oficinas da MarkPress Brasil, em abril de 2015,
para a Editora Perspectiva.